长沙走马楼三国孙吴简牍官文书整理与研究

Edition and Study of Official Documents in the *Sun-Wu* Slips Unearthed from Changsha

徐 畅 著

中国社会科学出版社

图书在版编目（CIP）数据

长沙走马楼三国孙吴简牍官文书整理与研究 / 徐畅著 . —北京：中国社会科学出版社，2021.1（2021.9 重印）
（中国社会科学博士后文库）
ISBN 978 – 7 – 5203 – 7856 – 7

Ⅰ.①长⋯ Ⅱ.①徐⋯ Ⅲ.①简（考古）—研究—中国—三国时代 Ⅳ.①K877.54

中国版本图书馆 CIP 数据核字（2021）第 022869 号

出 版 人	赵剑英
责任编辑	宋燕鹏
责任校对	沈　旭
责任印制	李寡寡

出　　版	中国社会科学出版社
社　　址	北京鼓楼西大街甲 158 号
邮　　编	100720
网　　址	http://www.csspw.cn
发 行 部	010 – 84083685
门 市 部	010 – 84029450
经　　销	新华书店及其他书店
印　　刷	北京君升印刷有限公司
装　　订	廊坊市广阳区广增装订厂
版　　次	2021 年 1 月第 1 版
印　　次	2021 年 9 月第 2 次印刷
开　　本	710×1000　1/16
印　　张	20
字　　数	338 千字
定　　价	98.00 元

凡购买中国社会科学出版社图书，如有质量问题请与本社营销中心联系调换
电话：010 – 84083683
版权所有　侵权必究

第九批《中国社会科学博士后文库》编委会及编辑部成员名单

（一）编委会
主　任：王京清
副主任：崔建民　马　援　俞家栋　夏文峰
秘书长：邱春雷
成　员（按姓氏笔画排序）：
　　　　卜宪群　王立胜　王建朗　方　勇　史　丹
　　　　邢广程　朱恒鹏　刘丹青　刘跃进　孙壮志
　　　　李　平　李向阳　李新烽　杨世伟　杨伯江
　　　　吴白乙　何德旭　汪朝光　张车伟　张宇燕
　　　　张树华　张　翼　陈众议　陈星灿　陈　甦
　　　　武　力　郑筱筠　赵天晓　赵剑英　胡　滨
　　　　袁东振　黄　平　朝戈金　谢寿光　樊建新
　　　　潘家华　冀祥德　穆林霞　魏后凯

（二）编辑部（按姓氏笔画排序）：
主　任：崔建民
副主任：曲建君　李晓琳　陈　颖　薛万里
成　员：王　芳　王　琪　刘　杰　孙大伟　宋　娜
　　　　张　昊　苑淑娅　姚冬梅　梅　玫　黎　元

序　言

　　博士后制度在我国落地生根已逾30年，已经成为国家人才体系建设中的重要一环。30多年来，博士后制度对推动我国人事人才体制机制改革、促进科技创新和经济社会发展发挥了重要的作用，也培养了一批国家急需的高层次创新型人才。

　　自1986年1月开始招收第一名博士后研究人员起，截至目前，国家已累计招收14万余名博士后研究人员，已经出站的博士后大多成为各领域的科研骨干和学术带头人。这其中，已有50余位博士后当选两院院士；众多博士后入选各类人才计划，其中，国家百千万人才工程年入选率达34.36%，国家杰出青年科学基金入选率平均达21.04%，教育部"长江学者"入选率平均达10%左右。

　　2015年底，国务院办公厅出台《关于改革完善博士后制度的意见》，要求各地各部门各设站单位按照党中央、国务院决策部署，牢固树立并切实贯彻创新、协调、绿色、开放、共享的发展理念，深入实施创新驱动发展战略和人才优先发展战略，完善体制机制，健全服务体系，推动博士后事业科学发展。这为我国博士后事业的进一步发展指明了方向，也为哲学社会科学领域博士后工作提出了新的研究方向。

　　习近平总书记在2016年5月17日全国哲学社会科学工作座谈会上发表重要讲话指出：一个国家的发展水平，既取决于自然科学发展水平，也取决于哲学社会科学发展水平。一个没有发达的自然科学的国家不可能走在世界前列，一个没有繁荣的哲学社会科学的国家也不可能走在世界前列。坚持和发展中国特色社会主义，需要不断在实践和理论上进行探索、用发展着的理论指导发展着的实践。在这个过程中，哲学社会科学具有不可替代的重要地位，哲学社会科学工作者具有不可替代的重要作用。这是党和国家领导人对包括哲学社会科学博士后在内的所有哲学社会科学领域的研究者、工作者提出的殷切希望！

中国社会科学院是中央直属的国家哲学社会科学研究机构，在哲学社会科学博士后工作领域处于领军地位。为充分调动哲学社会科学博士后研究人员科研创新积极性，展示哲学社会科学领域博士后优秀成果，提高我国哲学社会科学发展整体水平，中国社会科学院和全国博士后管理委员会于2012年联合推出了《中国社会科学博士后文库》（以下简称《文库》），每年在全国范围内择优出版博士后成果。经过多年的发展，《文库》已经成为集中、系统、全面反映我国哲学社会科学博士后优秀成果的高端学术平台，学术影响力和社会影响力逐年提高。

下一步，做好哲学社会科学博士后工作，做好《文库》工作，要认真学习领会习近平总书记系列重要讲话精神，自觉肩负起新的时代使命，锐意创新、发奋进取。为此，需做到以下几点：

第一，始终坚持马克思主义的指导地位。哲学社会科学研究离不开正确的世界观、方法论的指导。习近平总书记深刻指出：坚持以马克思主义为指导，是当代中国哲学社会科学区别于其他哲学社会科学的根本标志，必须旗帜鲜明加以坚持。马克思主义揭示了事物的本质、内在联系及发展规律，是"伟大的认识工具"，是人们观察世界、分析问题的有力思想武器。马克思主义尽管诞生在一个半多世纪之前，但在当今时代，马克思主义与新的时代实践结合起来，越来越显示出更加强大的生命力。哲学社会科学博士后研究人员应该更加自觉坚持马克思主义在科研工作中的指导地位，继续推进马克思主义中国化、时代化、大众化，继续发展21世纪马克思主义、当代中国马克思主义。要继续把《文库》建设成为马克思主义中国化最新理论成果的宣传、展示、交流的平台，为中国特色社会主义建设提供强有力的理论支撑。

第二，逐步树立智库意识和品牌意识。哲学社会科学肩负着回答时代命题、规划未来道路的使命。当前中央对哲学社会科学越发重视，尤其是提出要发挥哲学社会科学在治国理政、提高改革决策水平、推进国家治理体系和治理能力现代化中的作用。从2015年开始，中央已启动了国家高端智库的建设，这对哲学社会科学博士后工作提出了更高的针对性要求，也为哲学社会科学博士后研究提供了更为广阔的应用空间。《文库》依托中国社会科学院，面向全国哲学社会科学领域博士后科研流动站、工作站的博士后征集优秀成果，入选出版的著作也代表了哲学社会科学博士后最高的学术研究水平。因此，要善于把中国社会科学院服务党和国家决策的大智库功能与《文库》的小智库功能结合起来，进而以智库意识推动品牌意识建设，最终树立《文库》的智库意识和品牌意识。

第三，积极推动中国特色哲学社会科学学术体系和话语体系建设。改革开放30多年来，我国在经济建设、政治建设、文化建设、社会建设、生态文明建设和党的建设各个领域都取得了举世瞩目的成就，比历史上任何时期都更接近中华民族伟大复兴的目标。但正如习近平总书记所指出的那样：在解读中国实践、构建中国理论上，我们应该最有发言权，但实际上我国哲学社会科学在国际上的声音还比较小，还处于有理说不出、说了传不开的境地。这里问题的实质，就是中国特色、中国特质的哲学社会科学学术体系和话语体系的缺失和建设问题。具有中国特色、中国特质的学术体系和话语体系必然是由具有中国特色、中国特质的概念、范畴和学科等组成。这一切不是凭空想象得来的，而是在中国化的马克思主义指导下，在参考我们民族特质、历史智慧的基础上再创造出来的。在这一过程中，积极吸纳儒、释、道、墨、名、法、农、杂、兵等各家学说的精髓，无疑是保持中国特色、中国特质的重要保证。换言之，不能站在历史、文化虚无主义立场搞研究。要通过《文库》积极引导哲学社会科学博士后研究人员：一方面，要积极吸收古今中外各种学术资源，坚持古为今用、洋为中用。另一方面，要以中国自己的实践为研究定位，围绕中国自己的问题，坚持问题导向，努力探索具备中国特色、中国特质的概念、范畴与理论体系，在体现继承性和民族性，体现原创性和时代性，体现系统性和专业性方面，不断加强和深化中国特色学术体系和话语体系建设。

新形势下，我国哲学社会科学地位更加重要、任务更加繁重。衷心希望广大哲学社会科学博士后工作者和博士后们，以《文库》系列著作的出版为契机，以习近平总书记在全国哲学社会科学座谈会上的讲话为根本遵循，将自身的研究工作与时代的需求结合起来，将自身的研究工作与国家和人民的召唤结合起来，以深厚的学识修养赢得尊重，以高尚的人格魅力引领风气，在为祖国、为人民立德立功立言中，在实现中华民族伟大复兴中国梦征程中，成就自我、实现价值。

是为序。

中国社会科学院副院长
中国社会科学院博士后管理委员会主任
2016 年 12 月 1 日

序 一

王子今

徐畅的书稿《长沙走马楼三国孙吴简牍官文书整理与研究》放在我面前，多日前已经承诺作序，却不知怎样落笔才好。这是因为最初读走马楼简至今已经多年。起初承罗新、陈爽等朋友相约，涉足这批新资料，曾经以相当高的热情参与研读，陆续有一些心得。记得最初发表的文章大概是《走马楼简"折咸米"释义》(《国际简牍学会会刊》第3号，兰台出版社2001年7月)。但是最后就走马楼简发表论文是在2010年至2011年，有《走马楼竹简"邪""耶"称谓使用的早期实证》(《文物》2010年5期)、《走马楼简所见未成年"户下奴""户下婢"》(《吴简研究》第3辑，中华书局2011年6月)、《说走马楼名籍"单身"身份》(《简帛》第6辑，上海古籍出版社2011年11月) 等面世。但后来就再也没有进行以走马楼简为研究对象的学术工作了。也就是说，离开这一学术方向的前沿，已经有近十年之久。担心已经没有能力就《长沙走马楼三国孙吴简牍官文书整理与研究》一书做客观准确的介绍，是很自然的心理。对于已经渐次生疏的学术主题发言，难免言不及义或言不尽意，有可能说得不到位，或者不得体。

收到邮寄书稿，附有徐畅短笺："王老师：书稿奉上，《后记》部分尝试梳理了从老师学习及读吴简的经历，恭请老师赐序！感谢老师十二年来对我的教导和帮助！徐畅叩首。"读到这样的字句，因师生情谊多年，还是要完成这篇序文的。

我曾经编集《长沙简牍研究》一书，其中22篇为走马楼简研究成果。徐畅为书稿的信息补充、引文核正、资料校订耽误了不少时间，付出了很多辛劳，这里深致谢意。

因为工作兴趣早已转移的原因，对新资料与新成果都非常生疏，在《长沙简牍研究》"后记"中我写道："整理走马楼吴简研究的收获，不能忘记因罗新教授召集在北京大学中国古代史研究中心参加读简班时的经历。在参与者中，我是年龄大的。诸多中青年学者积极投入才思和精力，推进了简牍学的进步。而我也因个人获得的学术收益，深心感谢罗新、陈爽、宋超、侯旭东、韩树峰、孟彦弘等好友。刘聪等青年朋友的贡献，大家都会永远铭记。秦晖、陈静等学者曾经的参与，也记录吴简研究学术史上有意思的一页。走马楼吴简的研读是和这批重要出土文献的整理同步进行的。一些朋友往复长沙，直接参与简牍的保护和释读。回顾这一学术活动，我其实只是参加了其中一个阶段，现在已经明显掉队。一些高质量高水准的研究论著相继问世，站在学术制高点上的是长期坚持整理研究的胡平生、李均明、宋少华、王素、罗新等学者以及新成长起来的青年才俊们。"

应当补充说明的，是田余庆老师对于走马楼简的整理与研究发挥了重要的主导作用。这是我们永远不能忘记的。

作为走马楼简研究队伍中"新成长起来的青年才俊们"之一的徐畅，曾经相继就读于中国人民大学国学院和北京大学历史学系，又进入北京师范大学博士后流动站，先后得到孟宪实教授、荣新江教授以及王素研究员、张荣强教授等老师的指导。徐畅进取心强，学术视野开阔，创新意识鲜明。能够坚持实证原则，也是她的学术路径比较端正的表现之一。

对于《长沙走马楼三国孙吴简牍官文书整理与研究》一书，我虽已退出门外，仍然可以判断作为成功的学术专著的价值。这里向作者表示祝贺。同时也希望作者在今后的研究工作中，能够有新的发现、新的发明，获得新的成就。相信这部著作，只是徐畅学术进步的一级阶梯。

关于徐畅这部专著中涉及的"文书行政"，这里想说一点想法。简牍资料集中所见大量的官文书（有的学者称作"公文书"），使得人们对当时的行政方式有所思考。有的学者突出强调"文书行政"。也许应该对"文书行政"这一概念做出明晰的界定。有些问题似乎应当有所考察并且适当说明，比如，这些"文书"的传布可以到达社会哪一层级？"文书"之外的行政手段还有哪些？秦汉魏晋时代是否可以称作"文书行政"的时代？其他历史时期的行政特色是否有明显的不同？如果判定行政史的某一阶段或某些阶段可以以"文书行政"定义其政治风格，这种判定的尺度应当怎样把握？就这些问题，我也愿意认真思考，并诚恳就教于简牍官文书或称公文书研究的各位先进学人。

王子今

2020年11月18日

于北京大有北里

序 二

王 素

昔贤虽恒言：求学之道，天才、勤奋、兴趣，缺一不可。然而，这种先天才、次勤奋、后兴趣的排序，实际是个"伪命题"。孔子固然说过："生而知之者，上也；学而知之者，次也；困而学之，又其次也；困而不学，民斯为下矣。"（《论语·季氏》）承认世有天才，胜于学与困学等。但他又说过："我非生而知之者，好古，敏以求之者也。"（《论语·述而》）认为自己并非天才，自己的古学知识，都是凭兴趣，靠勤奋敏捷，才获得的。孔子不敢自称天才，故两千多年来，儒家门下，无人敢自称天才[1]。孔子的先兴趣、次勤奋、后天才的排序，才是正确有效的求学之道。徐畅对学问一直有着浓厚的兴趣，这是她成功的关键。

我与徐畅初次见面，是在2008年中国人民大学国学院召开的《新获吐鲁番出土文献》出版发布会上，当时她是国学院的学生，从孟宪实先生攻习吐鲁番学。她给我写的第一封信，是2009年5月17日，讨论敦煌吐鲁番文献中的城主问题[2]；此后，她写的敦煌吐鲁番研究文章，特别是参加北大吴简研讨班后写的吴简研究文章，每篇都发给我征求意见。我与她电邮往复，到现在已

---

[1] "天才"一词出现甚晚，用之于人，辞书溯源皆仅至三国时代的张裕。即《三国志·蜀志·周群传》所云："时州后部司马蜀郡张裕亦晓占候，而天才过群。"但实际应至东汉之初的王充（27—约97）。如《后汉书·王充传》"友人同郡谢夷吾上书荐充才学"句注引《谢承书》曰："夷吾荐充曰：'充之天才，非学所加，虽前世孟轲、孙卿，近汉杨雄、刘向、司马迁，不能过也。'"张裕精通占候，王充《论衡》有"问孔""刺孟"二篇，均非儒家门徒。
[2] 徐畅：《敦煌吐鲁番出土文献所见唐代城主新议》，《西域研究》2008年第1期，第87页注[3]；王素：《关于吐鲁番新出阚氏王国张祖墓表的几个问题》，《文物》2009年第1期，第41—44、47页。

经超过 20 万字。当然，电邮最为频繁，还是在她到北京师范大学做博士后之后。

2014 年，徐畅博士毕业，没能入职高校，我和张荣强君招聘她为北师大的博士后。她报了三个博士后出站报告选题：一个是里耶秦简与秦代刑徒制度，一个是秦汉赋役制度，一个是孙吴县级行政与公文运作。我和荣强君考虑徐畅对基层行政有兴趣由来已久，除了写过前面提到的敦煌吐鲁番文献所见唐代城主文章，还写过《走马楼简所见孙吴临湘县廷列曹设置及曹吏》[①]，此外，她的博士论文《唐代京畿乡村社会研究》也涉及基层行政问题，因此，决定她的博士后出站报告以孙吴县级行政与公文运作（长沙走马楼吴简）为选题。这就是本书——《长沙走马楼三国孙吴简牍官文书整理与研究》的由来。

我对如何培养学生，有一整套构想。除了因材施教，最重要的，是结合专业，筑实学术基础，直面关键问题。譬如：

（一）独立从事出土文献整理

徐畅的专业是出土文献研究。独立从事出土文献整理，是出土文献研究的重要基础。我从事出土文献整理研究四十年，深知出土文献研究，有出土文献整理基础和没有出土文献整理基础，看问题的感觉与角度都是不一样的。单纯的研究可以避生就熟，而整理要求知识储备更加完整和全面。大家都知道"甲骨四堂"（罗振玉、王国维、董作宾、郭沫若）学问超凡脱俗，很少有人知道他们的甲骨整理经验同样丰富多彩。徐畅虽曾做过文书和墓志的整理，但均属参加，而非独立从事。其时《长沙走马楼三国吴简》仅剩最后一卷《竹木牍》，已由长沙简牍博物馆做出释文初稿。我与该馆原馆长宋少华先生商定，让徐畅独立主持该卷的初审，工作包括全部竹木牍的分类、定名、解题和释文审订等，难度虽然很大，但做好了会终生受益。从目前情况看，她圆满完成了这项整理工作。

[①] 徐畅：《走马楼简所见孙吴临湘县廷列曹设置及曹吏》，《吴简研究》第 3 辑，中华书局 2011 年版，第 287—352 页。

（二）系统筑实汉唐制度基础

从事出土文献研究，无庸讳言，需要有坚实的制度史基础。这里需要说明的是，所谓汉唐制度，其实是个省称，汉承秦，唐承隋，应该称为秦汉隋唐制度，不过因为秦隋祚短，忽略不计罢了。譬如包括本书在内，大家都引王充《论衡》称汉帝国"以文书御天下"，其实这原本就是秦制。《续汉志》和《后汉书》对此多有记述：《舆服志·序》称"汉承秦故"。《荀淑附子爽传》称"汉承秦法"。《百官志·序》称"班固著《百官公卿表》，记汉承秦置官本末，讫于王莽，差有条贯"。《班彪传》称"汉承秦制，改立郡县，主有专己之威，臣无百年之柄"。秦"以吏为师"，吏即主管文书行政者。过去，由于史缺有间，难以证明秦帝国是否也"以文书御天下"。现在，里耶秦简发现迁陵县文书行政档案，此制可以坐实，勿庸置疑了。本书对孙吴临湘侯国文书行政的源流颇多发明，显示徐畅在汉唐制度领域已有不错的修养。

（三）主动承担吴简复原工作

我参加《长沙走马楼三国吴简》整理工作二十多年，该书全十一卷，我主持整理了六卷①，深知最重要的工作是复原。2011年3月15日，在长沙简牍博物馆举行中日长沙吴简学术研讨会，我先接受媒体采访，后为会议做总结，都说过："长沙吴简中的有字简，大约有八万多枚，绝大部分为竹简，因为种种原因，次序都被打乱。这就像一部八万多页的书，全被打散，且没有页码。显然，如何复原，理清彼此关系，成为每个研究者都必须面对的问题。"②而吴简复原，当时存在利用盆号和利用揭剥图两种方法。2014年徐畅做博士后不久，我就给她写信，指出吴简复原："利用盆号，比较容易；利用揭剥图，需要下功夫。"关于如何利用揭剥图，我希望她能去长沙简牍博物馆，向制作揭剥图的宋少华先生直接请教。恰在此时，东友关尾史郎先生给我写信，

---

① 即《竹简》[壹]（2003年）、[叁]（2008年）、[柒]（2013年）、[捌]（2015年）、[玖]（2019年）与《竹木牍》（待发表）。
② 王素：《长沙吴简研究的新视野——中日长沙吴简学术研讨会论文评述》，《简帛研究2011》，广西师范大学出版社2013年版，第219—225页。

说他与日本长沙吴简研究会的窪添庆文、伊藤敏雄、永田拓治、石原辽平、鹫尾祐子、安部聪一郎等一行七人，很快将分道前来大陆，8月28日至30日，在长沙简牍博物馆工作三天。我对日本吴简研究成果一直非常重视，希望徐畅能与日本吴简学界建立联系。于是，在与宋少华先生商量并得到他的同意后，我介绍徐畅到长沙观摩学习。

徐畅的长沙之行，收获甚丰固无疑问。本书《后记》对此有过一些描述。记得她登上返回北京的高铁，给我发短信汇报访学成果，我回信慰问："辛苦了！"她回答："年轻人，浑身是劲，不觉辛苦！"经过学习，徐畅尝试利用包括揭剥图在内的多种信息进行吴简的复原，反映在本书中，值得研究者关注。

徐畅在学生时代广为涉猎，却不够专精，后来有了很大进步。从本书看，学术史梳理之细致翔实，在吴简学界无人能出其右。譬如日本学术刊物甚多，关于吴简的研究成果，散见于多种定期和不定期的学术刊物，与文书行政有关者，本书征引竟然无一遗漏。此外，田余庆先生是长沙吴简整理组组长，他仙逝之后，我曾撰文缅怀，多处谈到田先生对吴简整理的贡献，包括《长沙走马楼三国吴简》一书的定名等，都是很重要的吴简学术史资料[1]，但在大陆吴简学界，似乎只有徐畅注意到并予以引述[2]。做到这些，很不容易。当然，这与她的勤奋也不无关系。这就是前文所说，求学之道，兴趣而外，还需要勤奋。业精于勤，即此之谓。

本书各章节，在结集成书前，我基本上都看过，有的看过不止一遍。总体印象是：立论有据，说理有方。读者可以自作鉴定，这里就不一一评述了。

---

[1] 王素：《风操存大道 事业在名山——缅怀史家田余庆先生》，《东方早报·上海书评》2015年1月11日（纪念田余庆先生特稿）第B10-B11版。按：本文收入《田余庆学记》，北京师范大学出版社2021年版。

[2] 徐畅：《长沙走马楼三国吴简基本性质研究平议》，《出土文献》第12辑，中西书局2018年版，第295页；本书《导言》第三部分"出土秦汉三国郡县乡里官文书简牍的情况"之"三国孙吴（长沙郡）临湘侯国行政簿书"节。另参徐畅《出土秦汉三国区域资料统合研究的先行成果——评王子今〈长沙简牍研究〉》，《史学月刊》2019年第7期，第125页。

序 二

中国古代的简纸替换，并不是简单的书写载体的演变，实际影响整个文书行政制度的变化。大陆出土简牍省份虽然很多，但能够涵盖整个简牍时代的只有湖南。其中仅长沙就出有五里牌楚简、仰天湖楚简、走马楼西汉简、五一广场东汉简、东牌楼东汉简、尚德街东汉简、九如斋东汉简、青少年宫东汉简、走马楼三国吴简等。

值得注意的是，开启造纸新时代的也是湖南。因为人所熟知的东汉蔡伦造纸，蔡伦的故里就在湖南耒阳。耒阳至今还保存有古代的造纸作坊。2001年4月中旬的一个风雨之日，我曾专程驱车到耒阳蔡侯祠和当地古代造纸作坊考察，并撰文对西北地区出土的西汉麻纸（如1933年的罗布淖尔纸，1957年的西安灞桥纸，1973年至1974年的居延肩水金关纸，1978年的扶风中颜村纸，1979年的敦煌马圈湾纸等）与东汉蔡伦造纸的关系发表了看法[1]。此后几年，我在长沙整理吴简，常常思考：不仅长沙吴简，还有郴州晋简，所处时代，造纸术已经普及，至少在湖南已经普及，而包括户口簿籍在内的各类官文书皆仍用简牍，原因为何？唯一合理的解释，应该与文书行政制度尚未完成从简本向纸本过渡有关。从简本文书行政制度到纸本文书行政制度，究竟存在哪些变化，无疑是一个值得深入探讨的重大课题。关于这个课题，不久前荣强君曾经涉足，从户籍制度的演变和基层统治重心的上移等角度进行了探讨，令人耳目一新[2]。徐畅曾经攻习吐鲁番学，本书完成了简本临湘侯国文书行政制度研究，我对她继续进行纸本高昌郡国文书行政制度研究满怀期待！

这是一个士风浇漓的时代，功利主义盛行，潜心学术者寥若晨星。徐畅能够不从流俗，既述且作，甚慰私衷。在此，题诗一首，以表对本书出版的祝贺。

---

[1] 王素：《风雨蔡侯祠》，《中国文物报》2001年6月6日第4版（文物之旅版）。按：本文后来承蒙中国造纸学会纸史委员会等编《纸史研究》第15期全文转载。

[2] 张荣强：《中国古代书写载体与户籍制度的演变》，《武汉大学学报》（哲学社会科学版）2019年第3期，第92—106页；《简纸更替与中国古代基层统治重心的上移》，《中国社会科学》2019年第9期，第180—203页。

竹书十万出临湘，尘邈掾曹事竟煌。
草刺上行无宿诺①，督邮下审有朝章。
玲珑史笔思惟细，淡荡文辞意味长。
回首蜀吴征战地，好凭新著问沧桑。

是为序。

王　素
2020年10月于北京故宫城隍庙

---

① 《三国志·魏书·杜畿附子恕传》注引《魏略》记孟康为弘农太守，处理公务"事无宿诺"。同志《吴书·黄盖传》记盖为石城县守长，以文书委付两掾，称"两掾所署，事入诺出"，意与"事无宿诺"差同。

摘 要

有别于以往政治制度史研究中以职官制度为核心的研究理路，上世纪末本世纪初以来，借助传世与出土文献中保留的中央、基层行政文书，分析文书运转程式，探讨各级行政机构对政务的处理方式、裁决程序，成为新的学术动向。唐宋史学人提倡"走向活的制度史"，秦汉史学人则借助出土简牍中的官文书，展现帝国各级官僚机构的文书流转，开展"文书行政"的研究。

1996年，长沙市中心五一广场历代官署分布区出土近14万枚三国孙吴纪年简牍，数量超以往全国范围内出土简牍的总和，内容丰富，主要包括名籍、账簿、官文书；官文书主要是孙吴临湘侯国行政档案，兼有长沙郡等其他行政机构的文案，本书欲以其揭示的临湘侯国为例，探讨三国孙吴政权统辖下、江南区荆南地方一个县级机构的行政传统、官文书制度与文书行政现实。

由于简牍出土时受到扰乱，本书运用古文书学的手段，探索新方法，对零散刊布的竹木牍官文书进行分类集成，对散乱的官文书简册进行复原整理；在最大限度还原吴简官文书原貌之后，通观簿书与官文书，对吴简的性质、行政级别等基础问题进行辨析，指出简牍为吴大帝孙权嘉禾年间（232—238）临湘侯国文书档案群；继而依据复原成果，透析侯国内部、外部上、下行及平行官文书的类型、格式、用语，揭示孙吴县级官文书的运转机制与特点；统合简、牍官文书的流转程序，还原侯国内部定期事务的办理程序与不定期事务的应对机制；借助上述工作，拼合出一幅三国时代江南县级文书行政的蓝图。经研究发现，在三国孙吴，县廷诸曹是基层文书的主要制作与承载者，而门下是公文运转的枢纽，这一现象可作为六朝公文运行机制的渊源。

长沙走马楼三国孙吴简牍官文书整理与研究

　　本书完成于长沙走马楼三国吴简发现 25 年之后，这批简牍的保护、整理工作已临近尾声，但研究工作，尤其是围绕其中刊布较晚的官文书的整理研究，还任重而道远。本书具有多重学术价值：在吴简学领域，推进官文书整理及文书行政研究；在三国史领域，以自下而上的视野考察孙吴政权的统治秩序；在制度史领域，引入"活的制度史"理念，动态观察文书流转及行政过程。本书对吴简的整理与研究，也将为新时期长沙、湖南乃至全国范围内古井简牍的整理与研究提供借鉴，具有应用价值。

　　关键词：长沙走马楼三国吴简　官文书整理　基层文书行政

Abstract

In order to make the research different from the traditional way in political system study of early medieval China, this book discusses the administrative system, administrative documents of marquis state *Linxiang* (临湘侯国, equivalent to a county) and its operation, with the help of *Zoumalou* (走马楼) *Sun-Wu* slips unearthed from *Changsha* (长沙).

As the bamboo and wooden slips being disturbed when unearthed, first of all, this book deals with restoration and edition of them, including classifying documents written on wooden tablets, and restoring scattered bamboo slips into volumes. On the basis of these work, the author attempts to reconstruct the original appearance of official documents in *Sun-Wu* Slips.

Related research consists of the following three topics. Firstly, by collecting information provided by official documents, using the method of personal name integration of *Yuan* (掾) (a general term of office worker), this book resolves the disputes over the nature and administrative level of *Sun-Wu* slips, identifies them as marquis state *Linxiang*'s documents.

Secondly, the author studies on the operation mechanism of official documents of *Linxiang* county. *Cao* (曹) (secretarial departments) is responsible for document production and operation, whilst *menxia* (门下) (the secretary institution of the county head) should be the unified sender of official documents. This is the source of the documentary operating mechanism of the Six Dynasties

Thirdly, the scattered bamboo and wooden slips contain information on a judicial case that an office worker *Xu Di* (许迪) stole a large number of rice belonging to the local authorities. The author attempts to reveal the judicial procedure of this case and thereupon, discuss a county's daily judicial affairs and their operation.

Twenty-five years after the discovery of *Zoumalou* Slips, this book, as an advanced research monograph on the Three Kingdoms era, is also of great significance in the conservation, restoration and research of cultural relics unearthed in *Changsha* and *Hunan* (湖南).

Key words: *Zoumalou Sun-Wu* Bamboo and Wooden Slips, Conservation and Restoration, Executing Administrative Powers via Official Documents

目　录

导　言 …………………………………………………………… (1)

第一章　三国孙吴竹木牍官文书的集成与分析 ……………… (45)
　　第一节　吴简中竹木牍的发现与刊布情况 ………………… (45)
　　第二节　竹木牍官文书集成与分析 ………………………… (51)
　　第三节　关于木牍与竹简的编联问题 ……………………… (96)

第二章　三国孙吴简牍官文书性质与级别的判定 ………… (101)
　　第一节　吴简基本性质早期诸说 …………………………… (101)
　　第二节　簿书复原与级别判定 ……………………………… (103)
　　第三节　竹简、木牍官文书行政级别解析 ………………… (106)
　　第四节　回应·结论与进一步的假说 ……………………… (139)

第三章　三国孙吴竹简官文书的整理与研究 ……………… (148)
　　第一节　草刺与行书刺：两种官文书简性质的判定 ……… (148)
　　第二节　闰月言府草刺册的集成与分析 …………………… (151)
　　第三节　许迪割米案上、下行官文书简牍集成 …………… (168)

第四章　三国孙吴临湘侯国的文书行政 …………………… (182)
　　第一节　县内文书的制作与流转 …………………………… (182)
　　第二节　县与郡及其他机构文书往来 ……………………… (192)
　　第三节　临湘县级官文书的运转机制 ……………………… (200)
　　第四节　从官文书看行政过程 ……………………………… (203)

结　语 …………………………………………………（244）

参考文献 ………………………………………………（255）

附　图 …………………………………………………（274）

索　引 …………………………………………………（279）

后　记 …………………………………………………（284）

Contents

Introduction ··· (1)

Chapter I   Compilation and Analysis of Official Documents
            Written on Bamboo and Wooden Tablets
            (竹木牍) ··· (45)
1. Discovery and Publication of Bamboo and Wooden
   Tablets (牍) ··· (45)
2. Compilation and Analysis of Official Documents in Bamboo
   and Wooden Tablets ··· (51)
3. Rejoining of Wooden Tablets (木牍) and Bamboo
   Slips (竹简) ··· (96)

Chapter II On the Nature and Administrative Level of
            Official Documents in *Sun-Wu* slips ··············· (101)
1. A preliminary Discussion on the Nature of *Sun-Wu* Slips ······ (101)
2. The Administrative Level of *Sun-Wu* Slips Seen from the
   Household Registration and Accounting Documents ············ (103)
3. The Administrative Level of Official Documents in Wooden
   Tablets and Bamboo Slips ·· (106)
4. Further Discussion ·· (139)

Chapter III Restoration and Study of Official Documents
            Written on Bamboo Slips ································· (148)
1. *Cao ci* (草刺) and *Xingshu ci* (行书刺), Two Kinds of
   Official Documents in *Sun-Wu* Slips ······························ (148)
2. Compilation and Analysis of the Catalogue of Documents

　　　　Made by Leap Month in Bamboo Slips ·················· (151)
 3. Restoring Scattered Bamboo Slips about the Judicial Case
　　of *Xu Di*（许迪）··· (168)

Part Ⅳ　Administrative Rule of Marquis State
　　　　Linxiang（临湘）via Documents ····················· (182)
 1. Production and Circulation of Official Documents inside
　　Linxiang County ·· (182)
 2. Communication via Documents between the County and
　　Other Administrative Agencies ···························· (192)
 3. Documentary Operation Mechanism of *Linxiang* County ········ (200)
 4. The Administrative Process from the Perspective of
　　Official Documents ·· (203)

Conclusion ·· (244)

Bibliography ··· (255)

Photo Appendix ·· (274)

Index ·· (279)

Postscript ··· (284)

导　言

第一节　选题缘起

春秋战国时代，一种对所辖领地进行直接控制的新型行政管理方式——郡县制开始在秦、楚、晋等国萌生；秦并一海内，为实现对王朝疆域与基层社会的有效控制，废除西周以来的分封建国，在全境推行郡县制。汉承秦制，大部分时间在地方行政上仍实行郡县二级制①。

王充《论衡》称汉帝国"以文书御天下"②，维持中央集权及郡县制正常运行最基础的手段，是官文书制度的全面实施。所谓官文书制度，是指通过文字所制作的王言政令、公函信件、人事档案、户口簿籍等，经过传递、收发、批复和执行等一系列程序，实现对社会的行政管理③。最晚从秦开始，中央、地方各级官府之间的政务往还，官府与百姓之间所发生

---

① 西汉初一度大规模分封诸侯王，形成郡、国交错的局面，至武帝时厉行郡县制；东汉虽仍以诸侯国与郡并行，但王国封域甚狭，郡县制是主流；至东汉末年，监察区州转变为行政区，地方行政为州、郡、县三级制，参周振鹤《西汉政区地理》，人民出版社1987年版；李晓杰《东汉政区地理》，山东教育出版社1999年版。
② （东汉）王充：《论衡》卷一三《别通》，黄晖《论衡校释》（附刘盼遂集解），中华书局1990年版，第591页。
③ 对官文书制度的定义参吕静《秦代行政文书管理形态之考察——以里耶秦牍性质的讨论为中心》，武汉大学简帛研究中心"简帛网"，http://www.bsm.org.cn/，2010年2月22日首发；吕静、王成伟《关于秦代公文形态与运作流程的考察——以里耶秦牍的分析为基础》，上海社会科学院《传统中国研究集刊》编辑委员会编《传统中国研究集刊》第8辑，上海人民出版社2011年版，第57—77页。

的信息传递，绝大多数时候都依赖文书①。

关于秦汉官文书的研究，从《独断》《文心雕龙》等著作就已开始，但主要关注王言及奏章，很少涉及基层。20世纪敦煌、居延、额济纳等地出土大批汉简，作为边塞军政系统的文书档案，为我们把握帝制早期基层官文书的样态，提供了第一手资料；罗振玉、劳榦、永田英正等据内容将其分为簿录与公文、定期与不定期文书，其中不定期文书对应屯戍官文书②。但边塞屯戍系统毕竟与内地之郡县系统有所差别，我们依然关心围绕郡县—乡里制而形成的基层文书作业系统。

20世纪末至21世纪初，以走马楼三国吴简为核心的长沙市中心古井简牍的批量发现，为复原东汉至三国时代郡、县、乡级行政构造和文书制度，提供了样本。1996年，考古工作者在长沙市中心五一广场（历代地方官署所在）的22号古井中发现一批总数约14万枚的三国孙吴纪年简牍，性质为临湘侯国、也包含长沙郡及其他机构的公文档案，命名为走马楼简③；2004年，又在相隔不远的J7号古井中清理出426枚东汉灵帝时期的简牍，性质为长沙郡和临湘县通过邮亭收发的公私文书，命名为东牌楼简④；2010年，在距吴简出土点约80米的J1号古井内发掘了近万枚东汉和帝至安帝时期的简牍，性质为长沙郡及门下诸曹、临湘县及门下诸曹的下行文书，临湘县、县下属诸乡、亭的上行文书，及与外郡县往来之公文，命名为五一广场简⑤；2011年，在附近的东牌楼片区又清理东汉简牍170余枚，有灵帝纪年，称尚德街简⑥。近年来此区域又有新资料发现。各批次出土简牍的情况，并参表序-1：

---

① 观点参刘后滨《汉唐政治制度史中政务运行机制研究述评》，《史学月刊》2012年第8期，第97—107页。
② 参读罗振玉、王国维《流沙坠简》，中华书局1993年版。劳榦《居延汉简（考释之部）附考证》，《"中央研究院"历史语言研究所专刊》之40，1969年；[日]永田英正《居延汉简研究》，张学锋译，广西师范大学出版社2007年版。等。
③ 长沙市文物工作队、长沙市文物考古研究所：《长沙走马楼J22发掘简报》，《文物》1999年第5期，第15—20页。
④ 长沙市文物考古研究所：《长沙东牌楼7号古井（J7）发掘简报》，《文物》2005年第12期，第4—21+30页。
⑤ 长沙市文物考古研究所：《湖南长沙五一广场东汉简牍发掘简报》，《文物》2013年第6期，第4—26页。
⑥ 长沙市文物考古研究所编：《长沙尚德街东汉简牍》，岳麓书社2016年版。

表序 – 1　　　　　近年五一广场周围出土简牍一览

发掘时间（年、月）	发掘地点	数量	时代	整理出版名称	简牍性质
1996.7—12	五一广场东南侧平和堂商厦工地	14万枚（有字简76552枚）	三国	走马楼三国吴简	官府档案及私人信札
1997.5	五一广场西北侧科文大厦工地	200余枚	东汉	九如斋东汉简	官府文书及私人信札
2003.10—11	五一广场东侧省供销社综合楼工地	约4000枚（有字简2157枚）	西汉	走马楼西汉简	官府文书
2004.4—6	五一广场东南侧湘浙汇商厦工地	426枚	东汉	东牌楼东汉简	官府文书及私人信札
2010.6—8	五一广场东南侧地铁2号线工地	近万枚（编号简6862枚）	东汉	五一广场东汉简	官文书、名籍、私人信札
2011.3—2012.9	五一广场东牌楼片区长沙国际金融中心工地	263枚	东汉	尚德街东汉简	官、私文书
2015	坡子街华远五期项目工地	不详	秦汉	不详	不详
2016	长沙市青少年宫	近百枚	汉代	不详	不详

资料来源：长沙简牍博物馆主办"湘水流过：湖南地区出土简牍展"，2018年11月。

上述资料囊括了长沙地方自东汉早中期至三国所产生的官府文案，如统合分析、长时段对比，将有望呈现给学界实际运作中的基层行政与官文书运转流程。但其中若干批简牍的整理工作尚未启动，如九如斋东汉简；

· 3 ·

已发表的东牌楼①、尚德街东汉简数量不多；内容相对丰富的五一广场东汉简尚在整理中，已发表的木两行、合檄、竹简、木楬等虽字迹清晰，却只是官文书册的一部分②，需等待未刊资料进行缀合。到目前为止，关注东汉三国交替期的基层文书行政，最可依凭的资料仍是走马楼三国吴简。

1996年发现的走马楼吴简数量巨大，发现之初统计到近14万枚，后确定为有字简76552枚，有墨痕简2万余枚，木牍376枚③，超出当时整理出的汉简的总和；由于发现于历史上长沙郡、临湘侯国官署区域，性质恰属郡、县官府文书档案。

吴简散简中除大量的簿书外，还包含由诸曹名义发出的两种上行文书摘要，以及围绕许迪、朱表割米案等考实产生的司法文书，涵载了文书行政信息。与竹简的散碎相比，木牍由于幅度较宽，单枚可存留较完整信息，更多用来书写官文书；但自吴简发现以来，采集和井中原存的木牍一直没有得到系统地整理与刊布，图版、录文散在各处；长期以来的讨论集中在最初刊布的两枚劝农掾殷连、区光隐核本乡州吏父兄子弟人名年纪木牍，以及与许迪案相关的几枚木牍上。

2015年，笔者得到国家文物局"长沙走马楼三国简牍保护与整理"项目负责人宋少华研究员及整理小组成员、故宫博物院王素先生的邀请，加入《长沙走马楼三国吴简》第十一卷《竹木牍》特辑的整理工作④；对已陆续刊布的竹木牍进行再整理，并得以充分了解吴简中全部牍文书的情况：有木质376枚、少量为竹质（数量正在统计中，目前已找到18枚），包括"举"文书、"叩头死罪白"文书、"破莂保据"文书、"君教"文书等官文书。

按照宋少华先生的总体规划，发掘简最后一卷《竹简》〔玖〕于2019

---

① 长沙文物考古研究所、中国文物研究所编：《长沙东牌楼东汉简牍》，文物出版社2006年版。
② 五一广场简目前已出版五卷，分别为长沙市文物考古研究所、清华大学出土文献研究与保护中心、中国文化遗产研究院、湖南大学岳麓书院编《长沙五一广场东汉简牍选释》，中西书局2015年版；同前《长沙五一广场东汉简牍》〔壹〕，《长沙五一广场东汉简牍》〔贰〕，中西书局2018年版；同前《长沙五一广场东汉简牍》〔叁〕，《长沙五一广场东汉简牍》〔肆〕，中西书局2019年版。
③ 统计数字参长沙简牍博物馆编《嘉禾一井传天下：走马楼吴简的发现保护整理研究与利用》，岳麓书社2016年版，第37页。
④ 走马楼吴简已出版《长沙走马楼三国吴简·嘉禾吏民田家莂》及《竹简》〔壹〕至〔玖〕十卷，尚未出版的是《竹木牍》特辑（《竹简》〔别册〕附）。

年出版①；收录 6000 余枚有字残简的《竹简》〔别册〕及笔者参与的《竹木牍》特辑也已做完释文、整理初稿，将加快进度推出，已促成吴简之合璧②。

在吴简之全体行将刊布完毕之际，在充分占有资料的基础上，十分有必要借鉴西北简牍册书复原及吴简簿书复原的思路与步骤，对 10 万余枚③三国孙吴简牍中的官文书进行甄别、集成，对其中完整的上行、下行、平行官文书简册进行复原和类型学研究。在厘清三国时代江南基层官文书样貌的同时，尝试解答这批吴简的年代、行政级别、埋藏原因等长期悬而未决的问题；并有望还原处东汉三国交替期的孙吴基层官文书的运行机制。

第二节 核心概念

本书主要利用 1996 年以来陆续刊布的长沙走马楼简、牍，从事建安（196—220）以后，孙吴政权统辖下，江南区荆南地方公文形态与运转流程的研究。先对题目中若干概念予以界定与解释。

1996 年 10 月至 11 月，原长沙市文物工作队（后成立长沙市文物考古研究所）配合城市基本建设，对位于市中心五一广场东南侧走马楼街的平和堂商厦区古井（窖）群进行发掘，共发现古井 57 口：其中战国时代 5 口，汉代 26 口，魏晋 6 口，唐宋 3 口，明清 12 口，时代不明 3 口，遭破坏未发掘 2 口④；J22 古井中，出土了约 14 万枚三国孙吴纪年简牍。

吴简有纪年者早至中平（二年/185）、建安，最晚为嘉禾六年（237），

---

① 长沙简牍博物馆、中国文化遗产研究院、北京大学历史学系、故宫研究院古文献研究所：走马楼简牍整理组：《长沙走马楼三国吴简·竹简〔玖〕》，文物出版社 2019 年版。
② 2019 年 10 月 27 日与宋少华先生通话，承蒙先生告知通盘安排。
③ 包含有字简 76552 枚，有墨痕简牍 2 万余枚。
④ 走马楼古井区的发掘情况参长沙市文物工作队、长沙市文物考古研究所《长沙走马楼 J22 发掘简报》，《文物》1999 年第 5 期，第 15—20 页。

除去追记，纪事主要在吴大帝孙权统治前期的嘉禾年间①，本书探讨基层（临湘地方）官文书及文书行政，由于地方政治与社会的连续性，会辅助利用反映东汉中后期本地情状的东牌楼简，乃至反映东汉早中期本地情状的五一广场简，但大体上，所论集中在东汉末至三国这个小时段。这个时段正处于汉魏交替期，具有承上启下的意义。

古文书研究者指出，文书是发出人为了向受取人传达自己的意志或其他事情而作成的书信②，而"官文书"，对应汉魏史籍中的"文书""文案""史书"等③，至唐始有确切定义，《唐律疏议》卷九《职制律》"稽缓制书官文书"条疏议："官文书，谓在曹常行，非制、敕、奏抄者。"④强调官文书为各级曹司的行用文书，如符、移、解、牒等，但不包括王言；而官府往来的"官文书"再加上制敕、王言，则属于更为宽泛意义上的"公文"⑤。

汪桂海先生指出中国古代的官文书有广义和狭义之分，广义的官文书系官府为处理政治、军事、经济、财政、人事等各类事务而产生、形成的所有文书形式，狭义的官文书仅指通用公文，包括上级下达给下级、下级呈送上级、同级之间、官府与民众之间相互往来文书，兼及司法文书⑥。

---

① 吴简纪年问题，参读王素、宋少华、罗新《长沙走马楼简牍整理的新收获》，《文物》1999年第5期，第28页；罗新《走马楼吴简中的建安纪年简问题》，《文物》2002年第10期，第92—95页；王素《汉末吴初长沙郡纪年》，北京吴简研讨班编《吴简研究》第1辑，崇文书局2004年版，第40页；王素《长沙走马楼三国吴简时代特征新论》，《文物》2015年第12期，第60—70页。

② 定义参照李均明、刘国忠、刘光胜、邬文玲编著《当代中国简帛学研究（1949—2009）》，中国社会科学出版社2011年版，第41页。

③ 如《后汉书》卷二九《鲍昱传》载"荆州刺史表上之，再迁，中元元年，拜司隶校尉，诏昱诣尚书，使封胡降檄。光武遣小黄门问昱有所怪不？对曰：'臣闻故事通官文书不著姓，又当司徒露布，怪使司隶下书而著姓也。'"中华书局1965年版，第1022页；《北史》卷九七《高昌传》记其国"评章录记，事讫即除，籍书之外，无久掌文案。"中华书局1974年版，第3215页。关于"史书"官文书含义的辨析，详汪桂海《汉代官文书制度》，广西教育出版社1999年版，第21—24页。

④ 刘俊文点校：《唐律疏议》卷九，中华书局1983年版，第197页。

⑤ 《唐律疏议》卷一〇《职制律》"事直代判署"条疏议："'公文'，谓在官文书。"（刘俊文点校：《唐律疏议》，第203页）对唐代官文书的定义、辑录与研究，参考［日］中村裕一《唐代官文书研究》，中文出版社1991年版；《唐代制敕研究》，汲古书院1991年版；《唐代公文书研究》，汲古书院1996年版。

⑥ 汪桂海广义与狭义官文书的定义，参考氏著《汉代官文书制度》，第1—2页。

具体到秦汉时代，对应狭义官文书的类型亦丰富多样，卜宪群先生曾将其分为御用公文，官僚奏疏、上书，官府行移公文，官府考绩、管理公文四类[①]，而汪桂海先生则结合传世、出土官文书实物，将汉代官文书分为诏令文书、奏章文书、官府往来文书、司法文书，其详细条目如下[②]：

表序-2　　　　　　　　汉代官文书分类

诏令文书	策书
	制书
	诏书
	戒敕
奏章文书	章
	奏
	表
	议
官府往来文书	奏记、笺记
	记（下行）、教
	举书
	檄
	传
	除书与遣书
司法文书	爰书
	劾状及其呈文
	奏谳书

李均明先生的归类与汪氏略同，又特别指出官府往来文书除上、下、平行的各级行政文书外，还有按自身性质或涉及事项设有专门名称的文书，如语书、除书、遣书、病书、直符书、传等[③]。

走马楼三国吴简发现于长沙市中心五一广场的22号古井，作为长沙

---

① 卜宪群：《秦汉公文文书与官僚行政管理》，《历史研究》1997年第4期，第35—51页。
② 汪桂海：《汉代官文书制度》，第19—87页。
③ 参李均明《秦汉简牍文书分类辑解》之书檄类，文物出版社2009年版，第16—88页。

地方官府档案，是没有疑义的，只是其发现区域既是长沙郡治、又是临湘县、侯国所在，简牍所属官府文书的行政级别，存在争议。但无论如何，本书所处理的孙吴简牍官文书，大部分属于前贤分类中的官府往来文书，还兼有一些基层司法狱讼产生的案卷。

本书在对长沙走马楼所出简牍文书进行整理、对官文书简册进行集成与复原基础上，希望将静态的文本与动态的文书流转程序及政务运行机制相结合，开展"文书行政"的研究。

"文书行政"，借鉴中、日学者以出土简牍中的行政文书展现汉帝国文书流转与官僚机构运转的做法[1]，同时也套用唐宋史学界流行的"活的制度史"的研究理念[2]；力求走出静态的考证文书书式、套语、签署、书法等的研究旧理路，走出借助文书记载考证职官、机构设置的旧理路；借助实际运作中的官文书，通过对公文运作程序、文书流程的分析，从而进一步探讨行政机构对政务的处理方式与裁决程序，以及与之相关的行政手段、模式，问责机制等；具体到本书，希望全方位探讨三国孙吴时期县、乡、里的文书实态，在此基础上复原以侯国（县廷）为中心的文书运作机制，及其背后各种常规与非常规政务的处理流程、行政程序。

第三节　出土秦汉三国郡县乡里官文书简牍的情况

上节梳理了秦汉官文书的类型，由于存在详中央、略地方的记载倾向，传世史籍中所引用的官文书（原本或节引）主要是皇帝诏令制敕，以及臣属所上表章，属于官文书分类中的前两类。而20世纪上半叶以来陆

---

[1] 经典研究成果如［日］冨谷至《文書行政の漢帝国——木簡・竹簡の時代》，名古屋大学出版会2010年版；中译本《文书行政的汉帝国》，刘恒武、孔李波译，凤凰出版集团2013年版。
[2] 参考邓小南《走向"活"的制度史——以宋代官僚政治制度史研究为例的点滴思考》，《浙江学刊》2003年第3期，收入包伟民主编《宋代制度史研究百年（1900—2000）》，商务印书馆2004年版，第10—19页；游自勇《动态的政治制度史——评刘后滨〈唐代中书门下体制研究〉》，荣新江主编《唐研究》第13卷，北京大学出版社2007年版，第583—594页。近年的实践如周佳《北宋中央日常政务运行研究》，中华书局2015年版；刘后滨《唐代选官政务研究》，社科文献出版社2016年版，等。

续发现的额济纳河流域（居延、额济纳、肩水金关等）汉简、疏勒河流域（敦煌、悬泉、玉门关等）汉简，虽然是汉帝国西北边地的基层官文书档案，但绝大部分为边塞屯戍机构日常运转中产生的文书、会计簿籍等；都尉府、候官、所属部燧之间的往来文书，内容、书式毕竟与内地的郡、县、乡、里行政文书有所差别。欲认识秦汉至三国时代地方官府往来文书与行政之实态，还有赖于真正意义上的州、郡、县、乡、亭、里官文书简牍的发现。

20世纪中后期以来，我国简牍的发现地突破西北，于全国范围内呈广布之势；而尤其在长江流域的两湖地区，在古代官署遗址的古井中，开始大规模出土简牍，这些新资料应是真正意义上在郡县制运转过程中诞生的基层官府文书。由于相关简牍的发现呈现多批次、零散化的趋势，而一些资料从出土到完整公布，经历相当长的过程，学界的接受与研究，则更需时日。

迄今为止，我们对前辈学者归为秦汉官文书的第三类——官府往来文书，尤其是真正意义上的郡、县、乡、里行政文书的发现与刊布情况，还缺乏通盘把握，遑论对秦汉至三国地方行政体制框架与文书行政图景的描绘与再认识。

本节将对出土秦汉至三国郡、县、乡、里行政文书简的情况予以介绍，在此基础上分析每一行政层级文书的性格及其运转情况，归纳官府往来文书的共同结构。以下拟按照行政层级由高到低，对相应官文书简牍分批予以概览。需要说明的是，由于资料刊布的不完整性，我们对个别批次简牍性质、所属官府级别的认定可能存在偏差，尽量采用目前学界通行的观点。

（一）郡级（或以郡级为主）官文书简牍

1. 西汉早中期南郡（含各属县）免老、新傅、罢癃簿

2004年底，荆州市博物馆在荆州市区纪南镇松阳村抢救性发掘四座汉墓，1号汉墓出土木牍63枚，6枚无字，31枚单面墨书，26枚双面墨书，内容主要是南郡及江陵西乡等地的各类簿册、叶（牒书）、律令摘抄等[①]。其中编号为35的木牍，为南郡免老、新傅、罢癃簿，记载南郡下属巫、

---

① 荆州博物馆：《湖北荆州纪南松柏汉墓发掘简报》，《文物》2008年第4期，第24—32页。

秭归、夷道、夷陵、醴阳、孱陵、州陵、沙羡、安陆、宜成、临沮、显陵、江陵、襄平侯国、中庐、邔侯国、便侯国、轪侯国等县级单位各自符合免老、新傅、罢癃的人数与总计①。因 M1 出土纪年简牍中年代最晚者为汉武帝元光六年（前 129），论者以 35 号木牍为西汉武帝时期南郡上计文书的抄件②。

2. 西汉武帝朝长沙国官文书档案

2003 年，长沙简牍博物馆、长沙市文物考古研究所联合发掘组在长沙市中心五一广场东侧走马楼街省供销社综合楼工地的 8 号古井中发掘出数量近万枚的简牍。简文有长沙康王刘庸的纪年，相当于汉武帝元朔、元狩中（前 125—前 120）③；经清洗保护，共统计到有字简 2157 余枚④，内容为西汉前期以长沙国为中心的官府文书，以司法文书为尤多⑤。相关简牍目前由长沙简牍博物馆与湖南大学岳麓书院合作整理，有望于不久的将来问世⑥。

3. 西汉后期东海郡上计集簿

1993 年，江苏省连云港市东海县温泉镇尹湾村的村民在村内田地取土时，发现古代墓葬，随后由市、县博物馆组织的发掘队对取土区域内已充分暴露的六座墓葬（编号 M1 - M6）进行抢救性发掘，其中 M6 集中出土木牍 23

---

① 35 号木牍图版的参朱江松《罕见的松柏汉代木牍》，荆州博物馆编《荆州重要考古发现》，文物出版社 2009 年版，第 210—211 页；释文参彭浩《读松柏出土的四枚西汉木牍》，武汉大学简帛研究中心主编《简帛》第四辑，上海古籍出版社 2009 年版，第 333—343 页。
② 彭浩：《读松柏出土的四枚西汉木牍》，《简帛》第四辑，第 333—343 页；朱红林：《纪南松柏汉墓 35 号木牍研究》，《吉林师范大学学报》2012 年第 3 期，第 18—22 页；马孟龙：《荆州松柏汉墓简牍所见"显陵"考》，《复旦学报》2015 年 3 期，第 9—18 页。
③ 这批简牍的总体情况，参读长沙简牍博物馆、长沙市文物考古研究所联合发掘组，宋少华、金平执笔《2003 年长沙走马楼西汉简牍重大考古发现》，中国文物研究所编《出土文献研究》（第七辑），上海古籍出版社 2005 年版，第 57—64 页。
④ 此承宋少华、周海锋先生见告。
⑤ [日] 西林昭一编：《简牍名迹选 2　湖南篇（二）〈前汉、后汉、三国吴〉：虎溪山前汉简·走马楼前汉简·长沙王后「渔阳」墓前汉楬·东牌楼后汉简·走马楼吴简·郴州吴简》，二玄社 2009 年版，一书披露了 6 枚西汉简的图版，学者依据图版对释文进行了校订，参张俊民《对长沙走马楼西汉简牍几条简文的认识》，"简帛网"，2009 年 7 月 18 日首发；胡平生《〈简牍名迹选 2〉所刊"走马楼前汉简"释文校订》，《简帛》第七辑，上海古籍出版社 2012 年版，第 211—218 页。
⑥ 2017 年度国家社科基金重大项目"长沙走马楼西汉简的整理与研究"（17ZDA181），首席专家陈松长。开题报告会于 2018 年 1 月 14 日在湖南大学岳麓书院顺利举行，目前课题在按计划逐步推进。相关信息参刘国庆、贺璐《2017 年度国家社会科学基金重大项目"长沙走马楼西汉简的整理与研究"课题进展顺利》，"湖南大学简帛文献研究中心"微信公众号，2018 年 12 月 10 日。

导　言

枚，竹简133枚，有汉成帝元始、元延纪年（前16—前10）①；墓主人师饶，字君兄，为东汉郡太守功曹，而所出木牍主要是东海郡行政簿书。

其中《集簿》（木牍一正、反）记载了东海郡所属县、邑、侯国、都官、乡、里、亭、邮的数目，郡的东西南北界限，吏员总数和太守府、都尉府的吏员数目，令、长、相、丞、尉、侯家丞及其属吏的总数，东海郡的户口总数，提封田总数，人口年龄构成状况，钱谷出入状况，获流数目，春种树、以春令成户状况等；《东海郡吏员簿》（木牍二正、反）为东海郡太守、都尉和各县、邑、侯国以及盐、铁官的吏员统计数字；《东海郡下辖长吏名籍》（木牍三正、反，木牍四）记载东海郡所辖三十八个县、邑、侯国以及盐、铁官的长吏的官职、籍贯、姓名、原任官职及迁、除缘由；《东海郡下辖长吏不在署、未到官者名籍》（木牍五正），记载东海郡、县长吏中输钱都内，徭、告、宁、缺（免、死），有劾，未到官的情况；《东海郡属吏设置簿》（木牍五反）记载郡内现任掾史等属吏的设置情况；《武库永始四年兵车器集簿》（木牍六正、反）记载武库所藏兵、车器的名称和数量。

这些公牍字迹清晰、内容丰富，呈现了东海郡级行政的方方面面②，参照秦汉时"秋冬岁尽，各计县户口垦田，钱谷出入，盗贼多少，上其集簿"③的上计制度，当为东海郡上计所用集簿的底稿或者副本；但其反映的是非常时期的特殊情况，还是西汉后期帝国东部的一般情况，尚有争议④。

---

① 尹湾汉简的考古发掘情况参连云港市博物馆、中国社会科学院简帛研究中心、东海县博物馆、中国文物研究所编《尹湾汉墓简牍》附《发掘报告》，中华书局1997年版，第155—180页。
② 六枚木牍的图版、释文均收入《尹湾汉墓简牍》一书，第77—105页。
③ 《续汉书·百官志》"县令长"条"属官，每县、邑、道，大者置令一人"刘昭注引胡广曰，《后汉书》志二八《百官五》，第3623页。
④ 朱绍侯从东海郡都尉秩次高于太守、小县也设两尉、官职提升与镇压山阳铁官徒起义、武库存有过量兵器等方面论证尹湾汉墓简牍所反映的是东海郡非常时期的档案资料，参所撰《〈尹湾汉墓简牍〉是东海郡非常时期的档案资料》，《史学月刊》1999年第3期，第22—26页。高大伦参照现代人口学理论，从"户口及户与口的比例""获流""人口性别比""老年、少儿人口及老少比""高年受王杖的问题""老龄化问题"六个方面对《集簿》所列户口资料提出了疑问，认为《集簿》中虚报户口的问题反映出西汉中期以后，国家控制力减弱，官场腐败开始表面化，参所撰《尹湾汉墓木牍〈集簿〉中户口统计资料研究》，《历史研究》1998年第5期，第110—123页。卜宪群对尹湾汉简的性质进行了重新审视，认为尹湾简牍对于西汉历史研究更多的还是资料的补充与佐证，是具有一定普遍意义的，但也确实反映了某种非常时期的特殊性，这个特殊性是整个西汉晚期历史变化的特殊性，而非东海郡个案的特殊性，参所撰《也谈〈尹湾汉墓简牍〉的性质》，《史学月刊》2000年第5期，第32—36页。

相关资料已全部刊布完毕,参连云港市博物馆等编《尹湾汉墓简牍》,中华书局1997年版。

4. 孙吴桂阳郡府文书

2003年至2004年,湖南省文物考古研究所在郴州苏仙桥遗址发掘汉至宋元古井11口,其中在四号井清理出三国吴简140枚(含残片),纪年范围在吴大帝孙权赤乌二年至六年(239—243)之间,被称为郴州苏仙桥三国吴简[①]。这批简牍多残断,且存在火烧痕迹,内容可分为簿籍、书信、习字、公文书等,其中部分公文书的接收者为李某,推测为桂阳郡府属吏。《发掘简报》披露有一枚郡都尉发出的上行文书:"赤乌五年正月甲子朔一日东部都尉谢君顿首死罪死上死死死死。"(简31正)简牍发现地郴州,西汉至两晋为桂阳郡郡治,推测这批吴简主要为孙吴时桂阳郡府行政文书[②]。

此外,2015年,扬州市文物考古所发掘的蜀秀河一号西汉墓中出土三方官文书木牍[③],为墓主"臣遂"与广陵王(一说江都王)的往来文书[④],虽属王国(郡)级别文书,但其呈现的奏呈与诸侯王命书形态,均取法中央官文书制度,应参照前述分类中的诏令文书与章奏文书予以理解。故本书不予详细介绍。

郡级机构官文书运转的情况及特点

秦汉政治史研究中素有地方行政重心在郡还是在县的争论,论者从国家体制安排或官僚组织规模,或官文书的制作与保存等角度切入,各执一

[①] 湖南省文物考古研究所、郴州市文物处:《湖南郴州苏仙桥J4三国吴简》,《出土文献研究》(第七辑),上海古籍出版社2005年版,第152—168页。

[②] 湖南省文物考古研究所、郴州市文物处:《湖南郴州苏仙桥遗址发掘简报》,湖南省文物考古研究所编:《湖南考古辑刊(第八集)》,岳麓书社2009年版,第93—117页。

[③] 《发掘简报》尚未公布,三木牍的释文及彩色、红外图版见闫璘、张朝阳《扬州新出汉广陵王豢狗木牍释考》,出土文献与中国古代文明研究协同创新中心中国人民大学分中心编《出土文献的世界:第六届出土文献青年学者论坛论文集》,中西书局2018年版,卷首插页及第119—127页。

[④] 蜀秀河木牍的呈文对象"大王",闫璘、许红梅认为是广陵王刘胥,参所撰《扬州新出汉广陵王豢狗木牍详考与再研究》,邬文玲、戴卫红主编《简帛研究2018春夏卷》,广西师范大学出版社2018年版,第210—220页;汪华龙认为是江都王刘建,参氏著《新出"豢狗木牍"所见秦汉官文书制度考论》,"秦史与秦文化"学术研讨会,北京,中国人民大学,2019年11月11日。

词,讫无定论①。无论如何,在秦汉至三国地方官文书运转中,郡无疑是一个极其重要的环节。

首先,中央文书的下行中,郡是一级重要的官文书转承机构。西北汉简中保留有汉帝所颁发的,或经请诏、制可而形成的诏书,以及诏书逐级下行的记录,中必有上级(丞相)下郡太守,以及郡太守/丞下下级单位(属国、农、郡尉、县)"承书从事下当用者,如诏书"的环节,如元康五年(前61)诏书册中记载"二月丁卯,丞相相下车骑将军、将军、中二千石、二千石、郡大(太)守、诸候(侯)相:承书从事,下当用者,如诏书。……三月丙午,张掖长史延行大(太)守事、肩水仓长汤兼行丞事,下属国、农、部都尉,小府县官承书从事下当用者,如诏书";永始三年(前14)诏书册记载"七月庚午,丞相方进下小府、卫将军、将军、[中]二千石、二千石、部刺史、郡大(太)守、诸□,下当用者,书到言。……十月己亥,张掖大(太)守谭、守郡司马宗行长史□书从事,下当用者"②。也就是说,郡是下行文书流的枢纽,是中央与基层联系的前沿;即使在东汉中后期刺史部成为一级行政机构州,并成为一个文书下行层级之后,这种情况当未有根本改变。目前可见到的经由州刺史下行的官文书,有甘谷汉简凉州刺史下移之优复宗室诏书(22—23枚)③,以及青岛土山屯所出《牧君移书要》木牍④。

郡也是各类基层档案(户口名籍、账簿、兵器簿、吏员簿等)的汇集之所,是相关材料报送中央前的一道处理机构。乡里社会制作的年度计帐(记录户口、垦田、钱谷、盗贼等项目)在县汇总后,连同全县吏员簿、考课记录等,于秋冬之际上计于所属郡国;而郡国汇总所辖县、道的籍帐后,"汉制,岁遣上计掾史各一人,条上郡内众事"⑤ 于丞相、御史。目前发现的郡级官文书,多与上计有关。荆州纪南松柏所出35号木牍为记录南郡免老、新傅、罢癃等情况的簿书,于每一类别下分县罗列符合条件的

---

① 秦汉地方行政重心在郡或在县之争论,参游逸飞《战国秦汉郡县制研究新境——以中文成果为主的检讨》一文的梳理,《中国史学》第24卷,东京,2014年,第71—86页。
② 两件册书的释文,引自李均明《秦汉简牍文书分类辑解》,第27—30页。
③ 见李均明、何双全编《散见简牍合辑》所收《甘肃甘谷汉简》,文物出版社1990年版,第5—8页。
④ 青岛市文物保护考古研究所、黄岛区博物馆:《山东青岛土山屯墓群四号封土与墓葬的发掘》,《考古学报》2019年第3期,第405—438页。
⑤ 《宋书》卷四〇《百官志下》,中华书局1974年版,第1258页。

人数，而数据当来自各县的计簿，汇总之后，形成南郡上计文书；尹湾M6汉墓的主人师饶生前为东汉郡卒史署功曹，掌握全郡的人事及相关档案，其随葬文本中，有自题为"集簿"的公牍，是对东海郡行政建置、吏员设置、户口、垦田和钱谷出入等方面的年度统计，应当即为郡上计簿的原始面貌①，而相关吏员统计簿、兵器簿，也都是郡国上计中央的项目。

郡级机构不仅在文书的上传、下达中扮演重要角色，作为一级行政区划，其自身政务运转中也产生大量的官文书。出土简牍中多见郡下行文书，下行方式具有多样性，睡虎地秦简《语书》是南郡守到所辖县级行政单位发布的公文，公文以"以次传"和"以邮行"两种传递方式下达至各县道②；里耶秦简所见，洞庭郡发出下行迁陵县文书，有直接发送至迁陵或向各县群发两种形式。长沙五一广场简、走马楼吴简中则保留有郡太守下行文书（或称"府记""府君教"）的实物，如永元十五（103）年十二月廿日府告临湘文书木牍（CWJ1②：291，选释·二一）③，与朱表割米案相关的长沙郡告中部督邮书等④；显示东汉至三国时代，郡太守下达指令，有直接下达给县（"府告临湘"）或下达给郡、县间分部的督邮书掾（"府告兼中部督邮书掾"），再由督邮移送两种方式⑤。

（二）县级（或以县级为主）官文书简牍

1. 秦（洞庭郡）迁陵县官署档案

2002年湖南湘西龙山里耶古城1号井及2005年北护城壕11号坑中先后出土了约38000余枚秦代简牍（含极少量楚简），纪年集中于秦王政二

---

① 图版及释文均收入连云港市博物馆、东海县博物馆、中国文物研究所、中国社会科学院简帛研究中心编《尹湾汉墓简牍》，第13—14页。
② 释文及标点参李均明《秦汉简牍文书分类辑解》之书檄类，第53—54页。
③ 收入长沙市文物考古研究所、清华大学出土文献研究与保护中心、中国文化遗产研究院、湖南大学岳麓书院编《长沙五一广场东汉简牍选释》，第139页。本书征引五一广场简简文，一般情况下随文标明其出土编号、所属卷数及出版号，下文将不再注明对应分卷的页码。
④ 由柒·4119、4118、4117等11枚残简缀合，参孙东波、杨芬的复原，见所撰《走马楼三国吴简吴昌长朱表盗米案初探》，杨振红、邬文玲主编《简帛研究2016秋冬卷》，广西师范大学出版社2017年版，第248—263页。
⑤ 唐长孺先生据吐鲁番文书也观察到，高昌郡太守命令，往往不直接送达县、乡，而由督邮传达，参所撰《从吐鲁番出土文书中所见的高昌郡县行政制度》，《文物》1978年第6期，第15—21页。

十五年至秦二世元年（前222—前209），内容多为秦洞庭郡、迁陵县、迁陵县所辖三乡的往来文书，学界较为一致地认定这批简牍为迁陵县级公文档案①。正式《考古报告》收入湖南省文物考古研究所编著《里耶发掘报告》，岳麓书社2007年版。相关资料正以分卷的形式陆续发表，目前已出版的是：湖南省文物考古研究所编著《里耶秦简》〔壹〕，文物出版社2012年版，公布了1号井第5、6、8层简牍的图像与释文；《里耶秦简》〔贰〕，文物出版社2017年版，公布了第9层简牍的图像与释文②；《里耶秦简博物馆藏秦简》，公布了新成立的里耶秦简博物馆收藏的J1所出简与北护城壕所出户版③。全部资料的问世尚待时日。

仅从目前发表三卷的情况看，里耶官文书确是以迁陵县为中心的，其类型多样，但大致可分为县内文书与县外文书两部分。县内文书包括：县属各机构（诸官、曹、诸乡）的往来文书（各机构之间不可直接进行文书往来，需将文书集中于县廷，由丞审核后，再发给涉事机构，简例如8-1510、8-1525），县内诸官致县廷的文书，县廷下行县内的文书（简例如9-2283、16-5、16-6，洞庭郡转下中央关于传送委输徭役的命令，在迁陵县内，县丞先向县尉发出通告，尉向都乡、司空传递，司空再向仓主传递，而都乡向启陵、贰春两乡传递④），列曹计录、诸官课志（高村武幸等学者据此分析了县级单位上计簿的制作流程⑤）。

县外文书包括：县属各机构向外发送的文书（封检所见，有迁陵县狱曹、司空曹、尉曹、金布等机构向洞庭郡及其他郡发出的上行文书，或向酉阳、零阳等县发出的平行文书，皆需于县廷加封令、丞印后统一发出⑥），县廷上行郡府及郡内机构的文书（简例如8-71，迁陵丞上行郡尉

---

① 参考湖南省文物考古研究所编著《里耶发掘报告》，岳麓书社2007年版，第179—180、234页；同前《里耶秦简》〔壹〕之前言，文物出版社2012年版。
② 同时出版的还有校释本，见陈伟主编《里耶秦简牍校释》（第一卷），武汉大学出版社2012年版；陈伟主编《里耶秦简牍校释》（第二卷），武汉大学出版社2018年版。
③ 里耶秦简博物馆、出土文献与中国古代文明研究协同创新中国人民大学中心编：《里耶秦简博物馆藏秦简》，中西书局2016年版。
④ 三枚木牍的文字及叠压关系，参读马增荣《里耶秦简9-2283、〔16-5〕和〔16-6〕三牍的反印文和叠压关系》，"简帛网"，2018年8月22日首发。
⑤ 〔日〕髙村武幸：《里耶秦简第八層出土簡牘の基礎的研究》，《三重大史學》第14卷，2014年3月，第30—36页。
⑥ 〔日〕藤田胜久：《里耶秦简所见秦代郡县的文书传递》所附《迁陵县的邮书记录》表，《简帛》第八辑，上海古籍出版社2013年版，第189—190页。

曹），洞庭等郡下行迁陵县的文书（简例如上述9-2283，再如12-1784洞庭郡守要求属县重新上报二十八年以来买卖粮食数额的简文），等等。

以往出土秦简多见法律文书，里耶简以县级公文为主，兼及郡、乡里文书，为探讨秦初定天下时基层官文书制作、传递及文书行政，提供了富足的资源。

2. 西汉早期（长沙国）沅陵侯国计簿

1999年，湖南省文物考古所在沅陵虎溪山1号汉墓（推测为第一代沅陵侯吴阳墓）中发掘出竹简1336枚，内容为官文书、日书、美食方等，墓主人长沙王吴臣之子吴阳卒于文帝后元二年（前162），文书时间当略同。

《发掘简报》披露了一种称为"黄簿"的官文书简（据统计总数达241枚）的若干枚，从简文举例看，黄簿涉及沅陵侯国内的户口统计、道里信息等；据整理者介绍，黄簿记载西汉初年沅陵侯国的行政设置、吏员人数、户口人民、田亩赋税、大型牲畜、经济林木的数量，兵甲船只以及各项增减、增减原因，还有道路交通、亭聚、往来长安的路线和水陆里程[1]；张春龙先生近来利用上述官文书简册重写了《沅陵侯国志》[2]，实际上，简册应正是沅陵侯国上计所用计簿，是县级计簿的实例[3]。发掘报告及全部竹简的图版、释文收入湖南省文物考古研究所编《沅陵虎溪山一号汉墓》，文物出版社2020年版。

3. 西汉早期（南郡）安陆县丞上行文书

1973年，长江流域第二期考古工作人员训练班在湖北省江陵县凤凰山发掘了九座西汉墓，其中9号墓头厢东南角出土三块木牍；《发掘简报》简要介绍了其内容、形制[4]，从黄盛璋先生披露的释文看，木牍系安陆守

---

[1] 湖南省文物考古研究所、怀化市文物处、沅陵县博物馆：《沅陵虎溪山一号汉墓发掘简报》，《文物》2003年第1期，第36—55页。
[2] 张春龙：《沅陵侯国志》，第三届简帛学国际学术研讨会暨谢桂华先生《汉晋简牍论丛》出版座谈会《会议资料》，广西桂林，2015年11月6—7日。
[3] 2019年12月23日与张春龙先生通信，确认了"黄簿"应为计簿的判断。
[4] 长江流域第二期考古工作人员训练班：《湖北江陵凤凰山西汉墓发掘简报》，《文物》1974年第6期，第46页。

丞向上报告之官文书①。2012年，湖北省文物考古研究所编《江陵凤凰山西汉简牍》公布了木牍的释文及正、背面摹本、图版（《江陵凤凰山西汉简牍》，中华书局）。以此为基础，凌文超对木牍的文本、性质、文书行政过程进行了分析，指出三件牍文书为汉文帝十六年（前164）后九月十五日安陆代理县丞绾向上级汇报该县与南郡各县、云梦禁苑间交接长、短期放牧者情况的公文，而作为绾的附葬物，发现于江陵②。

4. 西汉早中期（临淮郡）东阳县（一说河南郡卷县）户口簿

2004年，安徽天长市文物管理所、天长市博物馆对市属安乐镇纪庄村范围内的一座西汉墓（M19）进行抢救性发掘，出土木牍34枚，内容有户口簿、算簿、书信、药方等。2006年的《发掘简报》公布了其中10方木牍的图版和释文，其中一方木牍题为《户口簿》，条列东乡、都乡、杨池乡、鞠乡及垣雍北乡、垣雍南乡等乡户、口数与总计户口数③，论者以其为县一级的户口记录；但所列乡名究竟属墓主谢孟生前任职的临淮郡东阳县，还是属于河南郡卷县，学界尚有争议④。本墓无明确纪年文字遗物出土，《简报》据随葬器物及墓葬结构将该墓年代定为西汉中期偏早；进一步的断代研究认为，墓葬年代在景帝前三年（前154）之后不久，不晚于武帝元狩六年（前117）⑤。

5. 西汉晚期（琅琊郡）堂邑县上计文书

2017年，青岛市文物保护考古研究所联合黄岛区博物馆，对土山屯墓群区域进行考古发掘，在位于汉代墓葬区的M147墓主左腿部位的竹笥内，发现十枚叠放在一起的木牍，其中两枚为空白木牍，两枚为名谒，其余六

---

① 黄盛璋：《江陵凤凰山汉墓简牍及其在历史地理研究上的价值》，《文物》1974年第6期，第73页。
② 凌文超：《江陵凤凰山9号墓三文书考证》，西北师范大学历史文化学院、甘肃简牍博物馆编：《简牍学研究》（第五辑），甘肃人民出版社2014年版，第15—28页。
③ 天长市文物管理所、天长市博物馆：《安徽天长西汉墓发掘简报》，《文物》2006年第11期，第4—21页。
④ 一般以为户口簿与集簿所记乡为东阳县所属，但胡平生认为六乡似当为河南郡卷县所管，垣雍亦似为一县，且垣雍东乡当释为垣雍南乡，可略备一说，参胡平生《天长安乐汉简〈户口簿〉"垣雍"考》，"简帛网"，2010年2月3日首发。
⑤ 何有祖：《安徽天长西汉墓所见西汉木牍管窥》，"简帛网"，2006年12月19日首发；后刊于《简帛》第三辑，上海古籍出版社2008年版，第261—268页。王贵元：《安徽天长汉墓木牍初探》，张光裕、黄德宽主编：《古文字学论稿》，安徽大学出版社2008年版，第465—471页。

枚为具有统计性质的簿书，皆围绕"堂邑"展开。据同墓出土墨书玉印，M147主人当为堂邑令刘赐，则簿书应为堂邑县制作的上计文书。

据介绍，六枚木牍的内容分别为《堂邑元寿二年要具薄》、《元寿二年十一月见钱及逋簿》（第一枚，M147：25-1），记载堂邑县吏员数量、城池大小、户口人数、犯罪人数、库兵数量、提封数量、疾病、垦田、钱粮市税、传马数量、赈济贫民，税收征收与欠缴的情况等。《诸曹要具集簿》（第二枚，M147：25-6），内容与《堂邑元寿二年要具薄》类似。《堂邑盗贼命簿》（第三枚，M147：25-7），记载所捕盗贼及定罪情况。《囚簿》（第四枚，M147：25-8）记载囚徒定罪及输铁官情况、两件司法案例及戈船位置；背面为《牧君移书要》，为州牧下行文书的概要。《堂邑元寿二年库兵要完坚簿》（第五枚，M147：25-9），为兵器完损情况的统计。《盗贼命簿》（第六枚，M147：25-10，上栏），记载所捕盗贼数量及定罪情况；下栏为《君视事以来捕得他县盗贼小盗伤人簿》，记载所捕他县盗贼小贼伤人情况；背面为《囚簿》，记载囚徒定罪情况。

《发掘简报》公布了其中第一枚，内容最为丰富的《要具薄》及《见钱及逋簿》的图版及释文①，从要具簿统计项目看，城周、户口、奴婢、事算、复除、库兵、提封、可垦、不可垦田、市租钱、吏员等，应为县内汇总的计簿，以备进一步上计郡国②。

6. 东汉早中期（长沙郡）临湘县官文书档案

2010年，长沙市文物考古研究所在长沙市中心五一广场地铁2号线工地内的1号井窖内发掘出1万枚左右的汉代简牍，纪年最早者为汉章帝章和四年（和帝永元二年/90），最晚者为汉安帝永初五年（112），属东汉早中期，整理者命名为五一广场东汉简。2016年7月，清洗揭剥工作完成，共清洗编号简牍6862枚，无字竹木残片万枚左右③。简牍内容主要是官文书、司法文书，发现地在东汉时为长沙郡、临湘县两级衙署所在，

---

① 以上内容统参青岛市文物保护考古研究所、黄岛区博物馆《山东青岛土山屯墓群四号封土与墓葬的发掘》，《考古学报》2019年第3期，第405—438页。
② 可参考王彦辉《从〈堂邑元寿二年要具薄〉论及国权下乡诸问题》，"中国古代的基层组织与社会治理诸问题"工作坊报告，浙江大学人文高等研究院，杭州，2019年12月14—15日。
③ 据蒋成光《我所完成五一广场东汉简牍清洗工作》，"长沙考古"微信公众号，2016年8月24日；长沙市文物考古研究所、清华大学出土文献研究与保护中心、中国文化遗产研究院、湖南大学岳麓书院编《长沙五一广场东汉简牍》[壹]《前言》，中西书局2018年版。

《发掘简报》称，五一广场所出主要是长沙郡及门下诸曹、临湘县及门下诸曹发出的文书，临湘县下属乡、亭的上行文书。除《发掘简报》刊布的20 例简牍图、文外①，2015 年，整理者从已清理的简牍中选出较具代表性的 176 枚予以展示，刊布了其图、文②；2018－2019 年，这批简牍的正式整理本前四卷正式出版，每卷收录简牍 400 枚，而内容与《发掘简报》及《选释》有所重复③。

仅就目前刊布的资料看，其中包括（临湘）县内待事掾、理讼掾、某曹史等上行至县廷（如选释一三九号）、县令长（如选释六八、七〇号）的文书，乡有秩、啬夫、佐、助佐上行县廷的文书（用乡小官印，如选释五〇、一〇六号），分部廷掾、游徼、亭长就治安事上言文书（往往诣贼曹、由丞开封，如选释七四、七五；用部掾、亭长名印，如选释一〇七号），县廷内部长吏、属吏就某事合议的君教文书（如选释一三六、一三八号），这些均可视为临湘县的官文书档案。除此外还有若干（长沙）太守府下行临湘的"府记"（如选释一一七、一五〇、一六三号），中部督邮书掾致临湘的文书（如选释一四号），虽非县级公文，亦属以临湘县行政为基础而接收到的公文。总体而言，五一广场 1 号井所出简牍基本属于东汉临湘县廷的官文书档案④。

7. 东汉后期临湘县官文书档案

2004 年，长沙市文物考古研究所在长沙市中心五一广场东南侧的湘浙汇商厦工地 7 号井中发掘出一批东汉简牍，经清洗揭剥，共统计到 426 枚简牍，其中 218 枚有字，纪年简为东汉灵帝时代；次年《发掘简报》刊出，披露了若干枚简牍的图文，并将这批简牍认定为长沙郡和临湘县通过

---

① 长沙市文物考古研究所：《湖南长沙五一广场东汉简牍发掘简报》，《文物》2013 年第 6 期，第 4—26 页。
② 长沙市文物考古研究所、清华大学出土文献研究与保护中心、中国文化遗产研究院、湖南大学岳麓书院编：《长沙五一广场东汉简牍选释》，中西书局 2015 年版。
③ 长沙市文物考古研究所、清华大学出土文献研究与保护中心、中国文化遗产研究院、湖南大学岳麓书院编：《长沙五一广场东汉简牍》[壹]、[贰]，中西书局 2018 年版；《长沙五一广场东汉简牍》[叁]、[肆]，中西书局 2019 年版。
④ 关于长沙五一广场简的性质与收藏机构，参读陈伟《五一广场东汉简牍属性刍议》，"简帛网"，2013 年 9 月 24 日首发；郭伟涛《籾山明、佐藤信编〈文献と遗物の境界〉（第一、二册）评介》，*bamboo and silk*，Vol. 2 , Issue 2, 2019, pp. 339 – 356.

邮亭收发的公私文书,定名为长沙东牌楼东汉简牍①。

2006年,这批简牍全部整理问世,整理者将所有资料分为公文、私信、名簿、名刺、签牌、杂帐、习字等若干类,其中公文、事目、签牌和个别习字简与郡、县行政往来密切相关。公文中包含临湘令上言文书(一二号"临湘守令臣肃上言荆南频遇军寇"文书),与临湘县廷有关的期会类目(七五、七六、七七号文书),临湘某部劝农邮亭掾言事至临湘的公文封閛(二、三号)等,显示7号古井中定有相当数量的临湘县官文书档案。但也包括一些郡下、县下分部之掾于治所(在所)收发的公文(二、三号封閛,五号"光和六年(183)净田自相和从书"提及"中部督邮治所檄")②。

8. 楚、秦至东汉末(长沙国)益阳县公文档案

2013年,湖南省文物考古研究所、益阳市文物处对位于益阳市赫山区的兔子山遗址进行抢救性发掘,共发现古井14口,已挖掘9口,皆出土简牍,总数达15000余枚;其中J4、J9所出主要为战国楚简,而J9还有部分秦简,包括秦二世登基文告;J8出土十余枚简牍,可系于张楚时期;J1、J7、J5、J3所出为西汉不同时期益阳地方官署档案,包括官文书、簿籍、账目、司法文书等;J6则出土东汉晚期以后简牍一千余枚,为钱粮出入帐;J2出土简牍情况未明。由于兔子山遗址是楚、秦、两汉、六朝至唐宋时期益阳县衙署所在地,总体来看,这批简牍应揭示了一个长时段(战国至三国)益阳县级的文书行政状况③。

这批简牍的考古报告依井号依次制作,目前J9的《简报》已问世,见湖南省文物考古研究所、益阳市文物处《湖南益阳兔子山遗址九号井发掘简报》(《文物》2016年第5期+图版),公布了包括秦二世诏书在内多枚简牍的释文、图版;J9共出土有字简579枚,主要内容为秦统一前、归属楚地的益阳县内记录事卒的簿籍。J7所出简牍(西汉早期公私文书)的

---

① 长沙市文物考古研究所:《长沙东牌楼7号古井(J7)发掘简报》,《文物》2005年第12期,第4—21+30页。

② 资料俱收入长沙文物考古研究所、中国文物研究所编《长沙东牌楼东汉简牍》,文物出版社2006年版,编号为整理出版号。

③ 兔子山简的发掘情况、各井简牍的年代、简牍的整体性质,参读湖南省文物考古研究所《益阳市兔子山遗址考古发掘简介》,"简帛网",2013年7月23日首发;湖南省文物考古研究所《二十年风云激荡 两千年沉寂后显真容——益阳兔子山遗址简牍再现益阳古代历史》,兔子山考古队《益阳兔子山遗址考古发掘概况》,《中国文物报》2013年12月6日第6、7版。

整理工作业已启动①，全部简牍的刊布尚需时日。

9. 三国孙吴（长沙郡）临湘侯国行政簿书

1996年10月至11月，原长沙市文物工作队（长沙市文物考古研究所）配合城市基本建设，对位于市中心五一广场东南侧走马楼街的平和堂商厦区古井群进行发掘，共发现古井57口；其中J22古井中出土约14万枚有东汉、孙吴纪年的简牍，清理完毕后，共统计到有字简76552枚，有墨痕简牍2万余枚，另有4万个编号无字，总计14万个编号②。田余庆先生将这批简牍命名为走马楼三国吴简③。吴简数量巨大，但大部分是户口簿籍与纳租交税的账簿，且出土时受到扰乱，原始简册散落，在资料整理、刊布初期，很难对其性质、所属官府级别有准确把握。

近年来新公布的简（发掘简）、牍（竹木牍）中，开始大量出现官文书，包括：文书收发登记簿（两种草刺类文书简），簿书移送时的呈文（"叩头死罪白"文书简、牍），以"君教"开头，经门下掾、主簿、主记史等审查的期会文书（"君教"木牍），乡劝农掾隐核辖内州军、吏父兄子弟文书（"破莂保据"木牍），官吏举私学的"举状"（举文书木牍）；其中前两种文书与诸曹关系密切，笔者曾通过人名集成法，依据同名同姓者在官文书、嘉禾吏民田家莂、口食簿中的身份记载，判定简文中的诸曹大多数为县级④；秦汉三国时期"君"为县长吏之敬称，"君教"文书牍当诞生于侯国（县级）官文书运转中；"破莂保据"及举文书的上行对象，亦当为侯国（县廷）。

目前学界虽然对这批吴简归属哪个机构还有争议，但其为侯国（县

---

① 杨先云：《益阳兔子山遗址七号井出土简牍审稿会在京召开》，"湖南考古"网站，http://www.hnkgs.com/show_news.aspx?id=1935，2018年11月7日。
② 相关情况参见《长沙三国简牍保护整理项目验收综合报告》，长沙简牍博物馆，2015年11月27日；长沙简牍博物馆编《嘉禾一并传天下：走马楼吴简的发现保护整理研究与利用》，第37页。
③ 作为吴简整理者之一的王素先生曾追忆田余庆先生为长沙出土吴简命名的细节，参读所撰《风操存大道 事业在名山》，《东方早报·上海书评》2015年1月11日。
④ 参读徐畅《走马楼简所见孙吴临湘县廷列曹设置及曹吏》，长沙简牍博物馆、北京大学中国古代史研究中心、北京吴简研讨班编《吴简研究》第3辑，中华书局2011年版，第290—300页；《走马楼简牍公文书中诸曹性质的判定——重论长沙吴简所属官府级别》，《中华文史论丛》2017年第1辑，第179—218页。

级）官文书档案，已得多数学者支持①。

除上述几批简牍外，长沙市中心五一广场所出东汉简牍中，尚有两批，因数量较少，又多残断，无法确定其所属官府级别。1997年五一广场西北侧科文大厦工地的六口古井中共出土简牍200余枚（笔者在长沙简牍博物馆所见为277枚），称"九如斋东汉简"，内容大致包括官文书、书信、习字；这批简牍现藏长沙简牍博物馆②，整理工作尚未启动，而由于发现地为长沙郡、临湘县两级官署，且所披露资料中有延平元年（106）长沙太守、丞上行公文③，目前亦不排除其为郡级公文的可能性。2011年五一广场东牌楼片区出土东汉简牍170余枚，有灵帝纪年，称尚德街东汉简；2017年，整理本《长沙尚德街东汉简牍》问世，相关简牍记载涉及"府君""太守""临湘丞"，也有"临湘都乡、南乡"④，推测这批简牍当以县级档案为主，或亦有郡级文书。

县级机构官文书运转的情况及特点

县作为秦汉基础的一级地方行政机构，与郡相类似，亦为公文上传下达的一个重要环节。皇帝及丞相、御史府发出的下行文书，都要经过郡太守下县，再经"……令长丞尉明白大扁书乡市里门亭显见（处）"的环节（合校139·13）⑤。实际上，相比郡，县在上级公文书下达过程中的职责更为具体切实，即接收上级诏书指令，并负责将其准确无误地传达给帝国最基层统治单元——乡里社会。在这一层级内，除文书行政体制内的吏员外，还有大量游离于体制外，无法识读文本的普通民众；为向这一群体布政，县往往采取"扁书""露布"及口授，"令吏民尽诵之"（始建国二年诏书册）的形式⑥，相比文书行政的通常手法，显得别开生面。

---

① 各派观点与最新研究进展参徐畅《长沙走马楼三国吴简基本性质研究平议》，李学勤主编《出土文献》第12辑，中西书局2018年版，第295—303页。
② 对这批简牍的介绍，参读宋少华、黄朴华《长沙市五一广场东汉简牍》，收于中国考古学会编《中国考古学年鉴1997》，科学出版社1998年版，第189—190页；胡平生《长沙九如斋古井出土东汉简牍》，胡平生、李天虹《长江流域出土简牍与研究》，湖北教育出版社2004年版，第453页。
③ 笔者2017年夏在长沙简牍博物馆一层展厅所见。
④ 内容详长沙市文物考古研究所编《长沙尚德街东汉简牍》，岳麓书社2016年版。
⑤ 谢桂华、李均明、朱国炤：《居延汉简释文合校》，文物出版社1987年版，第230页。
⑥ 参读马怡《"始建国二年诏书"册所见诏书之下行》，《历史研究》2006年第5期，第166—171页。

导　言

与郡类似，县当然也是基层各种簿籍、账目的汇集之所，在年度的上计工作中，扮演重要角色。上举沅陵虎溪山汉简"计簿"、青岛土山屯汉简"要具薄"，皆应与汉代县级计簿有关，或为其抄本，或为半成品；而天长纪庄汉简"户口簿"，为县所属诸乡户、口统计，应为县级计簿户、口数的资料来源。

我们暂将尹湾汉简"集簿"视为郡级上计簿，而土山屯汉简"要具薄"视为县级上计簿，比较两者的统计项目，皆涉及本级行政单位辖内户、口数，吏员、三老官数量、提封、种宿麦等田亩数，一岁钱谷出入情况等；但"要具薄"的统计项目明显更多，记载事项更具体，数据更详明，如户口统计下还有奴婢、甲卒、罢癃、睆老（晥老）、更卒等专项人口的统计；提封项目下还有可垦、不可垦田、它作务田的统计；岁出入钱项目下还有见钱、逋钱的统计，说明县较郡掌握的各类原始簿籍要多，而保存的档案要更系统。

这是由于县更为接近基层民众日常生活的场域，秦汉三国时期许多档案文书自里开始编制，汇总于乡。以户籍的编制为例，先由里吏汇总辖内民户信息，制作里民簿，里吏将其呈乡，乡复汇总，"恒以八月令乡部啬夫、吏、令史相杂案户籍"①，最终形成定本，正本就保存在乡，副本上于县廷；也就是说，县级行政单位保藏有详本户籍，而由于书写材料及运输成本的限制，县以上的行政单位，如郡，只掌握一个户口统计簿（简本户籍）②。了解了这个背景，我们就很容易理解尹湾"集簿"的户口统计与土山屯"要具薄"相比，较简略的原因。

县作为一级行政单位，在自身行政运转中也产生大量文书，如县令长为县内事务办理、在辖境内发布的公文，县与下属机构乡的往来公文，县廷就疑难事务期会而产生的合议文书等；依秦汉司法工作的责任层级，一般的狱讼通常由县级负责初步审理③，县内亦有相当数量的司法文书。总

---

① 《二年律令·户律》载："恒以八月令乡部啬夫、吏、令史相杂案户籍，副臧（藏）其廷。"（三二八）张家山二四七号汉墓竹简整理小组编著：《张家山汉墓竹简〔二四七号墓〕》（释文修订本），文物出版社2006年版，第54页。
② 参读张荣强《汉唐籍帐制度研究》，商务印书馆2010年版，第246—248页；《简纸更替与中国古代基层统治重心的上移》，《中国社会科学》2019年第9期，第180—203页。
③ 参考胡仁智对汉代郡县司法权的讨论，氏著《两汉郡县官吏司法权研究》，法律出版社2008年版。

之，县内公文种类繁多，其复杂程度当不在郡级文书之下。

（三）乡里官文书简牍

1. 西汉早期江陵县西乡及诸里行政簿书

1973—1975年，长江流域第二期考古工作人员训练班在湖北省江陵县凤凰山发掘了一批西汉墓，其中6座墓的随葬品中有简牍，共出土竹木简牍634枚，内容主要是遣册、官文书、契约、账目等；其中10号墓出土竹简172枚、木牍6枚，内容为乡里行政文书①，而考古工作者亦推测10号墓的主人应为西乡有秩或啬夫②。学界基本认定，这批简牍的时间跨度当在文帝末到景帝前四年（前153）③。相关材料甫出就引发了学界的普遍关注，借以讨论西汉初年基层的财税与赋役制度④。2012年，湖北省文物考古研究所编《江陵凤凰山西汉简牍》由中华书局出版，全面收录20世纪70年代湖北江陵楚纪南城凤凰山六座汉墓出土的634枚简牍，包括简牍的照片、摹本、释文和相关考古及研究资料，惜图版质量依然欠佳。

10号墓所出6枚木牍中，一枚为"中䑸共侍约"（3正背），一枚为西乡所属郑、市阳、当利三里（4正背、5正背）交付算钱的记录，一枚为平里出户刍、田稿的记录（6），一枚为市阳里出田租的记录（7）；而所出竹简中有"郑里廪簿"（官府贷食郑里民户的记录），正是西乡所辖郑、市阳、当利、平里因征税、派役而产生的行政簿书⑤。

2. 西汉早中期（南郡）江陵县西乡户口簿

簿书发现于松柏1号汉墓，简牍的出土情况详郡级文书"西汉早中期

---

① 裘锡圭：《湖北江陵凤凰山十号汉墓出土简牍考释》，《文物》1974年第7期，第49—63页。
② 读长江流域第二期考古工作人员训练班：《湖北江陵凤凰山西汉墓发掘简报》，《文物》1974年第6期，第41—61、88—95页。
③ ［日］佐原康夫：《江陵鳳凰山漢簡再考》，《東洋史研究》61卷3號，2002年，第405—435页。
④ 相关研究颇多，如［日］永田英正《江陵鳳凰山十號漢墓出土の簡牘——とくに算錢を中心として》，《鷹陵史學》1977—3、4；中译文收入氏著《居延汉简研究》，张学锋译，第464—488页。秦开凤《汉代算赋定额的探讨》，《晋阳学刊》2004年4期，第84—87页；杨际平《凤凰山十号汉墓据"算"派役文书研究》，《历史研究》2009年6期，第51—62页等等。
⑤ 上述简牍，图文俱收入湖北省文物考古研究所编《江陵凤凰山西汉简牍》，中华书局2013年版，第97—102页。

南郡（含各属县）免老、新傅、罢癃簿"部分介绍，所出63块木牍中有一块题为"二年西乡户口簿"，据相关学者考证，西乡应为南郡郡治江陵县所辖，松柏汉墓墓主周偃生前为"江陵西乡有秩啬夫"①，而二年，存在景帝前元二年（前155）、中元二年（前148）、后元二年（前142）、武帝（建元）二年（前139）多种可能，大致对应西汉早中期。

户口簿统计项包括总户、口数及息口、耗口、相除定息户口数，并分列大男、小男、大女、小女单项人数，刘瑞认为是一件完整的乡级户籍统计资料，并据四项相加为总户数，推测出秦汉时乡、县、郡及全国户口簿中的户口总数应不包括罢癃、免老等类人口②；但从新出土山屯县级《要具簿》来看，总户口统计包含复口（应对应罢癃、睆老等特殊人群）与定事口③，上述说法有待商榷。

3. 西汉武帝朝（长沙国临湘县）都乡垦田租簿

簿书发现于长沙走马楼八号古井，简牍的出土情况详郡级文书"西汉武帝朝长沙国官文书档案"条的介绍，这批资料尚在整理中。参与发掘的马代忠先生于2013年率先公布了一枚竹牍（临时编号1056）的释文及图版，题为"都乡七年垦田租簿"（完简长40.6厘米，宽3.5厘米，厚0.25厘米），文字分上、下栏书写，每栏存文各五行，共219字，记录了长沙康王刘庸七年（前122）长沙国临湘县都乡的土地总面积（提封，包括可垦不垦、群不可垦）、已垦田面积、应收田租数等情况，是目前所见较早的乡级土地租税统计报告④。相关研究成果颇丰⑤。

除上述简例外，里耶秦简中保留有部分秦统一前后迁陵县属下诸乡文书（乡级上行文书，上级文书传达至诸乡的记录）；长沙五一广场简、走

---

① 户口簿的释文及讨论详彭浩《读松柏出土的西汉木牍（二）》，"简帛网"，2009年4月4日首发。
② 刘瑞：《松柏汉墓出土〈二年西乡户口簿〉小考》，复旦大学出土文献与古文字研究中心网站，http://www.gwz.fudan.edu.cn/，2009年3月28日首发。
③ 青岛市文物保护考古研究所、黄岛区博物馆：《山东青岛土山屯墓群四号封土与墓葬的发掘》，《考古学报》2019年第3期，第405—438页。
④ 马代忠：《长沙走马楼西汉简〈都乡七年垦田租簿〉初步考察》，中国文化遗产研究院编：《出土文献研究》（第十二辑），中华书局2013年版，第213—222页。
⑤ 马代忠：《长沙走马楼西汉简〈都乡七年垦田租簿〉初步考察》文，朱德贵：《长沙走马楼西汉简牍所见"都乡七年垦田租簿"及其相关问题分析》，《中国社会经济史研究》2015年第2期，第1—11页；高智敏：《秦及西汉前期的垦田统计与田租征收——以垦田簿为中心的考察》，邬文玲主编：《简帛研究2017春夏卷》，广西师范大学出版社2017年版，第44—60页。

马楼吴简中保留有部分东汉早中期、三国孙吴嘉禾年间临湘县（侯国）属下诸乡文书（乡吏上行文书，上级文书传达至诸乡的记录），在前文已有提及，此不赘述。

乡里官文书运转的情况及特点

秦汉至三国，乡里是国家在基层社会行之有效的编户组织，而乡更是行政金字塔的末梢，以文书御天下的统治方式自然也推行至乡里基层组织；卜宪群先生曾借助传世与出土文献讨论过秦汉时代乡里的文书问题[1]，而近年来在官署遗址新发现的多批次简牍，皆为地方官府行政记录，亦涉乡级单位的往来文书，为我们认识乡级官文书，提供了更丰富的资料。

中央官文书的下行，乡里是终端，我们在西北边地出土汉代诏书册的行下之辞中，常见"丞（承）书从事，下当用者，明白扁书乡亭市里显见处，令吏民尽诵之"的表述（如额济纳汉简《始建国二年诏书》[2]），乡、亭、市、里正是广大吏民的在所，自然是诏、令、制、敕，丞相府、御史府书等文书的最终昭告场域。皇帝诏令是遵循自上而下的路径依次传达至乡里，即乡里接受的诏书，是经县转发的；而在承受王命后，对应发出回报文书，长沙五一广场简中有永初二年（108）长沙郡临湘县桑乡接受县廷转下的有关罪非疏死假期案验的"甲戌诏书"后，由乡有秩、佐、助佐予以回复的上行文书，加盖桑乡小官印（贰·四一四＋贰·四〇二＋贰·四一七＋壹·三九八）[3]。这是文书的路径，"令吏民尽诵之"则提示，乡里社会信息传递的方式，除文书外，还有口头语言。

基层民众与秦汉帝国发生联系，主要体现为纳赋与服役二事；而为加强对民众的管控，国家必须掌握与征赋、派役相关的各种簿书，簿书的原始数据，只能来自民户里—乡的逐级上报与汇总统计。上部分谈及户籍的制作，应先有里户籍，与田地、租税相关的籍帐，亦应逐里编制。江陵凤凰山汉简中有西乡诸里出田租、交口算、刍稿的记录，即为明证。这些簿书在乡编成之后，正本往往就存于乡，据《二年律令·户律》："民宅园户籍、年细籍、田比地籍、田命籍、田租籍，谨副上县廷，皆以筐若匣匮

---

[1] 卜宪群：《从简帛看秦汉乡里的文书问题》，《文史哲》2007年第6期，第48—53页。
[2] 参见马怡《"始建国二年诏书"册所见诏书之下行》，《历史研究》2006年第5期，第166—171页。
[3] "永初二年诏书"系由四枚简缀合而成的文书，由周海锋复原，复原文本据所撰《〈长沙五一广场东汉简牍〉文书复原举隅（一）》，"简帛网"，2018年12月26日首发。

盛，缄闭，以令若丞、官啬夫印封，独别为府，封府户。"① 依汉制，乡保存有与户口、田地、税役相关的各种文书的详本，构成上级行政单位所需行政资料的源头。

除接受中央行政指令并予以回复外，乡更经常接受到来自郡、县等上级单位的指令，办理相关事务，待有进展，则需由乡有秩、啬夫以上行文书的形式，予以回报。长沙五一广场简中多见乡有秩、啬夫"叩头死罪敢言之"的上行文书，转引"廷书"或"廷移府记"，文书末尾用乡小官印（如CWJ1③：325-1-105、选释·五〇，CWJ1③：3235-1-45、选释·一〇六），应即某乡对郡、县指示的回复。不仅乡吏中之主官有秩、啬夫可言事县廷，乡佐、助佐亦可以上行文书诣县廷（如CWJ1③：236、选释·一二〇）。

承接上级交办事务是一个方面，乡里社会作为亲民之域，日常运转中亦产生诸多繁杂事务，除上行请示外，有不少要先经乡吏进行初步办理。如乡虽无司法审判权，却受理民众诉讼，长沙五一广场简所见，民众有诣乡自言的情况（如选释·九〇号、一一二号），而乡甚至需要依据其民自言，对案件进行初步考实，并制作解书②。

里是各类籍帐制作的基础单位，但其是自治组织，还是行政组织，学界有争议，目前尚无明晰判断③；故里是否存在官文书，这里暂不讨论。

（四）郡、县下分部掾收发的官文书

汉代国家为实现对地方社会的监督，在中央—郡/国—县/邑/道/侯国

---

① 张家山247号汉墓竹简整理小组：《张家山汉墓竹简〔二四七号墓〕》（释文修订本），简331+332，第54页。
② 参考卜宪群、刘杨《秦汉日常秩序中的社会与行政关系初探——关于"自言"一词的解读》，《文史哲》2013年第4期，第81—92页。
③ 关于秦汉时期的里及其管理人员的性质，早期学者多从基层社会宗族血缘关系的角度着眼，强调里的自治性，而里吏由民选产生；近年来里耶秦简启陵乡除邮人简及岳麓秦简《尉卒律》的相关记载，提示了秦时里典、父老的选择条件、任命程序及所承担的法律责任等，与上级行政单位（乡、县）的关系密切，有学者据此认为里吏系"国家在基层社会正式任命的小吏无疑"。但秦简所见是秦汉至三国时代的一般情况，还是在秦及汉初名田宅制推行、中央集权制强化背景下的特殊情况，有待深入观察。参读仝晰纲《秦汉时期的里》，《山东师大学报》1998年第4期，第31—36页；卜宪群《秦汉之际乡里吏员杂考——以里耶秦简为中心的探讨》，《南都学坛》2006年第1期，第1—6页；符奎《秦简所见里的拆并、吏员设置及相关问题——以〈岳麓书院藏秦简（肆）〉为中心》，《安徽史学》2017年第2期，第32—38页。

—乡（部）的行政体系背后，建立起刺史部、督邮部、廷掾部、亭部这一层次分明的监察体系，这两套体系是交叉平行关系，不相重复，其关系可图示如下①：

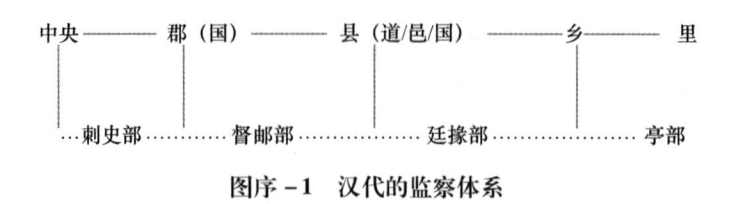

```
中央————郡（国）————县（道/邑/国）————乡————里
 │         │              │                      │
 ┊刺史部┈┈┈┈督邮部┈┈┈┈┈┈┈┈廷掾部┈┈┈┈┈┈┈┈┈┈┈┈┈┈亭部
```

图序-1 汉代的监察体系

刺史的情况不论，郡—县间所置督邮，主要工作是督察诸侯王、长吏、地方豪强及县署人事行政，尚有督送邮书、奉宣教令、追案盗贼之职②；县—乡间的廷掾之职掌，应与督邮类似，他们长期外出巡行，无固定治所，于"在所"收发文书。

1987年湖南张家界古人堤遗址出土的九十片东汉简牍，就可能是这种性质的官文书③。魏斌讨论了10号木牍封检的格式与用印，指出古人堤遗址非永元年间武陵郡充县县治，而应为郡府、县廷以外巡行理事的某掾治所，"兵曹掾猛"应属分部之掾④。另外，上文提及的长沙五一广场简、东牌楼东汉简中皆有某部督邮书掾（郡辖吏）、某部劝农贼捕掾/邮亭掾（县辖吏）收发的文书；分析收发记录可知，某部督邮掾治所与郡府、县廷皆不在一处，而某部贼捕掾、邮亭掾常在县下的亭办公。分部掾的性质及其文书，还有待深入讨论⑤。

---

① 观点详杨宽《战国秦汉的监察和视察地方制度》，《社会科学战线》1982年第2期，第111—120页；周振鹤《从汉代"部"的概念释县乡亭里制度》，《历史研究》1995年第5期，第36—43页。
② 王素：《长沙走马楼三国孙吴简牍三文书新探》，《文物》1999年第9期，第47页；罗新：《吴简所见之督邮制度》，《吴简研究》第1辑，崇文书局2004年版，第309—316页。
③ 湖南省文物考古研究所、中国文物研究所（张春龙、李均明、胡平生执笔）：《湖南张家界古人堤简牍释文与简注》，《中国历史文物》2003年第2期，第72—84页。
④ 魏斌：《古人堤简牍与东汉武陵蛮》，《"中央研究院"历史语言研究所集刊》第85本第1分，2014年，第61—103页。
⑤ 对分部吏的最新研究参考徐畅《东汉至三国长沙临湘县的辖乡与分部——兼论县下分部的治理方式与县廷属吏构成》，待刊。

导　言

第四节　长沙走马楼三国吴简研究二十年

　　自1996年至今，长沙走马楼三国吴简发现已逾廿年，而围绕这批简牍的整理与研究工作也走过二十多年历程。二十年间，简牍的整理与出版工作在有条不紊地进行，采集简目前已全部整理出版，分为《嘉禾吏民田家莂》①、《竹简》〔壹〕至〔叁〕四卷②；发掘简《竹简》〔肆〕至〔玖〕六卷已出版③；尚余6000余枚残断竹简，将作为别册稍后公布④。

　　需要特别说明的是，"采集简"和"发掘简"中夹杂一些体量宽厚的牍，大部分为木质（376枚），少量为竹质（数量正在统计中，已找到18枚），除随发掘简各册部分公布外，还将集结为第十一卷《竹木牍》特辑统一公布⑤。

　　吴简的保护与整理工作开创了我国简牍整理保护之一型——古井简牍的保护与整理，对未来围绕两湖地区及其他南方区域古井简牍的相关工作有着示范意义。

　　走马楼三国吴简的研究工作紧随考古发掘工作之后展开，据统计，1996年至2015年，国内外共发表吴简研究的论文600余篇，出版专著、

---

① 2141枚，包括发掘简228枚。
② 长沙市文物考古研究所、中国文物研究所、北京大学历史学系：走马楼简牍整理组：《长沙走马楼三国吴简·竹简〔壹〕》，文物出版社2003年版；长沙简牍博物馆、中国文物研究所、北京大学历史学系：走马楼简牍整理组：《长沙走马楼三国吴简·竹简〔贰〕》，文物出版社2007年版；同前《长沙走马楼三国吴简·竹简〔叁〕》，文物出版社2008年版。
③ 长沙简牍博物馆、中国文化遗产研究院、北京大学历史学系：走马楼简牍整理组：《长沙走马楼三国吴简·竹简〔肆〕》，文物出版社2012年版；同前《长沙走马楼三国吴简·竹简〔伍〕》，文物出版社2018年版；同前《长沙走马楼三国吴简·竹简〔陆〕》，文物出版社2017年版；长沙简牍博物馆、中国文化遗产研究院、北京大学历史学系、故宫研究院古文献研究所：走马楼简牍整理组：《长沙走马楼三国吴简·竹简〔柒〕》，文物出版社2013年版；同前《长沙走马楼三国吴简·竹简〔捌〕》，文物出版社2015年版；同前《长沙走马楼三国吴简·竹简〔玖〕》，文物出版社2019年版。
④ 根据宋少华、王素、蔡敏先生指示，《别册》将作为《竹木牍》特辑的附录。
⑤ 已刊竹木牍的相关情况参读徐畅《走马楼吴简竹木牍的刊布及相关研究述评》，武汉大学中国三至九世纪研究所编《魏晋南北朝隋唐史资料》第31辑，上海古籍出版社2015年版，第25—74页。

论文集 23 部、博士论文 7 篇、硕士论文 30 余篇①。除关注吴简的性质、级别等基本问题之外，相关成果涉及简牍学、古文字学、考古学、历史学等诸多领域，一直引领着学术新潮流，而日益走向深入；由于吴简数量巨大，二十年间，围绕原始资料而展开的研究课题在不断发生着转化，这里不拟作面面俱到的回顾，而希望将二十年间的研究视为一个不断发展的过程，以宏观视野，把握其中的"转折点"（大概归纳为四次），并在总结回顾中理解"转折"产生的原因。

改写三国史？

三国是汉魏晋政治、社会转折过程中的关键期，三国史是汉魏六朝史研究的一个基点，但记载这段历史的传世文献仅有《三国志》在内寥寥数种，且《三国志》不载《表》《志》，当时魏、蜀、吴诸国的典章制度，多已不为人知，无从将其放在汉晋历史发展的版图上予以定位。而相比西北、长江流域秦汉时代简牍的出土，楼兰、尼雅、敦煌、吐鲁番晋唐写本文书的大发现，地下出土三国时代之文献文物亦零星可数。孙吴政权统辖的江南区，以往仅有若干墓葬简与河沟简的发现（数量少，内容主要为名刺、遣册、纳米粮账、道教符箓等）②。在这种情况下，魏晋史、三国史、六朝史研究者突然接触总数超过新、旧居延简，甚至超过以往出土汉简总和的三国吴简，相当激动和震撼。罗新描述，当时的新闻报导、座谈、笔谈上学者的发言都"充满兴奋之情"，期望其中的内容可以"改写三国史"③，这从 1996—1998 年间发布的有关长沙吴

---

① 数据统计参照长沙简牍博物馆《长沙三国简牍保护整理项目验收综合报告》，2015 年，第 2 页。
② 江西省历史博物馆：《江西南昌市东吴高荣墓的发掘》，《考古》1980 年第 3 期，第 219—228 页；安徽省文物工作队：《安徽南陵县麻桥东吴墓》，《考古》1984 年第 11 期，第 974—978 页；安徽省文物考古研究所、马鞍山市文化局：《安徽马鞍山东吴朱然墓发掘简报》，《文物》1986 年第 3 期，第 1—15 页；南京市博物馆：《南京大光路孙吴薛秋墓发掘简报》，《文物》2008 年第 3 期，第 4—15 页；贾维勇、胡舜庆、王志高：《读南京新近出土的孙吴简牍书法札记》，《书法丛刊》2005 年第 3 期，第 2—7 页。
③ 羅新：《近年における北京吳簡研討班の主要成果について》，日本長沙吳簡研究會編：《長沙吳簡研究報告》第 3 集，東京，2007 年，第 103—108 页。

简的介绍类文章标题中可见一斑①。

1999年吴简《发掘简报》《发掘报告》有选择性地刊发了一部分有史学研究价值的材料，如有"嘉禾""建安"纪年的简牍，"嘉禾吏民田家莂"，有关劝农掾隐核州、军吏父兄子弟，发遣私学和许迪案的数枚木牍②，在学界引起了很大轰动。围绕吴简的年代、性质、埋藏原因等一系列基础问题，学者们展开了探讨和争论。由于吴简主要内容为官府档案、行政簿书，学者希冀借此改写三国政治史，早期对基层行政、公文的讨论较为集中，主要关注点有：

1. 吴简中出现的基层职官。如王素、张荣强、關尾史郎等关注了大木简中田户（经用）曹史的级别与职掌③；罗新讨论临湘作为侯国与县的行政管理之异同，梳理了简牍中出现的侯国相、丞，以其为朝廷命官，不为列侯私臣，但似乎直接负责临湘邑下地僦钱的征收④；罗新、王素率先研究了简牍中出现的督邮，指出长沙郡可能分东、中、西三部督邮，而临湘所在为中部督邮辖区，吴简中督邮职掌有：督查，督送邮书、奉宣令教，奉诏捕系、追案盗贼、录囚徒、点兵等其他杂职⑤。胡平生、王素等对刊发官文书木牍中的"督军""都尉""府"、录事掾、都典掾等的性质进行

---

① 曹家骧：《本世纪我国又一震惊世界重大考古发现，十万吴简重见天日》，《文汇报》1996年12月28日；《吴简十万惊天地——长沙走马楼三国孙吴纪年简牍出土记》，《文汇报》1996年12月27日；宋少华：《本世纪末的惊人发现——长沙三国吴简纪年简牍》，《中华文化学报》1998年第6期，第11—15页；《大音希声——浅谈对长沙走马楼三国吴简的初步认识》，《中国书法》1998年第1期，第7—10、33—37页；王国平、邹蓬：《长沙吴简惊世出，补写三国纷争史》，《人民日报》1997年1月11日第5版，等。

② 长沙市文物考古研究所、中国文物研究所、北京大学历史学系：走马楼简牍整理组：《长沙走马楼二十二号井发掘报告》，收入《长沙走马楼三国吴简·嘉禾吏民田家莂》，文物出版社1999年版，第30—34页；长沙市文物工作队、长沙市文物考古研究所：《长沙走马楼J22发掘简报》，《文物》1999年第5期，第4—25页。

③ 参读王素《长沙走马楼三国吴简研究的回顾与展望》，《吴简研究》第1辑，第18—20页；张荣强《孙吴"嘉禾吏民田家莂"中的几个问题》，《中国史研究》2001年第3期，第40页；［日］關尾史郎《吏民田家莂の性格と機能に關する一試論》，《长沙吴简研究报告》第1集，東京，2001年，第3—15页。

④ 罗新：《吴简所见之督邮制度》，《吴简研究》第1辑，第309—316页；《走马楼吴简整理工作的新进展》，《北大史学》第7辑，北京大学出版社2000年版，第338页。

⑤ 王素：《长沙走马楼三国孙吴简牍三文书新探》，《文物》1999年第9期，第47页；罗新：《吴简所见之督邮制度》，《吴简研究》第1辑，第309—316页。

了初步解释①。

2. 乡吏与乡政。率先刊布的木牍有数枚涉及乡劝农掾，王素、胡平生、谢桂华、秦晖等先后对此职进行解释，以其实为县廷派驻诸乡之廷掾，职责与农事赋税有关，负责本乡吏民户籍的管理，与《续汉书》所记劝农掾有所不同②。稍后，侯旭东、高村武幸、王子今、孙闻博等对吴简所见乡做进一步研究，涉及：（1）乡吏的分类，侯旭东列举乡劝农掾、乡吏、乡典田掾，王子今指出乡吏可能是乡一级机构吏人的通称，孙闻博更正列举为乡劝农掾、乡典田掾、乡市掾；（2）乡吏的职掌；（3）乡吏担任其他职务的经历、待遇与俸禄，仕宦前景等问题③。

3. 官文书体式、行政用语、批示。主要围绕最先刊布的窦通、陈晶举私学，许迪割米案三份文书展开，胡平生、王素等就"叩头死罪白"所代表的关白类上行文书格式，文书套语如"乞曹列言府"、公文画"曹"或画"诺"等问题展开了激烈争论。④ 经过争论，木牍末尾的浓墨勾勒为长官画诺已成为学界一致意见，推动了吴简研究进程，也带动了学者们的研究热情。

但这个借助精选材料而推动的吴简研究热潮，并未持续。一方面，简牍出土时扰乱严重，这时期所据材料多为抢救而得之残简，随机性很强，以此为基础进行的研究，只能是开放的，无定论的。另一方面，吴简是不同于传世文献的异质材料，成诸基层吏民之手，记录的是乡里社会的日常运转情态，与我们头脑中的既有历史框架相疏离；而有关孙吴的史籍，由

---

① 参读胡平生《长沙走马楼三国孙吴简牍三文书考证》，《文物》1999年第5期，第45—52页；王素《长沙走马楼三国孙吴简牍三文书新探》，《文物》1999年第9期，第43—50页。

② 观点分别见王素《长沙走马楼三国孙吴简牍三文书新探》，第45页；胡平生《长沙走马楼三国孙吴简牍三文书考证》，第45—52页；谢桂华《中国出土魏晋以后汉文简纸文书概述》，李学勤、谢桂华主编《简帛研究2001》，广西师范大学出版社2001年版，第546—559页；秦晖《传统中华帝国的乡村基层控制：汉唐间的乡村组织》，收入《农民中国：历史反思与现实选择》，河北人民出版社2003年版，第219—252页。

③ 观点详见侯旭东《长沙走马楼三国吴简所见"乡"与"乡吏"》，《吴简研究》第1辑，第87—113页；[日]高村武幸《長沙走馬樓吳簡にみえる鄉》，長沙吳簡研究會編《長沙吳簡研究報告》第2集，東京，2004年，第24—38页；王子今《走马楼简牍所见"吏"在城乡联系中的特殊作用》，《浙江社会科学》2005年第5期，第155—160页；孙闻博《走马楼吴简所见"乡"的再研究》，《江汉考古》2009年第2期，第113—118页。

④ 参见胡平生《长沙走马楼三国孙吴简牍三文书考证》文，又《读长沙走马楼简牍札记（三）》，《光明日报》2000年4月21日第3版；王素《长沙走马楼三国孙吴简牍三文书新探》文，又《"若"即"诺"可以作为定论——长沙走马楼简牍研究辨误（三）》，《光明日报》2000年8月25日第3版。

史官、士人修成，主要记载重大历史事件与人物，虽努力对证出土吴简与传世史书中共有的概念、职官、名词，结果却不甚理想。"改写三国史"，诚如罗新的省察，暂时只是一种"浪漫的想法"①，这一阶段只是"漫长学术研讨路程的开始"（宋少华语）②。

社会经济史的新里程

随着《嘉禾吏民田家莂》及竹简〔壹〕至〔叁〕的陆续整理出版，赋税简和名籍简的纷至沓来，关注吴简的学者尝试放下对简牍性质、级别的讨论，简牍中职官的零散勾勒，从新材料记载的乡里社会赋税交纳、徭役征派、户口管理、户籍编制，物资在仓库的出纳、转运，吏户身份、居住聚落等话题切入，开展吏民社会与社会经济史的新研究。

这一阶段的研究理路，王素、侯旭东、凌文超等都做过归纳③。大致可分为两类：一是关照新刊吴简文本中出现的新语词、新现象、独特事物，结合传世文献所揭示的历史背景，将新现象嵌套入当时的社会语境中进行释读。这些名词既包括一些社会身份"私学""士""真吏""给吏""吏帅客""岁伍""月伍""复民""吏""兵""民"，又包括机构、职官名"三州仓""州中仓""邸阁"，更多的是与基层社会经济生活紧密相关的语汇，如"田家莂""二年常限""火种田""余力田""限米""八亿钱米""算""事"等等。

由于传世文献缺载，仅根据简文内容对新生事物予以解释，导致意见迭出，众说纷纭。2006年，王素归纳吴简研究中涉及的具体问题与各派观点，关于"田家莂"的性质有九说，"二年常限"有六说，"火种田"有五说，"余力田"有六说，里与丘的性质有十说，户口名簿的分类有七说，簿籍中的残疾病症有十二种，邸阁性质有五说，三州、州中仓及库的性质

---

① 羅新：《近年における北京吳簡研討班の主要成果について》，《長沙吳簡研究報告》第3集，第103—108頁。
② 宋少華：《長沙出土簡牘の概観》，〔日〕中村威也譯，《長沙吳簡研究報告》第3集，第88—102頁。
③ 侯旭東：《长沙走马楼吴简〈竹简〉〔贰〕"吏民人名年纪口食簿"复原的初步研究》，《中华文史论丛》2009年第1辑，第57—58页；凌文超：《走马楼吴简采集簿书整理与研究》第一章第一节"研究史回顾与问题所在"，广西师范大学出版社2015年版，第4—11页。

有七说；后来凌文超又作补充：士有三说，"复民"有四说，"真吏"有三说，"给吏"有七说，"限米"有四说，等等①。对此，王素感叹，"历史研究中像吴简这样意见分歧，言人人殊的，十分少见。"②

另一种研究思路是以吴简提供之资料搭建起汉魏晋制度、社会变迁的桥梁，从一个较长时段梳理、勾勒历史问题发展之脉络。相关学者将孙吴簿书与秦汉简牍文书，西晋简纸文书、五凉时期高昌郡文书勾连、对比，对汉晋间的户籍制度、丁中制、户调制、吏户、土地制度、仓库制度、会计制度、文书制度、婚姻家庭、称谓等问题进行了精彩的新观察③。

上述两种研究兴盛于吴简发现十年后的 21 世纪初，吸引了一大批从事中国上古、中古史研究的学者参与讨论，因之，揭示了吴简本身的价值所在，开启了汉晋间社会经济史研究的新里程。然而，繁荣的背后亦隐藏着问题。罗新敏感地觉察到，当下"热烈的讨论将继续，明确而令人信服的结论却遥不可及"，拘泥于语词解释、具体制度诠释与细节累计，吴简研究实则是走入了"内卷化"的状态。对于如何走出困境，罗新以为应从两方面努力，一是改进处理原始材料的技术与分析方法，以日本学界的统计列表方法为借鉴；二是扩大视野，伸长时段，将吴简与湖南省境内出土的东牌楼汉简、郴州晋简等相联系，将有助于疑难问题解答④。

---

① 详凌文超《考信于簿：走马楼吴简采集簿书复原整理与研究》之绪论，博士学位论文，北京大学历史学系，2011 年，第 9—14 页。
② 王素：《中日长沙吴简研究述评》，《故宫学刊》总第 3 辑，紫禁城出版社 2006 年版，第 528—560 页。
③ 从长时段来审视社会变迁的代表性成果如［日］關尾史郎《トウファン出土「五胡」文書よりみた長沙吳簡》，東京お茶の水女子大学長沙吳簡研究會 2002 年 12 月 14 日例会發表稿；黎虎《"吏户"献疑——从长沙走马楼吴简谈起》，《历史研究》2005 年第 3 期，第 53—68 页；张荣强《孙吴简中的户籍文书》，《历史研究》2006 年第 4 期，收入氏著《汉唐籍帐制度研究》，第 89—113 页；韩树峰《中古时期的"姪"与"兄子"、"弟子"》，《历史研究》2010 年第 1 期，第 44—65 页；凌文超《秦汉魏晋"丁中制"之衍生》，《历史研究》2010 年第 2 期，第 25—45 页；王素《长沙吴简中的佃客与衣食客——兼谈西晋户调式中的"南朝化"问题》，《中华文史论丛》2011 年第 1 辑，第 1—34 页。等等。
④ 羅新：《近年における北京吳簡研討班の主要成果について》，《長沙吳簡研究報告》第 3 集，第 103—108 页。

导 言

回归文书学：簿书整理复原

侯旭东率先意识到，十年吴简研究中众多问题悬而未决的原因或在于出土资料本身。吴简久存地下，编绳腐朽，并受到井内积压、井壁塌垮的冲击，位于 J22 北半部分的简牍出土时还受到扰乱，原始简册已散落；他提出在进行历史学研究之前，应将吴简作为一种独立资料，从文书学的角度进行先行研究。他借鉴日、中学者对新、旧居延汉简册书的集成、复原研究成果，第一次采用考古工作者绘制的反映成坨竹简原始保存状况及整理次序的揭剥图，对嘉禾六年临湘侯国下辖广成乡主要是广成里"吏民人名年纪口食簿"进行了复原，讨论了册书的形制、构成及相关问题；他所提示的揭剥图观察法、简册收卷方向判定方法，竹简顺序编排、编痕的判定技巧①，在此后吴简簿书复原中得到充分利用，这个工作，"在吴简文书学研究学术史上有里程碑似的意义"②。

此后，侯旭东又借鉴鲁惟一、永田英正等的"集成研究法"，关注简牍的外在形制，以鹫尾祐子提示的长、短简为标准，对先前初步复原的广成乡人名年纪口食簿进行了分里集成，成功分离出弦里口食簿，讨论了口食簿的制作、功能③。

需要注意的是，侯氏的范例性研究借助的是采集简 11 副揭剥图中最完好的一幅，对应简册，除下半部分简有若干层离散外，基本按逆时针方向规律化收卷④；而其他采集散简，保留成坨的简册普遍残缺严重，揭剥过程中难免存在观察、操作失误，这都导致揭剥图状况不理想，有时勉强依据图中编号编排各简次序，会与简册的实际编联相去较远。较早涉足吴简册书复原的凌文超在利用残缺揭剥图进行复原工作的大量实践中，摸索

---

① 侯旭东：《长沙走马楼吴简〈竹简〉[贰]"吏民人名年纪口食簿"复原的初步研究》，《中华文史论丛》2009 年第 1 辑，第 57—93 页。
② 凌文超语，见其《吴简考古学与吴简文书学》，首都师范大学史学沙龙第 36 期"古文献复原与整理"专场提交，2015 年 6 月 14 日。
③ 侯旭东：《长沙走马楼吴简"嘉禾六年（广成乡）弦里吏民人名年纪口食簿"集成研究：三世纪初江南乡里管理一瞥》，邢义田、刘增贵主编：《第四届国际汉学会议论文集：古代庶民社会》，（台北）"中央研究院"，2013 年，第 103—147 页。
④ 《长沙走马楼三国吴简·竹简〔贰〕》下册，附录一《竹简揭剥位置示意图》，整理号 1661—1799，文物出版社 2007 年版，第 905 页。

· 35 ·

出综合利用考古学整理信息（揭剥图、盆号、清理号）与简牍遗存信息（形制、编痕、刻画符号、笔迹、内容等）等进行簿书整理的一套方法①。在实际操作中，未必每个要素都能起作用，而需依据简册本身的特征，灵活采用其中的一些关键性复原要素，开展工作。在这个方法指导下，他用功颇勤，复原了吴简采集简中以户籍簿为核心的一整套簿书系统，为簿籍制度的研究提供了较可靠、尽量贴近原状的史料群②。

相比名籍、口食簿，吴简中的仓米出、入簿的编绳痕迹较淡，而所记内容多为繁杂米名，关联度不大，而常常散见于数幅揭剥图，故而依据普通方法编联操作难度较大。凌文超围绕吴简仓米簿、库账簿做了一些整理工作③，谷口建速尝试依据记载内容要素对仓谷物簿进行集成研究④；在这种账簿复原中独有心得的是邓玮光，他提出对比同一事件多方记录的横向比较复原法，以及考察事件各步骤间逻辑关系的纵向比较复原法，用计算机检索的方法，以账簿中出现的出入米数字为编联切入点，对三州仓、州中仓出米简，月旦簿和要簿进行了示范性整理，为吴简簿书的复原积累了经验⑤。

---

① 凌文超：《走马楼吴简簿书复原整理刍议》，《历史学评论》第 1 辑，社会科学文献出版社 2013 年版，第 250—262 页。
② 参照凌文超《考信于簿：走马楼吴简采集簿书复原整理与研究》之整理篇，第 257—374 页。
③ 凌文超提出吴简中的仓米簿应由租税限杂米账簿（杂米入受簿、杂米承余新入簿、杂米领出用余见簿），贷食簿，取禾簿等不同样式簿书构成，见所撰《吴简考古学与吴简文书学》；他对库账簿的整理如《走马楼吴简库皮账簿整理与研究》，《北大史学》第 16 辑，北京大学出版社 2011 年版，第 16—45 页；《走马楼吴简采集库布账簿体系整理与研究——兼论孙吴的户调》，《文史》2012 年第 1 辑，第 53—110 页；《走马楼吴简库钱账簿体系复原整理与研究》，《考古学报》2015 年第 2 期，第 187—228 页。
④ ［日］谷口建速：《長沙走馬楼呉簡における穀倉関係簿初探》，《民衆史研究》第 72 号，2006 年 11 月，第 45—61 页。
⑤ 邓玮光：《走马楼吴简三州仓出米简的复原与研究——兼论"横向比较复原法"的可行性》，《文史》2013 年第 1 辑，第 231—254 页；《对三州仓"月旦簿"的复原尝试——兼论"纵向比较复原法"的可行性》，《文史》2014 年第 4 辑，第 5—35 页；《对中仓黄龙三年十月旦簿的复原尝试》，楼劲主编：《魏晋南北朝史的新探索：中国魏晋南北朝史学会第十一届年会暨国际学术研讨会论文集》，中国社会科学出版社 2015 年版，第 645—677 页；《对中仓黄龙三年十一月旦簿的复原尝试》，杨振红、邬文玲主编：《简帛研究 2015 秋冬卷》，广西师范大学出版社 2015 年版，第 182—214 页；《对"中仓受三州仓运黄武五六七年杂米要簿"的复原尝试》，纪念走马楼三国吴简出土 20 周年长沙简帛研究国际学术研讨会论文，长沙，2016 年。

官文书简牍的刊布与整理、复原

走马楼吴简主要是官府档案，但到采集简全部出版为止，可定为严格意义的官文书却很少。虽有一些临湘侯国长吏/属吏上行、下行及平行文书简，但主要是零星单枚出现，基本不存在编连成册、首尾完整的官文书；且简文磨灭，机构、职官名多难以辨识，导致已出版《竹简》各册的释录存在一些疏失①，不便利用。

与采集简相比，在新近出版的发掘简各册中，官文书竹简占了相当大的比例，数量最多的是以"草言府""某曹言"开头的反映基层诸曹文书制作、上报、收发的简文，李均明首先将其定名为"草刺"，定性为诸曹撰写草稿的记录，并对当时所刊草刺进行集成，收集到58例②。徐畅依据简文格式对草刺文书进行了分类集成，归纳为"草言（府）……事，某月某日某曹掾/史某某白""某曹言某某事，（某年）某月某日书佐/干/某曹掾/史封"两种格式；以文书中诸曹掾史人名为线索，寻找簿籍中同名同姓者，以其身份注记判定诸曹大多数为县级，从而将格式一定为呈太守府文书正本发出后，县廷保留的起草公文记录，而格式二定为临湘侯国（县廷）门下的发文登记簿③。

此后沈刚将草刺文书定性为有别于账簿的不定期文书，重新解释了"草言府"的含义：所言之事需经郡府处理，但先要经县长吏审查。将格式一归纳为列曹起草、撰写，提请县长吏进一步处理文书的登记记录；而格式二为由县廷统一封缄的发文登记，两种文书可能均由县门下书佐制作。他还注意到草刺文书按月编联，单独收卷的特征，尝试依据《竹简》

---

① 详参徐畅《走马楼简所见孙吴临湘县廷列曹设置及曹吏》，《吴简研究》第3辑，第287—352页，对曹名、掾史名进行了一些修正。学者对已刊竹简的释文订正，参见侯旭东《长沙走马楼三国吴简释文补正》，《中国文物报》1999年7月21日；胡平生《〈长沙走马楼三国吴简〉第二卷〈竹简〉[壹]地名、人名释文校证》，卜宪群、杨振红主编《简帛研究2004》，广西师范大学出版社2006年版，第329—346页；《〈长沙走马楼三国吴简〉第二卷释文校证》，中国文物研究所编《出土文献研究》（第七辑），上海古籍出版社2005年版，第112—133页；李均明、王昕《〈长沙走马楼三国吴简·竹简[壹]〉释文校记》（一），《出土文献研究》（第八辑），上海古籍出版社2007年版，第155—181页。
② 李均明：《走马楼吴简"草刺"考校》，《史学月刊》2008年第6期，第86—89页。
③ 徐畅：《走马楼简所见孙吴临湘县廷列曹设置及曹吏》，《吴简研究》第3辑，第295—300页。

〔柒〕中包含这类简的相关揭剥图进行某月言府草刺的复原,但由于不存在草刺简集中成坨出现的一张揭剥图,且格式一的上报时间缺年份记录,未取得突破①。

笔者曾注意到《竹简》〔柒〕、《竹简》〔捌〕中有若干枚闰月某日上报的草刺简,指出以吴简记载的主要时段,易推出闰月草刺的年份②。而新刊布的《竹简》〔陆〕中,于闰月某日上言的两类草刺简较为集中地出现,进行闰月言府草刺的复原,当具备可行性。

《竹简》〔柒〕、〔捌〕中分别包含两组司法机构考实审讯地方官吏盗割官米而形成的卷宗,据统计,《竹简》〔柒〕中与"(朱)表割米自首案"相关的简近60枚③;而已刊采集、发掘简各册皆可见有关"许迪割米案"的散简,尤以《竹简》〔捌〕为集中,编为Ⅱ-c-39的一坨中400余枚竹简皆涉许迪案;除简册外,还有四枚由临湘侯国属吏言事的"叩头死罪白"文书木牍(详本书后附图1至4)。学者们以简牍资料为基础,围绕两案件的参与官吏、考实、审结时间,审判程序、涉案人员等话题展开了热烈讨论④。

就许迪案相关资料观察,竹简应作为审讯"辞状",编连为"解书",而木牍为呈上解书的上行文书。相关简及牍的长短、宽窄虽不尽相同,但简面皆保留有两道明显的编绳痕迹,完全具备编连为册书的条件。理想的

---

① 沈刚:《吴简所见孙吴县级草刺类文书处置问题考论》,《文史》2016年第1辑,第51—68页。

② 徐畅:《三国孙吴基层文书行政研究——以长沙走马楼简牍为中心》,博士后研究报告,北京师范大学历史学院,2016年7月,第107页。

③ 对此案相关简牍的重新整理参陈荣杰《走马楼吴简"朱表割米自首案"整理与研究》,《中华文史论丛》2017年第1辑,第219—260页;杨小亮《"表坐割匿用米行军法"案勾稽考校》,长沙简牍博物馆编《长沙简帛研究国际学术研讨会论文集》,中西书局2017年版,第173—189页;孙东波、杨芬《走马楼三国吴简吴昌长朱表盗米案初探》,杨振红、邬文玲主编《简帛研究2016秋冬卷》,广西师范大学出版社2017年版,第248—263页。

④ 相关讨论如胡平生《长沙走马楼三国孙吴简牍三文书考证》文;王素《长沙走马楼三国孙吴简牍三文书新探》文;王子今《走马楼简许迪刏米事文牍释读商榷》,《郑州大学学报》2001年第4期,第109—111页;徐世虹《对两件简牍法律文书的补考》,《中国古代法律文献研究》第2辑,中国政法大学出版社2004年版,第89—100页;秦晖《传统中华帝国的乡村基层控制:汉唐间的乡村组织》,《农民中国:历史反思与现实选择》,第238—240页;王彬《吴简许迪割米案相关文书所见孙吴临湘侯国的司法运作》,《文史》2014年第2辑,第73—91页;徐畅《新刊走马楼简牍与许迪割米案司法程序的复原》,《文物》2015年第12期,第71—83页等等。

导　言

情况是依据揭剥图，借助外在形制的差别，先进行册书（解书）的复原。

与竹简的散碎相比，有为数不多的木牍（还有极少数竹牍），用来书写官文书，由于幅度较宽，单枚木牍上存留的信息相对完整，是开展行政运作、文书体式研究的良好资料。但自吴简发现以来，木牍一直没有得到系统地整理与刊布，图版、录文散在各处；近年来，包夹在古井中四个分区的木牍随着发掘简《竹简》〔肆〕、〔柒〕、〔捌〕、〔伍〕、〔陆〕等诸卷整理问世，与此同时，整理者在 2010 年后陆续出版的几种简牍图录、书法选辑中，大规模公布吴简竹木牍的高清图版与录文（选取书法精美，代表典型书风者）①。内容多与侯国文书行政过程相关。上述因素共同推动了在大木简、竹简之外，第三种类别的材料——牍走入研究者的视野。

值得一提的是，日本吴简研究学者从吴简发现之初就对零散刊布的木牍进行追踪②，在古文书学研究传统影响下，他们首先进行竹木牍的分类工作，在此基础上按类集成。伊藤敏雄将已刊木牍分为：（1）"白"文书木牍，（2）"破莂保据"木牍，（3）举木牍，（4）"君教"文书木牍，（5）"料白"文书木牍，（6）与生口买卖、估钱征收相关的文书木牍等几类③；随着新材料的刊布，他又将分类修正为"叩头死罪白""君教""料白""破莂保据"文书等④。2015 年笔者受邀参加《竹木牍》卷整理工作之后，也对此卷前已陆续刊布的竹木牍进行初步整理，将竹木牍分为举文书、"叩头死罪白"文书、"破莂保据"文书、"君教"文书、库入钱物帐、仓入受米帐、书信、名刺、签牌，其他等十类⑤。其中前四类可称为严格意义的官文书。

---

① 例如宋少华主编《湖南长沙三国吴简》（一）至（六）（重庆出版社 2010 年版）共刊布 11 幅木牍图文，郑曙斌、张春龙、宋少华、黄朴华编《湖南出土简牍选编》（岳麓书社 2013 年版）公布了 13 枚木牍图文；《中国书法》2014 年第 5 期《长沙东吴简牍书法特辑文丛》收入 14 幅木牍图文；《中国书法》第 10 期同前《文丛》续收入 19 幅木牍图文。
② 近二十年来伊藤敏雄一直在做长沙吴简中"牍"的集成工作，在 2014 年 10 月香山召开的中国魏晋南北朝史学会第十一届年会上，笔者得到伊藤氏惠赐资料《長沙吳簡中の牘の集成（2014 年 8 月 31 日現在）》。
③ ［日］伊藤敏雄：《長沙吳簡中の生口売買と「估錢」徵收をめぐって——「白」文書木牘の一例として——》，《歷史研究》50 號，2013 年 3 月，第 97—128 页。
④ ［日］伊藤敏雄：《長沙吳簡中の「叩頭死罪白」文書木牘小考——文書木牘と竹簡との編綴を中心に——》，《歷史研究》51 號，2014 年 3 月，第 29—48 页。
⑤ 徐畅：《走马楼吴简竹木牍的刊布及相关研究述评》，《魏晋南北朝隋唐史资料》第 31 辑，第 25—74 页。

"叩头死罪白"文书是一种典型的上行官文书，以"叩头死罪白"开始，以"诚惶诚恐，（叩头）死罪死罪""白"结束①，与两汉上行官文书的常用体式"叩头死罪敢言之"有所区别，伊藤敏雄、藤田胜久都指出，"白"文书可能仅用于同一行政机构内部政令的部署与传达②。

"君教"文书是县级行政机构内长吏、属吏（门下掾、主簿、诸曹掾）围绕某项事务进行审查期会而产生的官文书。關尾史郎先生指出，"教"在早期简中似尚作为"府告……记到……有教"这样类似"如诏书""如律令"的官文书结尾常用语，而到吴简中，已经明确为一种下行公文，与高昌郡、国之"符""令"有渊源关系③。

举文书有关临湘侯国选举私学。"破莂保据"文书是由侯国所属各乡劝农掾汇报辖内州、军吏父兄子弟人名、年纪而产生的保证文书，其文书体式与反映的行政过程，都有相当多的学者关注。

吴简研究中以往主要围绕簿籍开展文书学工作，簿册往往是应上级行政机关的要求制作的，编制完毕，需上呈，因而簿册与上行官文书（呈文）往往是配套出现的④；簿书常写在多枚竹简上，而呈文常写在（竹）木牍上，这就在简和牍之间建立了联系。谢桂华、侯旭东先生在考察较早刊布的劝农掾殷连、区光隐核州军吏父兄子弟木牍时，已指出两木牍是作为上呈报告的主件，而应有经核实后制作的州吏父兄子弟人名、年纪簿⑤。凌文超曾归纳出吴简简册编缀的两种形式：（1）竹简簿籍＋木牍文书，

---

① 伊藤敏雄对此类文书体式进行了总结，对吴简中的相关木牍作了集成研究，见所撰《長沙吳簡中の「叩頭死罪白」文書木牘小考——文書木牘と竹簡との編綴を中心に——》，《歷史研究》51號，第29—48頁；《长沙吴简中的〈叩头死罪白〉文书木牍》，楼劲主编《魏晋南北朝史的新探索：中国魏晋南北朝史学会第十一届年会暨国际学术研讨会论文集》，中国社会科学出版社2015年版，第624—644页。
② ［日］藤田胜久：《东汉三国吴的长沙郡与文书行政》，楼劲、陈伟编：《秦汉魏晋南北朝史国际学术研讨会论文集》，中国社会科学出版社2018年版，第140—164页。
③ 参照關尾史郎对"君教"类木牍的系统研究，氏著《从出土史料看〈教〉——自长沙吴简到吐鲁番文书》，魏晋南北朝史研究的新探索——中国魏晋南北朝史学会第十一届年会暨国际学术研讨会论文，北京，2014年10月12—15日。
④ 观点如［日］永田英正《居延汉简研究》，第255—275页。侯旭东《西北所出汉代簿籍册书简的排列与复原———从东汉永元兵物簿说起》，《史学集刊》2014年第1期，第58—73页。
⑤ 谢桂华：《中国出土魏晋以后汉文简纸文书概述》，李学勤、谢桂华主编：《简帛研究2001》，第546—559页；侯旭东：《三国吴简两文书初探》，《历史研究》2001年第4期，第172—174页。

(2)竹简簿籍+竹简文书①。近年来，中、日学者共同致力于借助考古信息与简牍内容，进行吴简中木牍与竹简的关联及直接编联工作，本书第一章第三节将予以详细介绍。

第五节 本书的目标与结构

富谷至在关注居延、敦煌等地出土简牍的形态、文字特点、语言形式，与其关联的行政机构与检查制度时，曾有这样的比喻：

> 血液由心脏输送到肌体末端，再由肌体末端回流到心脏，与这种运行方式一样，从皇帝和朝廷下达的命令传达到基层末端的官署，来自基层末端的报告则被层层上报直至中央。如果将文书比喻为血液，血流就是文书的传送，血管则是接受并处理文书的行政机构——各级官署。

他感叹于这种"彻底化的文书行政"（指简牍文书行政）成就了中国历史上持续时间最长、强盛至极的古代中央集权国家——汉帝国，致力于勾勒国家级层面的文书行政图景②。本书则关注探讨处汉魏变革期，三国孙吴政权统辖下，江南区荆南地方，湘江流域的一个县级机构的官文书形态、制度与文书行政现实。

本书的研究样本来自1996年长沙市中心走马楼J22所出三国孙吴纪年简牍，依内容可致分为纳税记录、户口簿籍、官文书和杂类，而书写材料有大木简、竹简、木牍、竹牍。根据简牍发现地与所载内容，将其视为吴大帝孙权辖下荆州长沙郡临湘侯国在日常行政运转中产生的官文书档案，是没有太大问题的。由于样本资料的详实性（总数达十多万枚，超过以往出土汉简的总和），使我们有条件呈现侯国复杂多样的官文书体系，把握

---

① 凌文超：《走马楼吴简"隐核波田簿"复原整理与研究》，《中华文史论丛》2012年第1辑，第107—145页，后收入所著《走马楼吴简采集簿书整理与研究》，第424—454页，在册书复原部分，修正了呈文与簿书的先后顺序。
② ［日］富谷至：《文书行政的汉帝国》，刘恒武、孔李波译，第349—350页。

官文书运转的每一个环节及整体流程。

从吴简的情况看，王侯封国与郡县的行政管理差异几近于无①，临湘侯国完全可视为郡县制网络下南方的一个县级行政单位，而"县"在秦汉三国统治者构筑的基层行政统治序列中，显然处于核心地位。已有众多学者从属吏的数量、基层日常政务的处理、簿籍的制作、文书档案的保存、狱讼的受理等各角度证实地方行政之重心在县而不在郡②；我们无意于卷入地方行政重心的争论，但相信以临湘侯国（县廷）作为文书行政研究的切入点，是合宜的。

由于吴简出土时受到扰乱，开展历史研究的前提，必然是文书学工作。

本书将主要从三个专题开展工作，第一，孙吴简、牍官文书的整理、集成与复原；第二，临湘侯国官文书制作与流转机制研究；第三，从官文书流转看政务处理过程。总体目标是呈现三国江南县级文书行政的蓝图。

具体来说，全书分为导言，四章，结语与参考文献等部分。导言交待课题选题背景——走马楼三国孙吴简牍中"官文书"的再发现与基层文书行政研究构想；对除吴简外，全国各地出土的郡、县、乡、里官文书简牍的情况予以介绍；对吴简发现二十余年的研究情况予以回顾，重点提示了研究热点的几次切换；揭示未来研究的新动向——吴简文书行政，点明本书的努力方向。

竹简散碎，且编联多已不存，而木牍（含少部分竹牍）体量宽大，字迹清晰，通常单枚即可涵盖一件完整公文，是吴简官文书书写的主要载体，但一直没有得到系统刊布，零星发表内容不及总体的1/5。2015年后笔者参加《长沙走马楼三国吴简·竹木牍》卷整理工作，得见376枚木牍及竹牍的全貌，在依据红外照片对竹木牍进行释文、标点基础上，将竹木牍分为举文书、"叩头死罪白"文书、"破莂保据"文书、"君教"文书、库入钱物帐、仓入受米帐、书信、名刺、签牌、其他等十类，其中前四类为本书所定义的官文书。

---

① 罗新：《吴简所见之督邮制度》，《吴简研究》第1辑，第309—316页。
② 汪桂海：《汉代官文书制度》，第224—227页。邹水杰：《两汉县行政研究》第六章第一节"县为地方行政重心论"，湖南人民出版社2008年版，第313—335页。［日］纸屋正和：《漢時代における郡県制の展開》，京都朋友书店2009年版；中译本《汉代郡县制的展开》，朱海滨译，复旦大学出版社2016年版。

导　言

　　第一章先向读者介绍1996年以来，采集及发掘类木牍的整理、刊布情况，竹牍的甄别情况，在充分占有资料的基础上，对已刊的近70枚官文书竹木牍进行了分类集成，提供每枚官文牍的定名、解题、释文、标点及本类文书的简要分析。注意到"叩头死罪白"等官文书牍系作为簿书、解书的呈文出现，讨论了呈文木牍与簿书简的编联问题。

　　吴简发现以来，官文书简牍少见，学界对这批简牍的性质、行政级别及埋藏原因等基础性问题迟未达成共识，某种程度上阻碍了文书行政研究的展开。第二章在回顾前辈学者对吴简行政级别提出的各派观点基础上，分别从簿书、官文书两种文书形态，对吴简的所属官府进行了辨析与观察；独创人名集成法，将吴简官文书中诸曹掾史的人名，与田家莂、簿书中的同名同姓者进行比较，从而判定诸曹皆属临湘侯国。通观各类文书，最后将吴简定为临湘侯国文书档案群。

　　吴简中的官文书简残断，涉及机构名、职官名处往往墨迹漫漶；且由于久埋井下，受到扰乱，原始的册书形态多已不存，研究起来难度很大。学界比较关心的是以"草言府""某曹言"开头的反映诸曹文书制作、上报、收发的目录文书，李均明先生最先将其定名为草刺简①；第三章则借助《竹简》〔陆〕新刊的闰月言府草刺册中的标题简，找到孙吴基层对两种文书的正式称谓——"草刺"与"行书刺"，并对其性质、制作过程加以分析；以揭剥图、时间信息为切入点，对闰月（嘉禾二年闰月）草刺册进行了集成。新刊《竹简》〔柒〕、〔捌〕中包含孙吴嘉禾年间两宗司法案件的考实卷宗，本章也对许迪割米案相关的散简与木牍进行了集成。

　　在最大程度把握吴简官文书的种类与内容基础上，第四章尝试透析了临湘侯国内部上行、下行文书，以及侯国上行更高行政机构（郡府、督邮），高级机构下行侯国文书的格式、用语，从制作、审定到签署、运行等一系列运转机制；归纳三国临湘侯国官文书运转的特点：第一，诸曹是基层公文的主要制作和承载者，第二，门下是基层公文运转的枢纽。

　　在明了官文书流转机制基础上，本书第四章尝试从中归纳出临湘侯国日常事务的办理程序。借助《竹简》〔捌〕中的400余枚竹简，以及四枚木牍，勾勒了孙吴嘉禾年间长沙地方大案——许迪割米案的整套司法程序，修正了以往围绕此案的众多推测性结论。同时，通过对案件各环节梳

---

① 李均明：《走马楼吴简"草刺"考校》，《史学月刊》2008年第6期，第86—89页。

理,贴近了孙吴临湘侯国司法政务运作的现场。此外,借助对木牍中君教类文书的考察,还原临湘侯国长吏与属吏期会的行政程序;并以人名为突破,解释了其中"掾某如曹"的含义,提出"掾"应为某曹之掾,"如曹"即到曹办公之意,侯国以期会的方式对一定时期内的仓米、库钱、库布、库皮簿、草刺等进行审核,参加者还应当包括与本次期会所校阅簿书密切相关的曹司的负责人。

  结语部分,从秦汉至六朝这一长时段来观察、定位临湘侯国的官文书运转机制,认为这一机制本于秦制,经三国发展而来,又可作为六朝公文运转机制的源头;对吴简文书行政研究的前景进行了展望,指出基层公文运转与行政制度,将成为吴简研究下一个二十年里最受瞩目的研究方向之一。

第一章 三国孙吴竹木牍官文书的集成与分析

第一节 吴简中竹木牍的发现与刊布情况

1996年10-11月，长沙市文物工作队在市中心走马楼街西侧的22号井窖中发掘出一批总数约14万枚的三国孙吴纪年简牍[1]，截止2020年下半年，走马楼吴简的发掘、整理及研究工作已跨越了近25个年头。在资料刊布方面，专收大木简的《嘉禾吏民田家莂》，收录采集简的《竹简》〔壹〕至〔叁〕，以及作为科学考古发掘成果的《竹简》〔肆〕至〔玖〕，均已出版，尚余6000余枚残简在整理中，预定于2021年底问世。

发现之初，参与清理、保护工作的汪力工对于吴简的种类、数量曾有初步介绍，统计到封检8枚，签牌68枚，木牍165枚，小木简60枚，大木简2548枚，竹简136729枚[2]；随着整理工作的进行，相关数字有所变化，不过至《竹简》〔玖〕出版为止，吴简中的木简和竹简已刊布大半，这堪称是新世纪汉晋简牍发现与整理的一大功绩。

围绕《嘉禾吏民田家莂》及《竹简》的研究，由中、日学者共同努

---

[1] 这批简牍有纪年者，最早为东汉中平二年（185）（壹·9831），其次为建安五年（200）（牍·149B。按：此为竹木牍拍照编号），建安二十五年（220）至建安二十七年（222）不少，但主要在吴大帝孙权统治前期，最晚为嘉禾六年（237）。

[2] 汪力工：《略谈长沙三国吴简的清理与保护》，《中国文物报》2002年12月13日第8版。

力，持续推动，在25年中亦时时保持着相当热度①。由于吴简作为古井文书的特殊性，久存地下，编绳腐朽，编联佚失，并受到井内挤压、井壁塌垮的冲击，处于22号井北半部分的简牍出土时还因机械施工遭到扰乱②，原始的编联成册的簿籍、档案文书已成断简残篇，提供的历史信息有限，欲利用进行三国孙吴政治、社会经济史的考索，理想的前提是将其复原整理为简册。21世纪后，尤其是近是十年来，学界从揭剥图等考古出土信息切入，结合对文字、符号、形制等内容的把握，围绕简册，尤其是簿籍，进行了一系列整理与研究工作，初步复原了以户籍簿为核心的一整套吴简簿书系统③。

与竹简的散碎相对比，吴简中为数不多的木牍，由于幅度较宽④，多用来记载与赋税收支、户口簿籍相关的内容，或者书写为上行官文书，单枚木牍上存留的信息相对丰富而完整，素来为史学研究者所重视。吴简发现的第二年，胡平生、宋少华二位先生就曾率先刊布录事掾潘琬考实许迪割用余米事（牍·50⑤）及东乡劝农掾殷连（牍·209）、广成乡劝农掾区

---

① 相关研究成果颇丰，可参阅李进《长沙走马楼吴简研究论著目录》，北京吴简研讨班编《吴简研究》第1辑，崇文书局2004年版，第344—361页；陈爽《长沙走马楼吴简研究论著目录（续）》，长沙简牍博物馆、北京吴简研讨班编《吴简研究》第2辑，崇文书局2006年版，第292—303页；王素《中日长沙吴简研究述评》，《故宫学刊》总第3辑，紫禁城出版社2007年版，第528—560页；凌文超《长沙走马楼吴简研究论著目录（三编）》，长沙简牍博物馆、北京大学中国古代史研究中心、北京吴简研讨班编《吴简研究》第3辑，中华书局2011年版，第382—404页。
② 长沙市文物工作队、长沙市文物考古研究所（宋少华、何旭红执笔）：《长沙走马楼J22发掘简报》，《文物》1999年第5期，第4—5页。
③ 较早尝试利用揭剥图进行口食簿复原的是侯旭东，参所撰《长沙走马楼吴简〈竹简〉［贰］"吏民人名年纪口食簿"复原的初步研究》，《中华文史论丛》2009年第1辑，第57—93页。之后凌文超用类似方法，结合对盆号、考古号等的考察，对吴简中诸种簿书进行复原，参其先后发表的对户籍簿、作部工师簿、隐核波田簿、库布账簿、库皮账簿、库钱账簿、官牛簿、举私学簿、隐核新占民簿、户品出钱人名簿等的整理文章，后收入氏著《走马楼吴简采集簿书整理与研究》，广西师范大学出版社2015年版；《吴简与吴制》，北京大学出版社2019年版。
④ 据汪力工介绍，吴简中木牍长23.1 - 26.6cm，宽1.5 - 8.4cm，厚0.3 - 1cm，平均宽度在4 - 5cm，较竹简之1 - 2cm，确实宽很多，见《略谈长沙三国吴简的清理与保护》文，《中国文物报》2002年12月13日第8版。
⑤ 长沙简牍博物馆对吴简中的牍文书进行了红外拍照，本书征引散见的竹木牍，皆记为牍 + 拍照号，如有考古及整理出版编号的则同时标明，下文不再一一予以说明。

光（牍·57）条列州吏父兄人名年纪的几枚木牍①。后来，学界围绕其中的木牍画诺、破莂保据、户口隐核、吏家与吏户、许迪案等相关问题展开了激烈的争论②。不夸张地说，每逢一方新的木牍披露，都会在吴简研究中引发波澜。

近年来，长沙简牍博物馆与故宫研究院古文献研究所等整理单位鉴于木牍的重要性，决定在《竹简》十卷之外，另合作整理出版《长沙走马楼三国吴简·竹木牍》单行卷，收录吴简木牍376枚及竹牍。笔者有幸参与该卷相关工作，受宋少华、王素二位先生之托，先对单行卷之前已陆续刊布的竹木牍的释读及研究情况进行初步整理，编制已刊竹木牍图文出处索引，并对围绕木牍的相关研究热点加以提示。

前文提到，1997年即有一些木牍的图版或录文刊发，此后十几年中，新的木牍陆续在长沙吴简的主题展览、各类书法、书迹图册以及专题论文中被披露，但到目前为止，究竟有多少数量的竹木牍的图或文已公开发表？占单行卷376枚的多大比例？恐怕很少有人做过全面统计。在这里先大致介绍几次大规模的木牍刊布情况。

1998年，宋少华先生率先介绍了隐核州吏父兄子弟的殷连、区光两枚木牍（牍·57、209）、发遣吏陈晶所举私学番倚的木牍（牍·375）、记录仓入米的两枚木牍（牍·366、370）、许迪案木牍（牍·50）③。此后，1999年正式发表的《发掘简报》共刊布11枚木牍、签牌、名刺的图版，8枚木牍、名刺、书信的录文，包括拍照号为209、57（破莂保据类）、372、375（私学类）、370（仓入米类）、50、353（许迪案）、133（书信）的几枚木牍，尤其是353号中贼曹掾陈旷考实许迪割米文书，很少有人注意到④。《发掘报告》共刊布13枚木牍的图或文，除《简报》已发之外，尚有黑白图版七幅，吏张惕家物见库簿（考古编号J22-3-2634、牍·70）、主簿范某言文书（J22-3-2629、牍·65）、麋鹿图案（J22-3-

---

① 宋少华：《大音希声——浅谈对长沙走马楼三国吴简的初步认识》，《中国书法》1998年第1期，第7—10、15—20、33—37页；胡平生：《长沙走马楼三国孙吴简牍三文书考证》，《文物》1999年第5期，第45—52页。
② 详本书导言部分对吴简研究二十年来相关热点的回顾。
③ 宋少华：《大音希声——浅谈对长沙走马楼三国吴简的初步认识》，《中国书法》1998年第1期，第7—10、15—20、33—37页。
④ 长沙市文物工作队、长沙市文物考古研究所（宋少华、何旭红执笔）：《长沙走马楼J22发掘简报》，《文物》1999年第5期，第4—25页。

2626、牍·242)、"君教"类文书（J22-3-2625、牍·74）、残书信（J22-3-2631、牍·208，J22-3-2635、牍·76）等等①。因所附图版为缩小35%后的效果，较难辨识，亦很少有人注意。

伊藤敏雄曾记录他于2000年5月在长沙市文物工作队、长沙市博物馆以及平和堂"长沙故城古井群遗址出土文物展"参观时所见木牍、签牌近20枚，给出了10余枚的初步录文。其中小武陵乡劝农掾审实私学烝阳的木牍（J22-3-2616、牍·69）是探讨私学问题的第一手资料，由于图版未公布，无法给出可以信从的录文，迄今少见研究者利用②。

西林昭一发表了与许迪案相关的第三枚木牍（牍·224）及劝农掾郭宋条列军吏父兄人名木牍（牍·376）③。考古发掘的《竹简》〔肆〕收入木牍5枚（牍·168、163、172+200、169、162）；《竹简》〔柒〕收入木牍与名刺共8枚，其中包括4枚"君教"类木牍（牍·185、186、187、189）。书法类著作亦常收录吴简木牍。宋少华《三国吴简》共刊布11枚木牍的图文④；《湖南出土简牍选编》公布了13枚木牍的图文⑤。2014年出版的《中国书法》第5期《长沙东吴简牍书法特辑文丛》收入14枚木牍，其中9枚有图有文，4枚有图无文，1枚有文无图；《中国书法》第10期同前《文丛》续收入19枚木牍的图文。2019年出版的《长沙走马楼吴简书法研究》又新公布了14枚木牍的图、文⑥，则除去竹牍、名刺⑦，到本书定稿为止，总共刊布的木牍约100余枚⑧，仅占总数的26%，《竹木牍》单行卷的出版极有必要。

---

① 长沙市文物考古研究所、中国文物研究所、北京大学历史学系：走马楼简牍整理组（宋少华、何旭红执笔）：《长沙走马楼二十二号井发掘报告》，收入《长沙走马楼三国吴简·嘉禾吏民田家莂》，文物出版社1999年版，第1—60页。
② ［日］伊藤敏雄：《長沙走馬楼簡牘調查見聞記》，長沙吴简研究會编：《長沙吴简研究報告》第1集，東京，2001年7月，第94—109页。
③ ［日］西林昭一總合監修：《湖南省出土古代文物展：古代中國の文字と至寶》，每日新聞社、（財）每日書道會，2004年9月。
④ 宋少华主编：《湖南长沙三国吴简》（一）至（六），重庆出版社2010年版。
⑤ 郑曙斌、张春龙、宋少华、黄朴华编：《湖南出土简牍选编》，岳麓书社2013年版。
⑥ 长沙简牍博物馆编著：《长沙简牍博物馆藏长沙走马楼吴简书法研究》，西泠印社出版社2019年版。
⑦ 吴简中名刺属专项，讨论较集中，本书暂未作全面统计。
⑧ 对木牍发表情况的最新统计（截止2019年12月），参读徐畅《走马楼吴简竹木牍的刊布及相关研究述评》（增订本），待刊。

已刊木牍的内容、形制各有不同,在全面揭示木牍录文及相关研究之前,有必要先解决木牍的分类问题。吴简《发掘报告》因材质不同将吴简分为竹简、木简、木牍等,而又提及,木牍中有关于赋税内容的,有关于户口簿籍内容的,还有关于其他内容的官文书,以及名刺、信札。《发掘简报》中分类为:(1)与赋税内容相关的木牍,如 J22 - 2499、牍·370;(2)关于名籍内容的木牍,如 J22 - 2543、牍·209;(3)关于官文书内容的木牍,如 J22 - 2695、牍·375,J22 - 2540、牍·50;(4)杂类,包括名刺、举状、信札。这是据内容区分,但诸如(1)(2)类,归类并不明晰。胡平生、李天虹将官文书木牍分为司法文书、举荐版、案查文书,主要是针对那时集中披露的谢达、番倚等私学类木牍[①]。

關尾史郎在充分收集已刊材料基础上,将木牍分为 11 类,分别是:1. 赋税总账木牍,2. 赋税关系司法木版,如竹木牍·50、牍·353,3. 赋税关系签牌,如 J22 - 2587,4. 年纪簿作成木牍,5. 年纪簿调查木牍,6. 私学木牍,7. 年纪簿关系签牌,8. 书信,如 J22 - 2532、J22 - 2538,9. 名刺,如牍·374A、B,10. 封检,11. 其他各类木牍。而以性格、机能统而言之,1、2、3 类是与赋税相关联的,而 4、5、6、7 类是与名籍、身份相关联的[②]。这个分类其实是源自《发掘简报》中的赋税与名籍之划分,十分精细,但有些类别下涵盖的内容不够明晰,如私学木牍,關尾先生以为应指举私学类,即胡平生所谓"举荐版",若从内容看,归入第 5 类的牍·375,劝农掾潘琬发遣吏陈晶所举私学一牍,亦可称为私学木牍;又如第 4、5 类的区别,难以让人一目了然。

關尾先生进行分类之后的几年里,随着《竹简》〔肆〕〔柒〕的整理出版,更多数量的木牍走入学者视野,尤其是出现了之前较少见的"君教"类内容和一些上行官文书,伊藤敏雄又尝试对已刊木牍进行新的分类。他收集到"白"文书木牍 4 例,破莂保据木牍 2 例,"举"木牍 2 例,"君教"文书木牍 2 例,"料白"文书木牍 1 例,与生口买卖、估钱征收相关的文书木牍 1 例,将木牍外在形制和文本形制结合起来进行考察,认为:无论是与许迪案相关的几件文书,还是劝农掾审实陈晶所举私学、从

[①] 胡平生、李天虹:《长江流域出土简牍与研究》,湖北教育出版社 2004 年版,第 610 页。
[②] 〔日〕關尾史郎:《史料群としての長沙吳簡·試論》,《木简研究》第 27 号,2005 年 11 月,第 250—266 页。

掾位处理官贷贫民种粮的文书，共同的特点是以"叩头死罪白"开头，以"白"结尾，为上行文书，可归为一类。而将顶部有同文符号的木牍归为破莂保据类。虽然较为妥当，但也存在问题。他归入最后一类的一枚木牍，从本质上亦是都市史唐玉上奏金曹的文书，无疑应该归入"白"文书木牍，而"料白"类其实只是一个特例；记录官仓在一定时间内受米的文书木牍，如牍・366、370等，在上世纪90年代末已经刊布，他却没有提及①。

随后，伊藤敏雄对旧的分类又有所修正，指出由于赋税总账类木牍末尾亦有"仓吏某白"，为了有所区别，原归为"白"类的上行官文书应改而定名为"叩头死罪白"文书木牍。又将吴简木牍重新分为"叩头死罪白""君教""料白""白"文书4类②。

总结以往木牍分类中的经验与不完善之处，在充分搜罗已刊木牍的基础上，下文在竹木牍集成中，将有一个改进版的分类；按这个分类规整材料，并于每类竹木牍介绍完毕后，总结该类竹木牍的文本与外在体式特征。

有必要关注的是书写材质。吴简发现之初，《发掘简报》交待，牍多以木板为之，极少数用竹板做成，长度与竹简略同，宽窄不一，厚度均超过竹简③，已经注意到竹牍的存在。但由于竹牍是与竹简混杂编联在一起，材质又相同，较难辨识，故而在刊布方式上，竹牍亦随竹简按卷次依次整理出版，散见于《竹简》〔壹〕至〔玖〕诸册。长沙简牍博物馆在将木牍编为376号后，正在结合实物排查竹牍，据宋少华先生最新告知，已找出18枚④。

对于竹牍，我们或可依据外在形制辨认，亦可根据内容，如《竹简》〔贰〕之257号，从内容看，是临湘县廷期会的"君教"类文书，文字容量明显与单根竹简不同，又"君教"类文书多书写在牍上，因而推测此号应为竹牍，且经馆方确认⑤。下面在介绍已编号完毕的木牍时，也加入目

---

① ［日］伊藤敏雄：《長沙呉簡中の生口売買と「估錢」徴収をめぐって——「白」文書木牘の一例として——》，《歷史研究》50號，2013年3月，第97—128頁。
② ［日］伊藤敏雄：《长沙吴简中的〈叩头死罪白〉文书木牍》，楼劲主编：《魏晋南北朝史的新探索：中国魏晋南北朝史学会第十一届年会暨国际学术研讨会论文集》，中国社会科学出版社2015年版，第624—644页。
③ 据汪力工介绍，木牍厚0.4－0.9cm，而普通的竹简厚0.15－0.18cm，参《略谈长沙三国吴简的清理与保护》文。
④ 2014年9月29日与宋少华先生通电。
⑤ 感谢熊曲女士惠助。

前在《竹简》诸卷中发现的竹牍。

第二节　竹木牍官文书集成与分析

《长沙走马楼三国吴简·竹木牍》单行卷拟收录吴简木牍 376 枚及竹牍。笔者参与了《竹木牍》卷的整理工作，现披露本卷所收牍文书分类目录如下：

　　壹　公文
　　　一　"君教"文书
　　　二　举文书
　　　三　"破莂保据"文书
　　　四　"白"文书
　　　五　签牌
　　　六　封检及封发登记
　　　七　其他
　　贰　籍帐
　　　一　仓米账簿
　　　二　库账簿
　　　三　杂帐
　　叁　杂文书
　　　一　名刺
　　　二　习字
　　　三　其他
　　肆　书信
　　伍　残文书
　　陆　其他木简

其中第壹类"公文"，展示了竹木牍官文书的具体类型，但该卷资料尚未完全发布。笔者曾对 2015 年之前已经通过各种渠道刊布的木牍进行了统计，在勘定释文基础上，依据内容、形制，将其分为 1. 举文书，2. "叩

· 51 ·

头死罪白"文书，3."破莂保据"文书，4."君教"文书，5. 库入钱物记录，6. 仓入受米记录，7. 书信，8. 名刺，9. 签牌，10. 其他总共十大类①。其中的前四类和第 9 类签牌，毫无疑问属于本书定义的官文书。

2016 年之后，整理者对吴简中的木牍又陆续有所披露，到本书写作为止，共统计到竹木牍 100 枚左右，其中可归入上述官文书牍的有 70 枚；现按上述五类，对已刊 70 枚竹木牍官文书进行集成，依据以下体例：

1. 分类介绍竹木牍：给出每类下每件竹木牍的相关信息，包括定名，解题（介绍材质、馆藏信息、考古编号、库藏号、拍照号、尺寸等）、图、文出处，释文（释文、标点），简注（提示牍面其他信息）等；每一大类之后，简述分类原因、本类牍文书的名称、格式、研究情况等。

2. 竹木牍释文均与红外图版进行过核校。释文超过一行者均标注行号，有残缺者亦均注明；缺字用□表示，缺文用……表示，残断用☒表示，补字外加〔〕，疑字下括问（？）号。残缺一半的字，为保留线索，存一半字形，出注说明。俗别、异体等字，一般改为通行繁体字；假借、简体等字，则均维持原样；草书径释；以上酌情出简注说明。

3. 凡图、文出处涉及出版物和相关研究成果，这里尽量征引，为节省篇幅，均用略称；资料集及论文集采用书名缩略，论文、著作则以作者姓氏为纲，以姓氏字头汉语拼音为序；每位作者的论著，又以时间先后为序。全称如下：

吴简竹木牍研究参考论著目录

图版录文、考古资料

《发掘简报》＝长沙市文物工作队、长沙市文物考古研究所（宋少华、何旭红执笔）：《长沙走马楼 J22 发掘简报》，《文物》1999 年第 5 期，第 4—25 页。

---

① 徐畅：《走马楼吴简竹木牍的刊布及相关研究述评》，《魏晋南北朝隋唐史资料》第 31 辑，第 25—74 页。

《发掘报告》＝长沙市文物考古研究所、中国文物研究所、北京大学历史学系：走马楼简牍整理组（宋少华、何旭红执笔）：《长沙走马楼二十二号井发掘报告》，《长沙走马楼三国吴简·嘉禾吏民田家莂》，文物出版社 1999 年版，第 1—60 页。

《田家莂》＝长沙市文物考古研究所、中国文物研究所、北京大学历史学系：走马楼简牍整理组：《长沙走马楼三国吴简·嘉禾吏民田家莂》，文物出版社 1999 年版。

《新中国书迹》＝西林昭一、陈松长编：《新中国出土书迹》，文物出版社 2009 年版。

《三国吴简》＝宋少华主编：《湖南长沙三国吴简》（一）至（六），重庆出版社 2010 年版。

《湖湘书法》＝刘刚著：《湖湘历代书法选集》（四）《综合卷》，湖南美术出版社 2012 年版。

《湖南简牍》＝郑曙斌、张春龙、宋少华、黄朴华编：《湖南出土简牍选编》，岳麓书社 2013 年版。

《吴简书法》＝长沙简牍博物馆编著：《长沙简牍博物馆藏长沙走马楼吴简书法研究》，西泠印社出版社 2019 年版。

论著

關尾史郎，2005，《史料群としての長沙吳簡·試論》，《木簡研究》第 27 號，2005 年 11 月，第 250—266 页。

關尾史郎，2006，《長沙吳簡中の名籍について——史料群としての長沙吳簡·試論（2）》，《唐代史研究》第 9 號，東京，2006 年 7 月，第 73—87 页。

關尾史郎，2013a，《〈吳嘉禾六（二三七）年四月都市史唐玉白收送中外估具錢事〉試釋》，《東洋學報》第 95 卷第 1 號，2013 年 6 月，第 33—57 页。

關尾史郎，2013b，《破莂·別莂考——長沙吳簡を例として》，藤田勝久編：《東アジアの資料學と情報傳達》，汲古書院 2013 年 11 月版，第 109—132 页。

關尾史郎，2014a，《穀物の貸與と還納をめぐる文書行政システム—

斑——東アジア古文書學の起点としての長沙吳簡》，角谷常子編：《東アジアの木簡學のために》，汲古書院 2014 年 4 月版，第 99—124 页。

關尾史郎，2014b，《从出土史料看〈教〉——自长沙吴简到吐鲁番文书》，魏晋南北朝史研究的新探索——中国魏晋南北朝史学会第十一届年会暨国际学术研讨会论文，北京，2014 年 10 月 12—15 日。

關尾史郎，2015，《魏晉簡牘のすがた——長沙吳簡を例として——》，小倉慈司編：《國立歷史民俗博物館研究報告》第 194 集，2015 年，第 211—236 页。

侯旭东，2001a，《三国吴简两文书初探》，《历史研究》2001 年第 4 期，第 172—174 页。

侯旭东，2001b，《长沙三国吴简所见"私学"考——兼论孙吴的占募与领客制》，《简帛研究 2001》，广西师范大学出版社 2001 年版，第 514—522 页。

侯旭东，2017，《湖南长沙走马楼三国吴简性质新探——从〈竹简（肆）〉涉米簿书的复原说起》，长沙简牍博物馆编：《长沙简帛研究国际学术研讨会论文集》，中西书局 2017 年版，第 59—97 页。

胡平生，1999，《长沙走马楼三国孙吴简牍三文书考证》，《文物》1999 年第 5 期，第 45—52 页。

蒋维，2014，《从长沙走马楼吴简看楷书的发展源流——兼谈三国孙吴地区早期楷书的演变特点》，《中国书法》2014 年第 10 期，第 57—77 页。

凌文超，2011，《走马楼吴简两套作部工师簿比对复原整理与研究》，《简帛研究 2009》，广西师范大学出版社 2011 年版，第 162—237 页。

凌文超，2014a，《走马楼吴简举私学簿整理与研究——兼论孙吴的占募》，《文史》2014 年第 2 辑，第 37—71 页。

凌文超，2014b，《走马楼吴简隐核新占民簿整理与研究——兼论孙吴户籍的基本体例》，《田余庆先生九十华诞颂寿论文集》，中华书局 2014 年版，第 174—201 页。

凌文超，2014c，《走马楼吴简中所见的生口买卖——兼谈魏晋封建论之奴客相混》，《史学集刊》2014 年第 4 期，第 73—81 页。

凌文超，2017，《走马楼吴简隐核州、军吏父兄子弟簿整理与研究——兼论孙吴吏、民分籍及在籍人口》，《中国史研究》2017 年第 2 期，第 81—104 页。

凌文超，2019，《吴简与吴制》，北京大学出版社 2019 年版。

骆黄海，2014，《长沙走马楼吴简草书形态初探》，《中国书法》2014 年第 10 期，第 110—123 页。

秦晖，2003，《传统中华帝国的乡村基层控制：汉唐间的乡村组织》，《农民中国：历史反思与现实选择》，河北人民出版社 2003 年版，第 219—252 页。

宋少华，1998，《大音希声——浅谈对长沙走马楼三国吴简的初步认识》，《中国书法》1998 年第 1 期，第 7—10、15—20、33—37 页。

藤田胜久，2018，《东汉三国吴的长沙郡与文书行政》，楼劲、陈伟编：《秦汉魏晋南北朝史国际学术研讨会论文集》，中国社会科学出版社 2018 年版，第 140—164 页。

王彬，2014，《吴简许迪割米案相关文书所见孙吴临湘侯国的司法运作》，《文史》2014 年第 2 辑，第 73—91 页。

王素、宋少华，2009，《长沙走马楼三国吴简的新材料与旧问题——以邸阁、许迪案、私学身份为中心》，《中华文史论丛》2009 年第 1 辑，第 1—26 页。

王素、宋少华，2014，《长沙走马楼吴简书法综论》，《中国书法》2014 年第 5 期，第 51—83 页。

王素、宋少华，2015，《长沙吴简〈录事掾潘琬白为考实吏许迪割用余米事〉释文补正》，《文史》2015 年第 1 辑，第 278—282、218 页。

王素，1999，《长沙走马楼三国孙吴简牍三文书新探》，《文物》1999 年第 9 期，第 43—50 页。

王素，2009，《长沙吴简劝农掾条列军州吏等人名年纪三文书新探》，《魏晋南北朝隋唐史资料》第 25 辑，武汉大学文科学报编辑部 2009 年版，第 1—18 页。

王子今，2014，《长沙五一广场出土待事掾王纯白事木牍考议》，《简帛》第九辑，上海古籍出版社 2014 年版，第 293—300 页。

王子今、张荣强，2006，《走马楼简牍"私学"考议》，《吴简研究》第 2 辑，崇文书局 2006 年版，第 67—82 页。

西林昭一，2000，《中國新出土の書十選》，《創玄》第 85 號，2000 年，第 86—109 页。

西林昭一，2004，總合監修《湖南省出土古代文物展：古代中國の文字と至寶》，每日新聞社、(財) 每日書道會，2004 年 9 月。

西林昭一，2009，责任编集《简牍名迹选 2 湖南篇（二）〈前汉·后汉·三国吴〉虎溪山前汉简·东牌楼后汉简·走马楼吴简（他）》，二玄社，2009 年 3 月。

谢桂华，2001，《中国出土魏晋以后汉文简纸文书概述》，《简帛研究 2001》，广西师范大学出版社 2001 年版，第 546—559 页。

熊曲，2014，《长沙走马楼吴简行书探析》，《中国书法》2014 年第 10 期，第 84—109 页。

徐畅，2015a，《走马楼吴简竹木牍的刊布及相关研究述评》，《魏晋南北朝隋唐史资料》第 31 辑，上海古籍出版社 2015 年版，第 25—74 页。

徐畅，2015b，《释长沙吴简"君教"文书牍中的"掾某如曹"》，《简帛研究 2015 秋冬卷》，广西师范大学出版社 2015 年版，第 231—236 页。

徐畅，2016，《走马楼吴简所见孙吴乡劝农掾的再研究——对汉晋之际乡级政权的再思考》，《文史》2016 年第 1 辑，第 23—50 页。

杨小亮，2013，《"本事"签牌考索》，《齐鲁学刊》2013 年第 4 期，第 48—50 页。

伊藤敏雄，2001，《長沙走馬楼簡牘調查見聞記》，《長沙吳簡研究報告》第 1 集，東京，2001 年 7 月，第 94—109 页。

伊藤敏雄，2013，《長沙吳簡中の生口壳買と「估錢」徵收をめぐって——「白」文書木牘の一例として——》，《歷史研究》50 號，2013 年 3 月，第 97—128 页。

伊藤敏雄，2014，《長沙吳簡中の「叩頭死罪白」文書木牘小考——文書木牘と竹簡との編綴を中心に——》，《歷史研究》51 號，2014 年 3 月，第 29—48 页。

伊藤敏雄，2015，《长沙吴简中的〈叩头死罪白〉文书木牍》，楼劲主编：《魏晋南北朝史的新探索：中国魏晋南北朝史学会第十一届年会暨国际学术研讨会论文集》，中国社会科学出版社 2015 年版，第 624—644 页。

张永强，2014，《长沙吴简考察记》，《中国书法》2014 年第 5 期，第 106—118 页。

一 举文书

(1) 定名：嘉禾二年十一月一日监下关清公掾张闾举私学弟子周基文书

解题：木牍，在长沙简牍博物馆。Ⅲ区最底层·原编号2618，库藏号068515，拍照号71。尺寸23.7×7.2×0.6厘米。存文三行。

【图】未见。【文】伊藤敏雄2013，第105页。凌文超2014a，第45、49页。

释文：

1 私学弟子南郡周基，年廿五，字公业，任吏，居
2 在西部新阳县下。
3 　　　　嘉禾二年十一月一日，监下关清公掾张闾举。

(2) 定名：（嘉禾二年）十一月十五日右郎中窦通举私学谢达文书

解题：木牍，在湖南省博物馆。采集，原编号2617，发掘报告图44，拍照号372。尺寸24.0×5.9×0.7厘米。存文三行。

【图】《发掘简报》彩版贰：2。《发掘报告》，图四四。西林昭一2000，图11。《新中国书迹》，107页。《湖湘书法》，71页。【文】《发掘简报》，第20页。《发掘报告》，第34页。

释文：

1 私学长沙刘阳谢达，年卅一，居临湘
2 都乡立沂丘。
3 　　　　十一月十五日，右郎中窦通举。

(3) 定名：嘉禾二年十一月一日监长沙邸阁右郎中张儁举私学弟子区小文书

解题：木牍，在长沙简牍博物馆。竹简·玖，揭剥图一·4（一），图版、释文三九〇三（一），库藏号068354，拍照号197。尺寸24.3×4.1×0.5厘米。存文三行。

【图】《吴简书法》，第87—90页。【文】《吴简书法》，第87页。

释文：

1 私学弟子攸县广阳乡区小，年廿五，能书画，有父兄温厚。
2 属监刘弈，居在下鄀丘。
3 　　小亲父名 声，即为小监。　嘉禾二年十一月一日，监长沙邸阁右郎中张儁 移。

这类文书，胡平生1999定名为"举荐版"，《发掘简报》《发掘报告》归入与名籍相关的文书，王素1999称为"举"文书，西林昭一2000称为"谢达名刺"，侯旭东2001b称为"举状"，關尾史郎2005归入私学木牍，伊藤敏雄2013认为属于"举"木牍。凌文超2014a归于私学类木牍中的"举"文书，认为应是官吏举私学时所写举状，而他所复原的私学名籍Ⅱ，应是据举状书写的；他还指出，举状亦有写在竹简上的情况①。

本书从一般认识，将相关木牍定义为嘉禾二年底属吏举私学文书。依据以上三牍，"举"文书的一般格式可归纳为：

私学/私学弟子＋籍贯＋姓名＋年龄＋（字）＋（相关情况）＋居所
（某年）某月某日举主吏职＋姓名举

举文书的作成，系由于嘉禾二年十一月底临湘侯国内部的举私学活动。吴简中私学问题的研究可谓层出不穷，热闹非凡，主要是围绕1. 什么样的人可给私学或被举为私学，2. "举"的含义，涉及到私学的身份地位，3. 私学的主管机关这几个问题展开。竹简与"举"文书木牍刊布初期，王素1999、秦晖2003等的观点是，私学由逃亡户口产生，非国家正户，属于遗脱，"举"非胡平生所谓"举荐"之意，可理解为"没入""检举""举报"；王素还指出私学应为地方豪强之依附人口。侯旭东2001b，王子今、张荣强2006则提出应重视私学的求学仕进之意。

随着资料的刊布，学界的争论仍在继续。牍·190号中记录私学索簪与"与州卒潘止同居共户，本乡领民，不应给私学"，王素、宋少华2009据以确认私学属于非国家正户，但他们也发现了临湘本地编户为私学的简例，提示私学问题的复杂性。到底何种身份的人可以为私学？凌文超2014a解释了

---

① 如双面书写的《竹简》〔肆〕之4383号。

· 58 ·

这一问题。他先梳通了 190 号与正户民给私学的扞格，指出由于"簹"与州卒同居共户，他应给州卒，或服与州卒相近吏役，牍文所谓"不应给私学"并非由于"簹"为正户民，而是由于他有服役限制；由此提出，成为私学的途径有二，一是由功曹主持的举私学，对象为遗脱，即逃亡人口，由吏推举，会被发遣诣宫或大屯；二是由户曹操办的给私学，对象为正户民，仅在当地服役。

凌文超还对已经刊布的 6 枚与私学相关木牍进行了分类，本书归为举文书类的牍·71、372 号，他称为官吏举私学时所写的举状；"叩头死罪白"类木牍中的 375、190、168 号，他归为审查、搜求私学的诉讼文书；"君教"类木牍中与私学相关的 169 号，他称之为私学期会（集议）文书；在分类基础上，复原了临湘侯国举私学的文书行政过程。对于"举"的含义，凌文超 2019 据竹简肆·4632 "选举私学"的记载，最终厘定为选举、推举、举荐之意。

关于私学的身份，是形同逃户、依附人口、诸吏，还是具有儒者身份？凌文超 2014a 据木牍 71 号中"任吏"的记载，168 号私学张游在始安县读书事，169 号私学由修行主管等判断，私学需有一定的知识、德行、修养，应熟悉为吏技能，这与传世文献中的私学并非绝然不同。而在《竹木牍》卷中与私学有关的 197、223 号文书都提示私学需有书画技能[①]，可见吴简中的私学应具有知识人身份。

二 "叩头死罪白"文书

（一）与私学相关

(4) 定名：十二月十五日南乡劝农掾番琬白为发遣私学番倚诣廷事

解题：木牍，采集，在长沙简牍博物馆。原编号 2695，发掘报告图 41，拍照号 375。尺寸 23.6×6.0×0.9 厘米。此为正面，背面无字。

【图】《发掘简报》，彩版肆。《发掘报告》图四一。西林昭一 2000，图 11。【文】《发掘报告》，第 34 页。《发掘简报》，第 20 页。凌文超 2014a，第 49—50 页。王素、宋少华 2014，第 71 页。

释文：

---

① 223 号未刊，收入《长沙走马楼三国吴简·竹木牍》，待刊。

长沙走马楼三国孙吴简牍官文书整理与研究

　　1 南乡劝农掾番琬叩头死罪白：被曹敕，发遣吏陈晶所举私学番

　　2 倚诣廷言。案文书：倚一名文。文父广奏辞："本乡正户民，不为遗脱。"辄

　　3 操黄簿审实，不应为私学。乞曹列言府。琬诚惶诚恐，叩头死罪

　　4 死罪。　　　　　　　　　　　　诣功曹。

　　5 　　　　　　　　　　　　十二月十五日庚午白。

（5）定名：广成乡劝农掾黄原白为摄录私学索箪诣廷文书

　　解题：木牍，在长沙简牍博物馆。发掘Ⅱ区第 19 盆，库藏号 068347，拍照号 190。尺寸 24.7×3.3×0.6 厘米。此为正面，存文三行。

　　【图】原拟收入《竹简》〔柒〕（柒·总 54116 [2]），后因故剔除，今未见。【文】王素、宋少华 2009，第 16 页。凌文超 2014a，第 50 页。

　　释文：

　　　　1 广成乡劝农掾黄原叩头死罪白：被曹敕，摄録私学索箪诣廷言。案文书：箪

　　　　2 名专。与州卒潘止同居共户，本乡领民，不应给私学。愿乞列言。原诚惶诚恐，叩头死

　　　　3 罪死罪。

（6）定名：十一月十五日都市掾潘羜白为推求私学张游发遣诣屯事

　　解题：木牍，在长沙简牍博物馆。竹简·肆，揭剥图二十二·27（一），图版、释文四五五〇（一），库藏号 068326，拍照号 168。尺寸 24.5×7.7×0.6 厘米。此为正面，存文六行，背面无字。

　　【图】《竹简》〔肆〕，第 507 页。【文】《竹简》〔肆〕，第 731 页。凌文超 2014a，第 50 页。

　　释文：

　　　　1 都市掾潘羜叩头死罪白：被曹敕，推求私学南阳张游发遣诣屯言。案文书，辄推问游外王母大女戴

　　　　2 取，辞：游昔少小，随姑父陈密在武昌。密以黄龙元年被病物

· 60 ·

第一章 三国孙吴竹木牍官文书的集成与分析

故。游转随姊①聟〔婿〕州吏李恕。到今年六月三日，游来戴②

3 取家。其月十三日，游随故郭将子男钦上到始安县读书，未还。如取辞，就③曹列言，督④南部追摄，仍诣□□□

4 屯。又游无有家属应诡课者，谨列言。㧑诚惶诚恐，叩头死罪死罪。

5 　　　　　　　　　　　　　　　　　　　　诣户曹⑤。

6 　　　　　　　　　　　　　　　　　　　十一月十五日辛丑白。

（7）定名：十一月十九日小武陵乡劝农掾文腾白为发遣私学烝阳诣廷事

解题：木牍，在长沙简牍博物馆。Ⅲ区最底层·原编号2616，库藏号068244，拍照号69。尺寸24.3×6.2×0.8厘米。此为正面，背面无字。

【图】未刊。【文】伊藤敏雄2001，第107页。

释文：

1 小武陵乡劝农掾文腾叩头死罪白：戊戌记曰：各以何日被壬寅书，发遣州所

2 白私学烝阳诣廷，并隐核人名户籍与不，从来积久，素无到者，隐核知有户籍，

3 皆会月十五日言。案文书：辄部岁伍谢踪隐核阳，今踪关言：阳，本乡政户民，单

4 身，与妻汝俱居乡亿坪丘，素不遗脱，当录阳送诣廷。阳为家私使□，竟（?）

5 以负税米诣州中仓，输入未还，尽力绞促。踪须阳还，送诣廷，复言。腾诚

6 惶诚恐，叩头死罪死罪。　　　　　　　　　　　　　诣功曹。

---

① 原录作"姊"，据图版改。
② 据红外图版，应有一"戴"字。
③ 原阙录，据红外图版补。
④ 原阙录，据红外图版补。
⑤ 原释作"户"，凌文超2019据审实吏陈晶所举私学木牍之"诣功曹"，以此处亦当为"功曹"，然审红外图版，仍当释为"户"。

· 61 ·

7　　　　　　　　　　　　　　　十一月[十九]日[甲]□白。

(8) 定名：十一月廿四日南乡劝农掾番琬白为摄召私学刘银诣廷事
　　解题：木牍，在长沙简牍博物馆。竹简·伍，揭剥图二十二·131（一），图版、释文三七二六（一），库藏号068379，拍照号170。尺寸23.9×8.2×0.5厘米。此为正面，存文五行，背面无字。
　　【图】《竹简》〔伍〕，第399页。【文】《竹简》〔伍〕，第806页。
　　释文：

　　　　1 南乡劝农掾番琬叩头死罪白：被曹勅，摄召私学刘银将送诣廷言。
　　　　2 案文书，辄部岁伍李[孙][等]录银。孙今关言："银，[本][乡]正户民，不为收散。"愿曹
　　　　3 列言府。琬诚惶诚恐，叩头死罪死罪。
　　　　4　　　　　　　　　　　　　　　诣　　功　　曹。
　　　　5　　　　　　　　　　　　　　　十一月廿四日庚戌白。

　　（二）与许迪案相关
(9) 定名：五月七日录事掾潘琬白为重考实许迪割食盐贾米事
　　解题：木牍，在长沙简牍博物馆。采集·原编号2539，库藏号068540，拍照号224。尺寸25.1×9.1×0.6厘米。此为正面，存文六行，第五行为大字草书。牍面有两道编绳痕迹。
　　【图】西林昭一2004，第93页。《三国吴简》（三），第29—32页。《湖湘简牍》，第284—285页。王素、宋少华2014，第55—57页。骆黄海2014，第111页。【文】王素、宋少华2014，第55页。骆黄海2014，第111页。徐畅2015a，第33—34页。
　　释文：

　　　　1 录事掾潘琬死罪白：关启：应府曹召，坐大男许迪见督军支辞，言不
　　　　2 [割]食所领盐贾米一百一十二斛六斗八升。郡曹启府君，执鞭录

事掾

　　3 陈旷一百，杖琬卅，敕令更五毒考迪。请敕旷及主者掾石彭考实

　　4 迪，务得事实。琬死罪死罪。

　　5　然考人当如官法，不得妄加毒痛［一］。

　　6　　　　　　　　　　　　　　五月七日壬申白［二］。

【简注】［一］"然考人当如官法，不得妄加毒痛"为浓墨草书批语。

［二］依据与许迪案相关的其他三枚木牍（牍·34、50、353），此件当白于嘉禾五年五月七日。

（10）定名：十一月廿八日录事掾潘琬白为审实吏许迪割盗盐米事

解题：木牍，在长沙简牍博物馆。采集·原编号2501，库藏号030000，拍照号34。尺寸24.8×7.8×0.6厘米。此为正面，存文七行。牍面有两道编绳痕迹。

【图】未见。【文】王彬2014，第79—80页。伊藤敏雄2015，编号4。徐畅2015a，第34页。

释文：

　　1 录事掾潘琬死罪白：被敕，重考实吏许迪坐割盗盐米意。状言：案文书，重实

　　2 核，迪辞：卖余盐四百廿六斛一斗九升八合四勺，得米二千五百六十一斛六斗九升，前列草

　　3 言郡，但列得米二千四百卅九斛一斗［一］，余米一百一十二斛六斗八升，迪割用饮食。前见

　　4 都尉，虚言用备摘米，迪实割用米。审实。谨列迪辞状如牒，乞曹列言。琬

　　5 诚惶诚恐，叩头死罪死罪。

　　6　　　　　　　　　　　　诣　金　曹。

　　7　　　　　　　　　十　一　月　廿　八　日　白［二］。

【简注】［一］"斗"当作"升"。
［二］依据与许迪案相关的其他三枚木牍（牍·50、224、353），此件当白于嘉禾五年十一月廿八日。

(11) 定名：二月十九日录事掾潘琬白为考实许迪毕服辞结罪事

解题：木牍，在长沙简牍博物馆。发掘报告图35，原编号2540，库藏号029999，拍照号50。尺寸25.0×9.5×0.7厘米。此为正面，存文八行。牍面有两道编绳痕迹。

【图】《发掘简报》，彩版叁：2。《发掘报告》，图四二。《三国吴简》（四），第23—28页。【文】《发掘简报》，第20页。《发掘报告》，第34页。王素、宋少华2015，第279—282页。徐畅2015a，第35页。

释文：

  1 录事掾潘琬叩头死罪白：过四年十一月七日，被督邮勑，考实吏许迪。輙与核事吏赵谭、

  2 都典掾烝若、主者史李珠，前后穷核考问。迪辞：卖官余盐四百廿六斛一斗九升八合四勺，得米

  3 二千五百六十一斛六斗九升，已二千四百卌九斛一升，付仓吏邓隆、谷荣等。余米一百一十二斛六斗八升，迪割

  4 用饮食不见。为廖直事所觉后，迪以四年六月一日，备①入所割用米毕，付仓吏黄瑛受。

  5 前录见都尉，知罪深重，诣言：不割用米。重复实核，迪故下辞，服割用米。审。前后搒押迪凡百

  6 卌下，不加五毒，据以迪今年服辞结罪，不枉考迪。乞曹重列言府。傅前解，谨下启。琬诚

  7 惶诚恐，叩头死罪死罪。

  8 若［一］。   二月十九日戊戌白［二］。

【简注】［一］"若"字为浓墨草书批字。

---

① 原释为"偷"，今据图版改。

[二] 依据与许迪案相关的其他三枚木牍（牍·34、224、353），此件当白于嘉禾六年二月十九日。

(12) 定名：四月廿一日中贼曹掾陈旷白为据科治许迪罪事

解题：木牍，采集，在长沙市文物考古研究所。原编号2673，拍照号353。尺寸24.8×8.0×0.8厘米。牍面有两道编绳痕迹。

【图】《发掘简报》，图二五右。【文】王彬2014，第81—82页。徐畅2015a，第36页。

释文：

1 中贼曹掾陈旷叩头死罪白：被曹勑，考实大男许迪，知断用所卖官盐贾米一百一十二斛六斗

2 八升，与不言。案文书，被勑，辄考问。迪辞：所领盐贾米一百一十二斛六斗八升，迪自散用饮食尽。

3 县前结迪斩罪，惧怖罪重，支辞虚言，以米雇擿，令弟冰持草归家改定。迪手下辞，不以米

4 雇擿，自割食米。审实。谨列见辞状如牒，请以辞付本曹，据科治罪，谨下启白。旷诚惶诚

5 恐，叩头死罪死罪。

6 若［一］。　　　　　　　　　　　四月廿一日白［二］。

【简注】［一］"若"为浓墨草书批字。
［二］依据与许迪案相关的其他三枚木牍（牍·34、50、224），此件当白于嘉禾六年四月廿一日。

（三）其他

(13) 定名：十一月廿二日中乡劝农掾五蕊被敕列处男子龙攀正户民文书

解题：木牍，在长沙简牍博物馆。发掘Ⅰ区·原编号2607，库藏号068380，拍照号225。尺寸24.2×6.8×0.5厘米。此为正面，存文五行。

【图】《吴简书法》，第24—28页。【文】《吴简书法》，第24页。凌文超2019，第31页。

释文：

    1 中乡劝农掾五蕊叩头死罪白：被曹勑，列处男子龙攀是正户 民
    2 与 不，分别言。案文书，攀本乡民，过年占上户牒，谨列言。蕊诚惶
    3 诚恐，叩头死罪死罪。
    4   诣　功　曹。
    5   十一月廿二日庚戌白。

（14）定名：八月四日从掾位刘钦列贷官税禾为种粮民人名文书

    解题：木牍，在长沙简牍博物馆。竹简·肆，揭剥图十七·11（一），图版、释文三九〇四（一），库藏号068321，拍照号163。尺寸24.4×7.5×0.8厘米。此为正面，存文四行，背面无字。

    【图】《竹简》〔肆〕，第427页。王素、宋少华2014，第78—91页。【文】《竹简》〔肆〕，第716页。

    释文：

    1 从掾位刘钦叩头死罪白：　　谨达所出二年税禾，给 貣（贷）民为三年种粮，谨罗列
    2 人名为簿如牒，请以付曹拘　校。钦惶怖，叩头死罪死罪。
    3   诣　仓　曹。
    4   八　月　四　日　白。

（15）定名：嘉禾六年四月七日都市史唐玉条列私买卖生口者收责估钱文书

    解题：木牍，在长沙简牍博物馆。竹简·肆，揭剥图八·45（一），图版、释文一七六三（一），库藏号068320，拍照号162。尺寸24.9×9.3×1.2厘米。此为正面，存文六行，背面无字。

    【图】西林昭一2009。《竹简》〔肆〕，第210页。蒋维2014，第64—68页。【文】《竹简》〔肆〕，第663页。凌文超2014c，第74页。蒋维2014，第64页。

释文：

1 都市史唐玉叩头死罪白：被曹勑，条列起嘉禾六年正月一日讫三月卅日吏民所

2 私卖买生口者，收责估钱言。案文书，辄部会郭客料实。今客辞：男子

3 唐调、雷逆、郡吏张桥各私买生口合三人，直钱十九万，收中外估具钱一万九千。谨

4 列言。尽力部客收责逆、调等钱，传送诣库，复言。玉诚惶诚恐，叩头死罪死罪。

5 　　　　　　　　　　　　诣　　金　　曹。

6 　　　　　　　　　　　　四　月　七　日　白。

"叩头死罪白"文书，《发掘简报》中提到有州、郡、县（国）各级官府之间、各部门之间往还文书木牍，长 23.4－25、宽 6－6.9，厚 0.6－0.9cm，即指此类文书。对最先刊布的 50 号木牍讨论较多，王素 1999 将其定性为"关白"类上行文书。后越来越多的官文书木牍得以刊布，内容涉及考实许迪案，审实、搜求私学，隐核方远客人，收取私买生口估钱，罗列贷官粮贫民人名等多种政务；關尾史郎 2005、伊藤敏雄 2013 倾向于按事务将其分为多类，而伊藤敏雄氏提出"白"文书的分类，审查已刊 12 枚官文书木牍，虽内容各异，但共同点皆以县吏（包括乡劝农掾等）"叩头死罪白"开始，以"诚惶诚恐（叩头）死罪死罪""白"结束。

据蔡邕《独断》，群臣上书于天子时，有"表"一种文体，"不需头，上言臣某言，下言臣某诚惶诚恐，稽首顿首死罪死罪，左方下附曰某官臣某甲上。"[①] 以"叩头死罪"表示一种下对上的行文关系。汉代不仅群臣与天子，各级行政机构中下级向上级汇报事务，亦多以"叩头死罪"开头和结尾，但"叩头死罪"后跟动词，常见的是"敢言之"，见于西北汉简及长沙简揭示的基层官文书，如"元始六年二月丁亥居延甲渠候放免冠叩

---

① 文本据［日］福井重雅编《訳注〈西京雑記〉〈独断〉》，東方書店 2000 年版，第 225 页。

头死罪死罪敢言之初除诣"（E. P. T40：10）①，与许迪案相关的竹简，"嘉禾四年十一月丙子朔九日甲申核事掾赵谭这贵叩头死罪敢言之□被曹敕考核大男许迪坐割□盗用所典盐贾米一百一十二斛六斗八升……"（捌·4081＋4238）。

而长沙所出五一广场简、走马楼吴简中，存在一部分"叩头死罪"＋"白"的上行文书。"白"，禀告之意，秦汉时多用于书信的开头和结尾，表示写信人的陈述。书信中还常见"白记"，陈槃曰："白者，奏白，记者，书记；白事之牒曰白记。"②

为何有的上行文书用"叩头死罪敢言之"，而有的用"叩头死罪白"，观察吴简中12枚"白"文书③，其一般格式可归纳为

　　　　某某掾＋姓名叩头死罪白：被曹/督邮敕，……案文书，辄…………
　　　　列言（府）/以辞付本曹。……。某诚惶诚恐，（叩头）死罪死罪。
　　　　　　　　　　　　　　　　　　　　　　　　　诣某曹/长官批示
　　　　　　　　　　　　　　　　　　　　　　　　　某月某日白

此类文书由县吏（在县廷某掾或外派的劝农掾）上呈，行文对象通常为县廷某曹，而需经过长吏（县令）的批示。五一广场简中亦有两例由待事掾上呈明廷（即县）的"叩头死罪白"文书。關尾史郎2013a提出，"白事"（即"叩头死罪白"）文书在同一官府（如同县）内部进行；藤田胜久2018指出，"某敢言之"是一种具有较强正式性的上呈文书格式（适用于县内、县外），而白文书具有县级内部政务部署使用文书的性质，是一种简略的呈报文书；王子今2014则认为白文书可以超越某一官府机关"内部"的限定，甚至可以直接送达最高执政者。

---

① 甘肃省文物考古研究所、甘肃省博物馆、文化部古文献研究室、中国社会科学院历史研究所编：《居延新简——甲渠候官与第四燧》，文物出版社1990年版，第86页。
② 对"白记"的解释，参读杨芬《出土秦汉书信汇校集注》，博士学位论文，武汉大学历史学院，2010年，第44页。
③ 笔者于木牍中共查找到"叩头死罪白"文书木牍12件，而2014年9月参加中国魏晋南北朝史学会第十一届年会，蒙伊藤敏雄先生赐示《长沙吴简中的〈叩头死罪白〉文书木牍》一文，亦罗列此类木牍10种，但其小类划分、录文等皆与本书有异，特此说明，不敢掠美。

三 破荚保据文书

(16) 定名：嘉禾四年八月廿六日东乡劝农掾殷连条列州吏父兄人名年纪文书

解题：木牍，在长沙简牍博物馆。采集·原编号2543，发掘报告图34，库藏号068366，拍照号209。尺寸24.3×3.3×0.5厘米。顶端有同文符号。

【图】《发掘简报》，彩版三：1。《发掘报告》，图三四。【文】《发掘简报》，第19页。《发掘报告》，第32页。凌文超2017，第84页。

释文：

  1▯X东乡劝农掾殷连〔言〕：被书，条列州吏父兄人名、年纪为簿。辄料核乡界，州吏二人，父

  2▯X兄二人，刑踵、叛走，以下户民自代。谨列年纪以审实，无有遗脱。若有他官所觉，连

  3▯X自坐。嘉〔一〕四年八月廿六日破荚保据。

【简注】〔一〕"嘉"后脱"禾"字。

(17) 定名：嘉禾四年八月廿六日广成乡劝农掾区光条列州吏父兄子弟状处人名年纪文书

解题：木牍，在长沙简牍博物馆。采集·原编号2546，发掘报告图35，库藏号068538，拍照号57。尺寸24.4×3.7×0.7厘米。顶端有同文符号。

【图】《发掘简报》，彩版肆：1。《发掘报告》，图三五。【文】《发掘简报》，第19页。《发掘报告》，第32页。

释文：

  1▯X广成乡劝农掾区光言：被书，条列州吏父兄子弟状、处、人名、年纪为簿。辄隐核乡

  2▯X界，州吏七人，父兄子弟合廿三人。其四人刑踵聋欧病，一

· 69 ·

人被病物故，四人真身已送及

  3‖X随本主在官，十二人细小，一人限佃，一人先出给县吏。隐核人名、年纪相应，无有遗脱。

  4‖X若后为他官所觉，光自坐。嘉禾四年八月廿六日破菀保据。

(18) 定名：嘉禾四年八月廿六日广成乡劝农掾区光条列军吏父兄子弟状处人名年纪文书

  解题：木牍，在长沙简牍博物馆。采集第31盆·原编号2721，库藏号068506，拍照号216。尺寸25.1×4.6×0.9厘米。顶端有同文符号，并有朱笔痕。此为正面，背面似有墨迹。

  【图】《吴简书法》，第29—32页。【文】《吴简书法》，第29页。

  释文：

  1‖X广成乡劝农掾区光言：被书，条列军吏父兄子弟状、处、人名、年纪为簿。辄料核乡界，军吏

  2‖X五人，父兄子弟合十七人。其四人老钝刑盲踵病，一人官限佃客，一[人]为獭狩所害敫，一人给郡吏，九人

  3‖X细小，一人给限佃客，下户民代。隐核人名、年［一］相应，无有遗脱。若后为他官所觉，光自坐。嘉禾四年八月廿六

  4‖X日破菀保据。

【简注】［一］"年"后脱"纪"字。

(19) 定名：嘉禾四年八月廿六日都乡劝农掾郭宋条列军吏父兄子弟人名年纪文书

  解题：木牍，在湖南省博物馆。采集，原编号2547，拍照号376。尺寸26.5×3.3×0.5厘米。顶端有同文符号。

  【图】西林昭一2004，第95页。【文】西林昭一2004，第157页。凌文超2017，第84—85页。

  释文：

  1‖X都乡劝[农]掾郭宋言：被书，条[列]军吏父兄子弟人名、年纪

为簿。辄隐核乡界,军吏 八 人,父兄 子

2‖× 弟合十一人。其一人被病物故,四人叛走,定见六人。其三人跰踵,二人守业,已下户民自代,一人

3‖× 给 吏 。隐核人名、年纪、死、叛相应,无有遗脱。若为他官所觉,宋自坐。嘉禾四年八月廿六日破莂

4‖× 保据。

(20) 定名:嘉禾四年八月廿六日南乡劝农掾谢韶条列乡界州吏父兄子弟年纪状处文书

解题:木牍,在长沙简牍博物馆。竹简·捌,揭剥图八·78-1,图版、释文三三四二(1),库藏号068350,拍照号193。尺寸24.3×3.6×0.5厘米。顶端有同文符号。

【图】《竹简》〔捌〕,第411页。【文】《竹简》〔捌〕,第732页。

释文:

1‖× 南乡劝农掾谢韶被书,条列乡界州吏父兄子弟 年 一以上状、处为簿。辄部岁伍潘祇、谢

2‖× 黄、臣力、谢琕、陈鲁等条乡领州吏父兄子弟合十二人。其二人被病物故,一人先给郡吏,一人老

3‖× 钝[一]刑盲,七人细小。谨破莂保据,无有遗脱、年纪虚欺,为他官所觉,韶自坐。嘉禾四年

4‖× 八月廿六日破莂保据。

【简注】[一]人数不合,应有误。疑"刑盲"前脱"一人"。

(21) 定名:嘉禾四年八月廿六日平乡劝农掾区光条列军吏父兄子弟状处人名年纪文书

解题:木牍,在长沙简牍博物馆。采集·原编号2544,库藏号068523,拍照号56。尺寸24.9×3.3×0.6厘米。顶端有同文符号。此为正面,存文四行。背面似有墨迹。

【图】在长沙简牍博物馆展厅展出。【文】凌文超2019,第107页。

释文：

　　1ⅡX平乡劝农掾区光言：被书，条列军吏父兄子弟状、处、人名、年纪为簿。辄隐核乡界，军吏

　　2ⅡX十八人，父兄子弟合七十八人。其一十八人老钝刑盲踵瘨☒病☒，一☒十☒四人被病物故；十一人各前后叛走；一人

　　3ⅡX先给郡吏；四人随本吏在官；☒三☒人给子弟佃帅，为官限佃；五人任☒给☒吏；三人吏父，老钝；☒十☒九人细小。

　　4ⅡX隐核人名、年纪、☒死☒、叛相应，无有遗脱。若后为他官☒所☒觉，光自坐。嘉禾四年八月廿六日破莂保据。

嘉禾四年八月，临湘侯国为清查辖内州、军吏家户男性成员叛走、物故、疾病等情况以为保质，派劝农掾在各乡审核；而劝农掾工作完毕后，将诸乡州、军吏父兄子弟状、处、人名、年纪的情况上报，呈文末尾有"无有遗脱""若后为他官所觉，本人自坐"的保证语，即"破莂保据"木牍，一般格式可归纳为：

　　ⅡX某乡劝农掾+姓名言：被书，条列军/州吏父兄子弟（状、处）人名、年纪为簿，

　　ⅡX辄隐核/料核乡界，军/州吏○人，父兄子弟合○人，其○人○○，○人○○……，

　　ⅡX无有遗脱……若为他官所觉……某自坐，○年○月○日破莂保据。

这类木牍刊布较早，较受学界关注，《发掘简报》《发掘报告》归为关于名籍内容的简牍，并介绍其一般长23-23.5、宽4-5、厚0.4-0.8厘米，呈黄褐色，木牍上端绘有"同"字或同等意义的符号，一侧尚保留用金属器划切的痕迹，结语经常使用"破莂保据"字样，为剖莂分券使用，有上、下两道编痕，编绳已朽[①]。侯旭东2001a认为其结束语有保证调查

---

① 《发掘简报》，第19页。

情况属实，如有不实情愿自坐的意思，与唐代的乡户口帐制作背景相同，因文书末尾时间正当案比，称之为"户籍检核文书"。關尾史郎2005将其归入"年纪簿作成木牍"，2006又归入"叛走人名簿"。

随着都乡劝农掾郭宋木牍（牍·376）的刊布，学界将殷连、区光、郭宋三件合称"劝农掾条列军州吏等人名年纪三文书"，王素2009对三文书进行了全面考释，最后认为应归属于户籍文书中的括户文书。此后又有都乡、南乡、平乡劝农掾破莂保据的三件文书发表，凌文超2017指出这类木牍有两道编痕，为呈文，应与隐核州、军吏父兄子弟簿进行编联，而木牍文书破莂保据一式两份，相应的附件州、军吏父兄子弟簿也应制作两份，方可隐核（进行簿书对比）；徐畅2016则指出这次行动涉及到临湘侯国辖内的所有乡，而某乡劝农掾通常负责两乡（或多乡）辖内州、军吏及家属的统计工作。

另外值得一提的是，此类文书中，乡劝农掾的隐核对象皆为州、军吏，注意到吴简中还有汇总到县的郡、县吏父兄子弟情况，如"入县所领下州郡县吏十九人父兄子弟合卅八人"（叁·1781），相信亦有针对郡、县吏家的隐核与破莂保据。

四 "君教"文书

（22）定名：嘉禾三年正月七日君教文书

解题：木牍，在长沙简牍博物馆。竹简·陆，揭剥图四十四·186-1，图版、释文四二七七①，库藏号068340，拍照号183。尺寸23.6×4.6×0.6厘米。此为正面，背面似有墨迹。

【图】《竹简》〔陆〕，第524页。【文】《竹简》〔陆〕，第832页。
释文：

```
1          九日去 [一]。
2 君教。    若 [二]。    丞追捕何贼，期会掾烝若、录事掾陈旷校。
3                主簿    省。嘉禾三年正月七日白，出钱付吏李珠籴米事。
```

【简注】[一]"九日去"为批字，或为丞因捕贼离署的具体日期。
[二]"若"为浓墨勾勒。

(23) **定名：嘉禾三年正月十五日君教文书**

解题：木牍，在长沙简牍博物馆。竹简·柒，揭剥图十五·147（一），图版、释文二一二四①，库藏号068342，拍照号185。尺寸23.7×4.2×0.6厘米。此为正面，背面无字。

【图】《竹简》〔柒〕，第250页。【文】《竹简》〔柒〕，第779页。

释文：

1　　重校。
2 君教。　　　　丞琰［一］如掾，掾烝循如曹，期会掾烝　若校。
3　　已核［二］。主记史陈　嗣［三］省。嘉禾三年正月十五日白，嘉禾二年起四月一日讫闰月卅日杂米旦簿草。［四］

【简注】［一］"琰"为签署。
［二］"重校""已核"为批字。
［三］"嗣"为签署。
［四］据陈垣《魏蜀吴朔闰异同表》，嘉禾二年闰五月。张培瑜《魏蜀吴朔闰异同表》同。

(24) **定名：嘉禾三年五月五日君教文书**

解题：木牍，在长沙简牍博物馆。竹简·玖，揭剥图十二·132（一），图版、释文四四二四①，库藏号068389，拍照号234。尺寸24.3×4.1×0.4厘米。此牍正背双面书写。

【图】《吴简书法》，第48—50页。【文】《吴简书法》，第48页。

释文：

（正面）
1 君教。　　丞　　如掾，期会掾烝若、录事掾谷　水校。
2　　　　主簿　省。嘉禾三年五月五日白，二年闰月所言府众期草刺白事［一］。
（背面）
1 已刺［二］。

【简注】［一］据陈垣《魏蜀吴朔闰异同表》，嘉禾二年闰五月。张培瑜

《魏蜀吴朔闰异同表》同。

［二］"已刺"为批字。

（25）定名：嘉禾三年五月十二日君教文书

解题：竹牍，在长沙简牍博物馆。发掘，竹简·陆，图版、释文四六五九，库藏号047693。尺寸23.2×3.0×0.26厘米。

【图】《竹简》〔陆〕，第563页。【文】《竹简》〔陆〕，第840—841页。

释文：

　　1 □教。　已出。　丞出给民种粻，掾烝循、潘栋如曹，期会掾烝　、录事掾谷水校。

　　2　　　已校［一］。　主簿　省。　嘉禾三年五月十二日白，库领杂钱起嘉禾二年四月一日讫闰月卅日一时簿。

【简注】［一］"已出""已校"为草书批字。

（26）定名：嘉禾三年五月十三日君教文书

解题：竹牍，在长沙简牍博物馆。采集，竹简·贰，图版、释文二五七，库藏号010802。尺寸22×3.2×0.26厘米。从中间纵向断裂。

【图】《竹简》〔贰〕，第31页。【文】《竹简》〔贰〕，第722页。

释文：

　　1 君教。　丞出给民种粻，掾烝□如曹，期会掾烝　、录事掾谷水校。

　　2　　　　　主簿　　省。　嘉禾三年五月十三日白［一］，三州仓领杂米起嘉禾元年七月一日讫九月卅日一时簿。

【简注】［一］"白"原释为"付"，据红外图版改。

（27）定名：嘉禾三年五月十三日君教文书

解题：木牍，在长沙简牍博物馆。发掘Ⅰ区第3盆，库藏号068322，拍照号164。尺寸23.6×3.7×0.8厘米。此为正面，背面无字。

【图】《吴简书法》，第54—56页。【文】《吴简书法》，第54页。

释文：

1 君教。　丞出给民种粮，如曹，期会掾烝　、录事掾谷　校。

2　　　主簿　　　　　　　省。嘉禾三年五月十三日白，库领品市布起
　　　　　　　　　　　　　嘉禾元年九月讫十一月卅日一时簿。

(28) **定名：嘉禾三年五月十三日君教文书**

解题：木牍，在长沙简牍博物馆。竹简·伍，揭剥图一·37（一），图版、释文一一〇①，库藏号068535，拍照号165。尺寸23.6×3.6×0.5厘米。此为正面，背面似有墨迹。

【图】《竹简》〔伍〕，第14页。【文】《竹简》〔伍〕，第729页。

释文：

1 君教。　丞出给民种粮，如曹，期会掾烝若［一］、录事掾谷水［二］校。

2　　　已出［三］。　主簿　　　　省。嘉禾三年五月十三日白，库领品市布起嘉禾元年十二月一日讫卅日一时簿。

【简注】［一］"若"为签署。
［二］"水"为签署。
［三］"已出"为批字。

(29) **定名：嘉禾三年五月十三日君教文书**

解题：木牍，在湖南省文物考古研究所。发掘Ⅰ区7-10盆，原编号2604，拍照号359。尺寸23.4×3.9×0.6厘米。上部有朱笔痕迹。

【图】未刊。【文】伊藤敏雄2001，第108页。

释文：

1 君教。　已核。　丞出给民种粮，如曹，期会掾烝　、录事掾谷　校。

2　　　已[出]［一］。　主簿　　　省。嘉禾三年五月十三日白，库领品市布起
　　　　　　　　　　　　　　　　　　嘉禾二年六月讫八月卅日一时簿。

· 76 ·

【简注】［一］"已核""已[出]"为批字。

(30) **定名：嘉禾三年五月十三日君教文书**

解题：木牍，在长沙简牍博物馆。竹简·陆，揭剥图五十一·4-1，图版、释文五四二二①，库藏号068341，拍照号184。尺寸23.9×4.2×0.5厘米。牍上部有朱笔书写。此为正面，背面似有墨迹。

【图】《竹简》〔陆〕，第649页。【文】《竹简》〔陆〕，第859页。
释文：

  1 君教。　已校。　　丞出给民种粻，掾烝　如曹，期会掾烝若、录事掾谷水校。
  2　已核　已出［一］。　主簿　　省。嘉禾三年五月十三日白，三州仓领杂米起嘉禾二年九月一日讫卅一日一时簿。

【简注】［一］"已校""已核""已出"为批字。

(31) **定名：嘉禾三年五月十三日君教文书**

解题：木牍，在长沙简牍博物馆。竹简·捌，揭剥图七·10-1，图版、释文二七八八①，库藏号068349，拍照号192。尺寸23.2×3.5×0.5厘米。此为正面，背面无字。

【图】骆黄海2014，第114—116页。【文】骆黄海2014，第114页。
释文：

  1　已校［一］。
  2　君教。已[校]。　　丞出给民种粻，掾烝循如曹，期会掾烝　、录事掾谷水校。
  3　重核已出［二］。主簿　　省。嘉禾三年五月十三日白，州中仓领杂米起嘉禾二年九月一日讫十一月卅日一时簿。

【简注】［一］"已校"为朱笔批字。
［二］"已[校]""重核已出"为墨批。

(32) 定名：嘉禾三年五月十三日君教文书

解题：木牍，在长沙简牍博物馆。竹简·捌，揭剥图七·42-1，图版、释文二八二〇①，库藏号068348，拍照号191。尺寸23.2×3.5×0.5厘米。此为正面，背面无字。

【图】张永强2014，第114—115页。《竹简》〔捌〕，第345页。【文】《竹简》〔捌〕，第718页。

释文：

1　　　已 校 [一]。

2 君教。已出。丞出给民种粻，掾烝循[二]如曹，期会掾烝 、录事掾谷水[三]校。

3　　已核[四]。　　主簿　　省。嘉禾三年五月十三日白，州中仓领杂米起嘉禾二年十二月一日讫卅一日时簿。

【简注】[一]"已 校 "为朱笔批字。
[二]"循"为签署。
[三]"水"为签署。
[四]"已出""已核"为批字。

(33) 定名：嘉禾三年五月十五日君教文书

解题：木牍，在长沙简牍博物馆。发掘Ⅲ区第25盆，库藏号068390，拍照号235。尺寸24.1×3.7×0.5厘米。此牍正背双面书写。

【图】张永强2014，第116—118页。《吴简书法》，第60—61页。【文】《吴简书法》，第60页。

释文：

（正面）
1 君教。　　丞　如掾，期会掾烝若，录事掾谷　水校。
2　　　　　主簿　省。嘉禾三年五月十五日白，二年正月所言众期草刺白事。

（背面）
1 已刺[一]。

【簡注】〔一〕"已刺"為批字。

(34) 定名：(嘉禾)三年五月十六日君教殘文書

解題：竹牘，藏長沙簡牘博物館。採集，竹簡·肆，圖版、釋文·一六四三，庫藏號031643，尺寸6.6×1.1×0.16厘米。此件殘，應為一枚"君教"類竹牘斷裂開之部分。

【圖】《竹簡》〔肆〕，第197頁。【文】《竹簡》〔肆〕，第660頁。關尾史郎2014a，第112頁。關尾史郎2014b，編號11。關尾史郎2015。

釋文：

　　　☐三年五月十六日白，中倉☐☐
　　　☐三年四月一日訖五月十五日一時簿。

(35) 定名：嘉禾三年五月廿九日君教文書

解題：木牘，在長沙簡牘博物館。採集第31盆·原編號2725，庫藏號068537，拍照號87。尺寸24.3×4.2×0.9厘米。此為正面，背面無字。

【圖】《吳簡書法》，第62頁。【文】《吳簡書法》，第62頁。

釋文：

1　君教。　　丞　如掾，掾烝循如曹，期會掾烝若、錄事掾谷水校。
2　　　　　　主簿　　　　　　　省。嘉禾三年五月廿九日白，嘉禾元年雜限米已入未畢白事。

(36) 定名：嘉禾三年五月某日君教文書

解題：木牘，在長沙簡牘博物館。J22第三層·原編號2625，報告黑白版5，庫藏號068248，拍照號74。尺寸24×4.1×0.4厘米。此為正面，背面無字。

【圖】《發掘報告》黑白圖版六之五。【文】未見。

釋文：

1　君教。　丞　如掾，掾烝循如曹，期會掾烝若、錄事掾谷水校。

2　　　　　主簿　　　　　　省。嘉禾三年五月□□……
　　　　　　　　　　　　　　　　□□□……。

(37) 定名：嘉禾三年七月卅日君教文书

解题：木牍，在长沙简牍博物馆。采集·原编号2549，库藏号068362，拍照号205。尺寸23.6×3.4×0.3厘米。此为正面，背面无字。

【图】熊曲2014，第98—99页。【文】熊曲2014，第99页。

释文：

1　君教。　已核　已校［一］。丞如掾，掾烝循如曹，期会掾烝若、录事掾谷水校。

2　　　　　已出［二］。　　　主簿　省。嘉禾三年七月卅日白，嘉禾元年租税杂限米已入未毕白事。

【简注】［一］"已校"为朱笔批字。
［二］"已核""已出"为墨笔批字。

(38) 定名：嘉禾四年五月廿七日君教文书

解题：木牍，在长沙简牍博物馆。竹简·陆，揭剥图十一·20-1，图版、释文六二五①，库藏号068337，拍照号180。尺寸23.4×3.8×0.5厘米。此为正面，背面无字。

【图】《竹简》〔陆〕，第82页。【文】《竹简》〔陆〕，第744页。

释文：

1　君教　若［一］。　　丞灰固还官，掾烝循、潘栋、谷水如曹，都典掾烝若、录事掾潘琬［二］校。

2　　　已巳［三］。　主簿尹　桓［四］省。嘉禾四年五月廿七日乙巳白。

【简注】［一］"若"为浓墨勾勒。
［二］"琬"为签署。
［三］"已"为批字。
［四］"桓"为签署。

(39) **定名：嘉禾四年五月廿八日君教文书**

解题：木牍，在长沙简牍博物馆。竹简·陆，揭剥图二十三·125 - 1，图版、释文二一九二①，库藏号068339，拍照号182。尺寸23.8×4.0×0.5厘米。此为正面，背面无字。

【图】《三国吴简》（四），第29—32页。《湖南简牍》，第488页。
【文】《三国吴简》（四），第29页。《湖南简牍》，第509页。凌文超2014a，第59页。關尾史郎2014b，编号2。關尾史郎2015。

释文：

  1　君教　若［一］。　丞灰固还官，掾烝循、潘栋如曹，都典掾烝若、录事掾潘琬校。
  2　　　　　已［二］。　主簿尹　桓省。　嘉禾四年五月廿八日乙巳白。

【简注】［一］"若"为浓墨勾勒。
［二］"已"为批字。

(40) **定名：嘉禾四年六月十五日君教文书**

解题：木牍，在长沙简牍博物馆。竹简·陆，揭剥图三·18 - 1，图版、释文一〇〇①，库藏号068336，拍照号179。尺寸23.8×4.5×0.5厘米。此为正面，背面似有墨迹。

【图】《竹简》〔陆〕，第15页。【文】《竹简》〔陆〕，第733页。

释文：

  1 君教　若［一］。　丞灰固还官，掾烝循如曹，录事掾潘琬［二］校。
  2　　　　　　主簿尹　桓省。　嘉禾四年六月十五日白。

【简注】［一］"若"为浓墨勾勒。
［二］"琬"为签署。

(41) **定名：嘉禾四年七月十日君教文书**

解题：木牍，在长沙简牍博物馆。竹简伍，揭剥图一·1（一），图版、释文七三，库藏号068330，拍照号173。尺寸23.7×4.4×0.5厘米。此为正面，背面无字。

【图】《中国书法》2014年第5期，封面，局部图。骆黄海2014，第118—119页。【文】张永强2014，第112页。骆黄海2014，第118页。

释文：

1 君教　　　　丞庆固还官，录事掾潘琬校。
2　　若［一］。　主簿尹　　桓省。嘉禾四年七月十日丁卯白。

【简注】［一］"若"为浓墨勾勒。

（42）定名：嘉禾四年八月廿二日君教文书

解题：木牍，在长沙简牍博物馆。竹简·柒，揭剥图三十·2（一），图版、释文三一九七①，库藏号068343，拍照号186。尺寸24.3×4.4×0.5厘米。此为正面，背面无字。

【文】《竹简》〔柒〕，第807页。關尾史郎2014b，编号7。關尾史郎2015。【图】《竹简》〔柒〕，第373页。

释文：

1 君教　若［一］。　丞缺，　录事掾潘　琬［二］校。
2　　　　兼主簿蔡　忠［三］省。嘉禾四年八月廿二日兼田曹史恭捐白，料诸乡粢租已入未毕事。

【简注】［一］"若"为浓墨勾勒。
［二］"琬"为签署。
［三］"忠"为签署。

（43）定名：嘉禾五年三月六日君教文书

解题：木牍，在长沙简牍博物馆。发掘Ⅱ区第22盆，库藏号068351，拍照号194。尺寸24.2×4.7×0.4厘米。此为正面，背面无字。

【图】《吴简书法》，第71—73页。【文】《吴简书法》，第71页。

释文：

第一章　三国孙吴竹木牍官文书的集成与分析

```
1  君教。      丞      纪如掾，录事掾潘琬、典田掾烝若校。
2              主记史栂        综省。  嘉禾五年三月六日白，
                                      四年田顷亩收米斛数草。
```

（44）定名：某年正月二日君教文书

解题：木牍，在长沙简牍博物馆。竹简·柒，揭剥图三十五·12（一），图版、释文四二三六①，库藏号068344，拍照号187。尺寸23.7×3.9×0.5厘米。此为正面，存文两行，背面无字。

【图】《竹简》〔柒〕，第499页。【文】《竹简》〔柒〕，第832页。

释文：

```
1  君教  若［一］。     丞他坐，期会掾烝若、录事掾谢韶校。
2              主簿郭   宋省。  正月二日丁巳白。
```

【简注】［一］"若"为浓墨勾勒。

（45）定名：某年正月七日君教文书

解题：木牍，在长沙简牍博物馆。采集·原编号2764，库藏号068514，拍照号90。尺寸24.4×4.3×0.4厘米。此为正面，存文两行，背面无字。

【图】熊曲2014，第94—95页。《吴简书法》，第74—76页。【文】熊曲2014，第94页。《吴简书法》，第74页。

释文：

```
1  君教［一］。   丞他坐，期会掾烝若、录事掾谢  韶校。
2            主簿郭   宋省。  正月七日戊辰白。
```

【简注】［一］"君教"上覆盖有浓墨勾勒。

（46）定名：某年五月十七日君教文书

解题：木牍，在长沙简牍博物馆。竹简·伍，揭剥图四十四·42（一），图版、释文七三六七①，库藏号068330，拍照号177。尺寸23.7×

·83·

4.4×0.5 厘米。此为正面,背面无字。

【图】《竹简》〔伍〕,第 715 页。【文】《竹简》〔伍〕,第 879 页。

释文:

  1　君教　若〔一〕。　丞戌固还官,录事掾潘　琬〔二〕校。
  2　　　　主簿尹　　　　　桓省。五月十七日白。

【简注】〔一〕"若"为浓墨勾勒。
〔二〕"琬"为签署。

(47) 定名:某年十二月四日君教文书

  解题:木牍,在长沙简牍博物馆。竹简·柒,揭剥图三十七·1(一),图版、释文四三七九①,库藏号068346,拍照号189。尺寸23.7×4.5×0.8 厘米。此为正面,存文两行,背面无字。

【图】《竹简》〔柒〕,第 517 页。【文】《竹简》〔柒〕,第 837 页。關尾史郎 2014b,编号 9。關尾史郎 2015。

释文:

  1　君教　若〔一〕。　丞他坐,期会掾烝　若、录事掾谢韶校。
  2　　　　主簿郭　　宋省。　十二月四日甲午白。

【简注】〔一〕"若"为浓墨勾勒。

(48) 定名:某年十二月廿一日君教文书

  解题:木牍,在长沙简牍博物馆。竹简·肆,揭剥图二十四·130(一),图版、释文四八五○①,库藏号068327,拍照号169。尺寸23.8×4.0×0.6 厘米。此为正面,背面无字。

【图】《竹简》〔肆〕,第 544 页。【文】《竹简》〔肆〕,第 737 页。

释文:

  1 君教　若〔一〕。丞　琰〔二〕如掾,期会掾烝若,录事掾陈旷校。
  2　　　兼主簿刘　　恒省。十二月廿一日白,从史位周基所举私学 张 游 正 户民不应发遣事,修行吴赞 主 。

· 84 ·

【简注】［一］"若"为浓墨勾勒。
［二］"琰"为签署。

(49) 定名：君教文书

解题：竹牍，在长沙简牍博物馆。发掘，竹简·陆，图版、释文五八六九。库藏号048903，尺寸22.7×3.3×0.58厘米。

【图】《竹简》〔陆〕，第698页。【文】《竹简》〔陆〕，第870页。

释文：

  1 君教。 丞出给民种粮，掾烝循、潘栋如曹，期会掾烝 、录事掾谷水校。
  2   主簿   省。……领杂钱起嘉禾二年……簿。

(50) 定名：君教残文书

解题：木牍，在长沙简牍博物馆。采集·原编号2561，发掘报告图40，库藏号068275，拍照号105。尺寸24.3×1.5×0.3厘米。此为正面，存文一行。背面无字。

【图】宋少华1998，封三·中·左。王素、宋少华2014，第76—77页。骆黄海2014，第114页。【文】宋少华1998，第9页。《发掘简报》，第20页。骆黄海2014，第114页。

释文：

  1   主记史潭超省。

(51) 定名：君教残文书

解题：竹牍，在长沙简牍博物馆。采集，竹简·贰，图版、释文六八七一，右半残断，库藏号017416，尺寸15.3×1.3×0.27厘米；采集，竹简·贰，图版、释文六九二一，左半残缺，库藏号017466，尺寸22.9×1.8×0.27厘米；此两枚竹简为一枚竹牍断裂开之部分，今拼合。

【图】《竹简》〔贰〕，第553、559页。【文】《竹简》〔贰〕，第857—858页。

释文：

　　1 君教。　已核。　丞出给民种粮，掾烝　、潘　如曹，期会掾烝　、录事掾谷　校。

（52）定名：君教残文书

解题：竹牍，在长沙简牍博物馆。发掘，竹简·肆，图版、释文一五五〇，库藏号031550。尺寸14.7×1.5×0.25厘米。此件右半边似残缺，应为一枚"君教"类竹牍断裂之部分。

【图】《竹简》〔肆〕，第190页。【文】《竹简》〔肆〕，第658页。

释文：

　　1　已出。
　　2　　　主簿　省。

（53）定名：君教残文书

解题：竹牍，在长沙简牍博物馆。发掘，竹简·肆，图版、释文一六四四，库藏号031644。尺寸22.4×2.5×0.36厘米。此件左半边残缺，应为一枚"君教"类竹牍断裂开之部分。

【图】《竹简》〔肆〕，第197页。【文】《竹简》〔肆〕，第660页。

释文：

　　1　　　已核（？）
　　2 君教。　丞出给民种粮，掾烝　如曹，期会掾烝　、录事掾谷　校。

这类木牍此前虽有零星刊布，但真正引起学界注意是《竹简》〔肆〕〔柒〕出版之后，公布了不少以"君教"开头，以门下掾校、主簿、主记史省结束的审查文书，写在木质或竹质材料上。伊藤敏雄2003总结了这类文书体式，以"君教"开头，以"校"结束，"君"指郡太守，当属审查期会类文书。凌文超2014a首次对169号与举私学相关君教类文书进行了通解，指出"君教"为吴简中固定公文用语，"君"为敬称，指临湘侯相，"教"为下行文书，系长官对下的告谕；"丞如掾"，"如"为往、去之意，"掾"

·86·

作动词办理、处理解;"期会掾"为吴简中首见,主记史亦可催期会;"录事掾"负责书记,"校"为核查、审阅文书之意,君教文书展示的是临湘县廷期会的行政程序。王振华 2014 不同意凌文超对"丞如掾"的解释,认为"如"为会同之意,即丞会同掾一起处理相关事务,"掾如曹"即会同曹处理相关事务,君教简是县政务处理完毕后的记录,作为摘要呈侯相批示。

目前已刊的各类君教文书,还有"丞出给民种粮"(牍·191)、"丞灰固还宫"(牍·173、182)、"丞他坐"(牍·187、189)等记录,系交待侯国丞是否在署正常处理政务,若不在,注明行踪事由;"如掾"二字,当从凌文超解,为前往处理事务之意。而"掾某如曹",徐畅 2015b 解释为临湘侯国(县廷)某曹之掾史到曹办公,侯国内部常会合长吏、属吏对此前一定时期内的簿书、草刺进行审核,参与其中的除侯相、丞、主簿、期会掾、录事掾外,还包括与本次期会所处理事务、校阅文书密切相关的曹司负责人。

角谷常子也对君教类木牍的程序、专用语、官职作了全面解析,提示其显示了长官与属吏之间的行政关系、合作,是今后应开展的话题;她注意到四川发现的东汉《邛都安斯乡表》中已有"行丞事常如掾""主簿司马追省""府君教诺"这样的表述①,提示我们从东汉来追溯君教类文书的渊源。

關尾史郎 2014b 对长沙吴简中的君教文书进行总合研究,共收集到教文书 11 例;在众人关注的长吏、属吏工作记录之下,他重点关注了文书牍左下侧小字书写的白文,内容包括县诸曹、仓库向县廷提出的簿书,双行小字的白文仅相当于上报簿书的表题简(或者说是摘要),理论上,所白之簿书应作为状,附于君教木牍之后。相对于角谷氏观点,關尾氏将"教"的使用下拉,以吴简对比分析五胡时代吐鲁番文书中所见"教",指出当时"教"已广泛运用于地方长官下达文书中;解析了吐鲁番下行公文"符"与"教"的相互关系。

根据上述研究,以下尝试复原"君教"文书的一个较完整的体式:

---

① 角谷常子编:《東アジアの木簡學のために》,汲古书院,2014 年 4 月,5—32 页;吉木布初、关荣华:《四川昭觉县发现东汉石表和石阙残石》,《考古》1987 年第 5 期,434—437 页;凉山彝族自治州博物馆、昭觉县文管所:《四川凉山州昭觉县好谷乡发现的东汉石表》,《四川文物》2007 年第 5 期,第 82—89 页。

　　　　君教　若。　　　丞某如掾，掾某如曹，期会掾某某、录事掾某某校。

　　　　　　　主簿/主记史某省。　某年某月某日白⋯⋯⋯⋯
　　　　　　　　　　　　　　　　白事/一时簿。

由于君教文书中存在着侯国长吏、属吏的不同签署和勾校，大部分学者以其展示了期会的行政过程；而侯旭东2017却认为，君教简由不同的吏在不同时间分别经手，相当于侯国门下牵头制作的事务处理的转单，基本不存在现实中的集体会议。

君教文书的载体有木牍和竹牍两种，皆有上下两道刻线，由于竹质脆弱，又在中间划以刻线，极易造成竹牍的纵向断裂，由一枚完整的君教文书断为若干残简；在已刊采集简、发掘简中，存在不少书写内容为君教文书或其中一部分（属吏勾校、白省）的竹简；以下将相关竹简释文及编号罗列，待确认是否可归为竹牍，或为竹牍纵向断裂开的一部分，或为竹简①。

　　　　☑主簿　　　　　　　　省　（贰·658）②
　　　　☑主簿　　　　　省☑（贰·882）
　　　府君教　　　☑（贰·3620）
　　　　☑　　期会掾烝　　录事掾☑　　水校☑（贰·5536）
　　　　☑☑☑烝　若录事掾☑（贰·7153）
　　　　☑领主簿烝若　省（贰·7228）
　　　　☑省　嘉禾三年四月一日讫五月十五日 一时簿 ③
　　　　　　已校　（叁·1573）
　　　　　君④ 教 已校　丞出给民种粻掾烝　潘　如 曹 ☑（叁·2056）
　　　　　　　 已校

---

① 对"君教"文书残简的罗列，主要参考關尾史郎2014b的成果，他认为这些未必全是竹牍，亦有一部分是竹简。
② 本书征引走马楼吴简之竹简，皆于释文后括注所属卷数＋整理出版号，如无特殊情况，不再注明该简在原书中之页码。
③ "十五日"后原缺释，今据图版改。
④ 起首一字原录作"仓"，据图版改。

☐兼①主簿尹　桓省☐（叁·4056）

☐　尹桓省　☐（叁·4120）

☐　如②曹　期会掾☐（叁·5600）

主簿　　　　省（叁·5668）

主簿刘　恒☐（肆·1274）

期会掾烝若录事掾陈旷校（肆·1305）

……主记史梅　综　　省（肆·4213）

主簿郭　宋省（柒·67）

君教　嘉禾二年正月四日潘乔☐（柒·112）

兼录事③掾潘琬校（柒·2647）

主簿☐☐　　　省（柒·4124）

五　签牌④

（54）定名：右仓曹签牌

解题：签牌，在长沙简牍博物馆。竹简·陆，揭剥图四十四·205-1，图版、释文四二九六①，库藏号068414，拍照号259。尺寸8.5×3.3×0.4厘米。下部及左上部略有残损。

【图】《竹简》〔陆〕，第527页。【文】《竹简》〔陆〕，第833页。

释文：

1　　　　　吏许计某
2　右仓曹　湘关渍米二千
3　　　　　五百卅八斛八斗本〔事〕

---

① 原释为"傅"，据图版改。
② 原释为"文"，据图版改。
③ 原释为"曹"，据图版改。
④ 签牌为简册的标题，故整理时未加标点，特予以说明。

(55) 定名：**嘉禾元年仓田曹签牌**

解题：签牌，在长沙简牍博物馆。竹简·陆，揭剥图三十三·5-1，图版、释文二五二一①，库藏号068418，拍照号263。尺寸11.6×4.4×0.4厘米。

【图】《竹简》〔陆〕，第310页。【文】《竹简》〔陆〕，第787页。

释文：

1　　　　嘉禾元年租税
2　仓田曹　杂领米本事

(56) 定名：**嘉禾某年右仓田曹签牌**

解题：签牌，在长沙简牍博物馆。竹简·陆，揭剥图三十二·70-1，图版、释文二五一六①，库藏号068401，拍照号246。尺寸12.0×4.5×0.3厘米。

【图】《竹简》〔陆〕，第309页。【文】《竹简》〔陆〕，第787页。

释文：

1　　　　　列嘉禾二年贫民贷
2　右仓田曹　食米种领入所付
3　　　　　授吏姓名及收息
4　　　　　未毕斛数本事

(57) 定名：**兵曹签牌**

解题：签牌，在长沙简牍博物馆。采集，原编号2580，发掘报告图37，拍照号371。尺寸11.1×3.4×0.3厘米。

【图】《发掘报告》，图37。【文】《发掘报告》，第32、37页。凌文超2011，第162页。

释文：

1　兵曹　徙作部工师及
2　　　　妻子本事

(58) 定名：**嘉禾某年诸曹签牌**

解题：签牌，在长沙简牍博物馆。采集·原编号2576，库藏号068420，拍照号265。尺寸10.4×3.7×0.5厘米。

【图】《吴简书法》，第112—113页。【文】《吴简书法》，第112页。

释文：

1　　　　　烝循所列嘉禾
2　　诸曹掾　三年杂钱出
3　　　　　用余见本〔事〕

(59) 定名：**元年九月诸曹签牌**

解题：签牌，在长沙简牍博物馆。竹简·柒，揭剥图三十九·5（一），图版、释文四四七六①，库藏号068403，拍照号248。尺寸8.2×3.2×0.4厘米。

【图】《竹简》〔柒〕，第530页。【文】《竹简》〔柒〕，第840页。

释文：

1　　　　　元年九月所言府
2　　诸曹　　众期钱米杂物
3　　　　　草刺事

(60) 定名：**二年三月诸曹签牌**

解题：签牌，在长沙简牍博物馆。发掘Ⅲ区第26盆，库藏号068411，拍照号256。尺寸7.9×3.1×0.5厘米。

【图】《吴简书法》，第111页。【文】《吴简书法》，第111页。

释文：

1　　　　　二年三月所言府众期
2　　诸曹　　钱米杂物草
3　　　　　刺事

(61) **定名：诸曹签牌**

解题：签牌，在长沙简牍博物馆。采集，原编号2601，拍照号367。尺寸7.1×3.2×0.5厘米。

笔者2019年4月在长沙简牍博物馆所见，并做录文。

释文：

1　　　　　闰月一日讫卅日所
2　诸曹　　言府众期钱
3　　　　　米草刺事〔一〕

【简注】〔一〕据陈垣《魏蜀吴朔闰异同表》，孙吴嘉禾年间，嘉禾二年闰五月，嘉禾五年闰二月。

(62) **定名：嘉禾二年三月中仓签牌**

解题：签牌，在湖南省博物馆。采集，原编号2696，拍照号373。尺寸7.3×3.3×0.3厘米。正背双面书写。

【图】《吴简书法》，第115页。【文】《吴简书法》，第115页。

释文：

（正面）
1 中仓　　　吏黄讳起
2　　　　　嘉禾二年三月
（背面）
1 中仓　　　所受三州仓运
2　　　　　嘉禾元年杂米莂

(63) **定名：嘉禾二年中仓签牌**

解题：签牌，在长沙简牍博物馆。竹简·柒，揭剥图四十一·1（一），图版、释文四七〇七①，库藏号068463，尺寸7.4×3.4×0.3厘米。正背双面书写。正面有朱笔涂痕。

【图】《竹简》〔柒〕，第547页。【文】《竹简》〔柒〕，第845页。

释文：

（正面）
1 中仓　　　　　吏黄讳潘虑
2　　　　　　　　嘉禾二年月旦
（背面）
1 中仓　　　　　簿

（64）定名：嘉禾三年五月中仓签牌

解题：签牌，在长沙市考古所。采集，原编号2587，发掘报告图32，拍照368。尺寸6.8×3.9×0.4厘米。正背双面书写。

【图】《发掘报告》，图32。【文】《发掘报告》，第31页。

释文：

（正面）
1　　　　　　　　吏黄讳潘
2　中仓　　　　　虑嘉禾
3　　　　　　　　三年月旦
（背面）
1　　　　　　　　簿起正月
2　中仓　　　　　讫五月十五
3　　　　　　　　日所入

（65）定名：五年三州仓签牌

解题：签牌，在长沙简牍博物馆。竹简·捌，揭剥图四十二·115－1，图版、释文三七九五①，库藏号068415，拍照号260。尺寸9.3×4.4×0.4厘米。

【图】《竹简》〔捌〕，第468页。【文】《竹简》〔捌〕，第743页。

释文：

1　三州仓　　　　市吏五年租
2　吏孙仪　　　　税杂米斛数
3　　　　　　　　草本事

93

(66) 定名：**嘉禾三年三月库签牌**

　　解题：签牌，在长沙简牍博物馆。发掘Ⅰ区第9盆，库藏号068444，拍照号289。尺寸8.0×4.1×0.8厘米。正背双面书写。

　　【图】《吴简书法》，第117—118页。【文】《吴简书法》，第117页。

　　释文：

（正面）
1　　　　　吏殷连起嘉
2　库　　　禾元年七月讫
3　　　　　三年三月卅日
（背面）
1　　　　　所受嘉禾元
2　库　　　年杂皮䈥

(67) 定名：**嘉禾三年五月库签牌**

　　解题：签牌，在长沙简牍博物馆。竹简·柒，揭剥图四十一·114（一），图版、释文四八二〇①，库藏号068448，拍照号293。尺寸7.1×3.2×0.3厘米。正背双面书写。

　　【图】《竹简》〔柒〕，第561页。【文】《竹简》〔柒〕，第847页。

　　释文：

（正面）
1　库　　　吏殷连潘
2　　　　　䈥起二年七月
（背面）
1　　　　　讫三年五月十五日
2　库　　　所受嘉禾二年
3　　　　　品市布䈥

(68) 定名：**嘉禾某年四月库签牌**

　　解题：签牌，在长沙简牍博物馆。发掘Ⅱ区第21盆，库藏号068437，拍照号282。尺寸7.8×3.5×0.5厘米。正背双面书写。

【图】《吴简书法》，第 115 页。【文】《吴简书法》，第 115 页。
释文：

（正面）
1　库　　　　　吏殷连起正
2　　　　　　　月讫四月卅日
（背面）
1　库　　　　　所受嘉禾二
2　　　　　　　年古麻菥

(69) **定名：小武陵乡签牌**

解题：签牌，在长沙简牍博物馆。Ⅲ区最底层·原编号2620，发掘报告图38，库藏号068530，拍照号154。尺寸7.0×3.1×0.3厘米。正背双面书写。

【图】《吴简书法》，第 121—122 页。【文】《吴简书法》，第 121—122 页。

释文：

（正面）
1　小武陵乡　贫民氀（贷）食
　　　　　　　今余禾所付
（背面）
1　小武陵乡　守录人名
　　　　　　　本　　簿

(70) **定名：小武陵乡签牌**

解题：签牌，在长沙简牍博物馆。竹简·陆，揭剥图十三·159-1，图版、释文一一八六①，库藏号068440，拍照号285。尺寸7.4×3.3×0.6厘米。正背双面书写。

【图】《竹简》〔陆〕，第 146 页。【文】《竹简》〔陆〕，第 755 页。
释文：

（正面）

1　　　　　　贫民儣（贷）食
2　小武陵乡　元年杂禾人
3　　　　　　名斛数簿
（背面）
1　　　　　　已写［一］

【简注】［一］"已写"为批字。

　　签牌通常是作为各曹、各部门保留的定期文书的标题而存在。吴简发现之初，整理者即从扰乱的简牍中清理出包括"兵曹徒作部工师及妻子本事"在内的若干种签牌；随着采集简与发掘简各卷的陆续刊布，据笔者统计，各种途径发表的签牌多达17枚，顶部书某曹、仓、库或某乡，而主体部分为该部门所掌定期文书的标题；常见有诸曹有关钱、米、杂物、草刺的月旦簿、一时簿，三州、州中仓领各类米的出入、余见簿，库领布、钱、皮等物的出入、余见簿，某曹及乡所掌特种名籍等等。
　　一部分签牌，作为标题的内容结尾有"本事"二字，杨小亮2013对其中"本事"的含义进行了研究，指出"本事"即"原事"之义，即原本发生的基本事实。书明"本事"之签牌，其所辖内容（所对应简册）只是能反映事件基本事实的各种公文原件或抄本的汇编，而不包括公文券书在流转过程中各级机构附加的批文及行转命令。

第三节　关于木牍与竹简的编联问题

　　以往中外学者围绕居延汉简等西北简开展过册书复原与集成研究，奠定了简牍文书学的学术基础，提出了简册集成的若干原则与标准①。但这些是否适用于长沙古井所出吴简？或者说对吴简的册书复原是否有借鉴意

---

① ［英］迈克尔·鲁惟一：《汉代行政记录》（上），于振波、车金花译，广西师范大学出版社2005年版，第20—22页。［日］永田英正：《居延汉简研究》（上），张学锋译，广西师范大学出版社2007年版，第37—39页。［日］大庭脩：《汉简研究》，徐世虹译，广西师范大学出版社2001年版，第10—13页。

义？凌文超在进行采集简簿籍复原过程中，给出了他的思考，提出吴简文书学的特殊性，特别指出大庭脩曾经提出的"材料同一"原则，"竹简与木牍无法编联成册书"的判断①，恐不适用于吴简②。据考古工作者的介绍，我们了解到，J22井窖中，现存竹简放置在井窖中部偏南的位置，竹简里夹杂着部分木牍，考古将简牍分为四区，除Ⅳ区是位于井窖南部表层的大木简外，Ⅰ、Ⅱ、Ⅲ区竹简中皆混有木牍，也就是说，竹简与木牍的原始状态可能是编联在一起的，又共同废弃③。

《发掘简报》指出"破莂保据"类木牍有上、下两道编痕，谢桂华2001注意到这个信息，提出木牍作为上呈报告的主件，还当有经过核实后制作的州吏父兄子弟人名、年纪簿，作为附件，与主件同时呈报。侯旭东2001a确认了"破莂保据"类木牍可编联，并进一步指出殷连、区光两木牍应是两册簿书的首枚简。王素2009认为加上郭宋三文书均可与相关人名簿编联。伊藤敏雄2013亦确认了隐核三文书两道编痕的存在。但一直到不久前才有学者从事州、军吏父兄子弟簿的整理工作。凌文超2017对采集简中集中出现的州、军吏父兄子弟简进行了全面的收集与排比，指出簿书由诸乡分别编制，联成全县簿册，但由于人名简未记乡名，难以按乡整理出这些簿书，因而无法将东乡、广成乡州吏、都乡军吏父兄人名簿与三文书木牍独立编联；不过他还是努力找到了与牍·209对应的东乡州（故）吏何息交纳税米及家口成员的记录④。凌文超又提出，假如具备编联条件，木牍亦非簿书首简，而是作为呈文排列在末尾。

"破莂保据"类木牍编联未能取得突破进展，而《竹简》〔肆〕〔柒〕所附揭剥图则为发掘简中木牍与竹简的编联提供了有用信息。考古工作者在揭剥过程中，发现竹简中包夹木牍、木楬等物时，在无法弄清楚两者关系情况下，《竹简》〔肆〕的处理方法是在该坨竹简的首位简或末尾简的编号后增加一个分号⑤，而《竹简》〔柒〕的处理方法是在距该木牍最近

---

① 〔日〕大庭脩：《汉简研究》，第12—13页。
② 凌文超：《走马楼吴简簿书复原整理刍议》，《历史学评论》第1辑，社会科学文献出版社2013年版，第250—262页。
③ 《发掘简报》，第5—7页。
④ 《竹简》叁·219、236、441，肆·985。
⑤ 《竹简》〔肆〕下册之"总说明"，第757页。

的一枚竹简编号后缀加分号①，后者能更真实地保存二者在古井窖简层中的相对位置。《竹简》〔肆〕揭剥图八（Ⅰc1①）、图十七（Ⅰc2⑤）、图二十一（Ⅰc3④）、图二十二（Ⅰc3④下）、图二十四（Ⅰc3⑥）当中皆包含木牍②。

關尾史郎2014a认为《竹简》〔肆〕揭剥图十七中整理号3894—3904①的12枚简牍内容相似，可编联为"贷官种粮民人名簿"，而木牍3904①中提及的"谨达所出二年税米禾，给贷民为三年种粮，谨罗列人名为簿如牒"，正说明人名簿作为附件之牒与木牍编联一同上呈。伊藤敏雄2014又拣出位置相对较远的3885、3893号，作为集计简，亦可与木牍编联，指出簿书通常由标题简、账簿文书简与集计简三部分组成。

《竹简》〔肆〕揭剥图二十一正中是都乡劝农掾郭宋条列乡界方远（聚）居民的木牍4523①，而其上、下围绕19枚竹简（整理号4505—4523），伊藤敏雄2014、凌文超2014b都认为是姚达等三户口食十三人的人名年纪簿，可与木牍缀合，伊藤先生另列出与此相关的3枚标题简（4458、4474、4492），但竹简内容漫漶，所列尚未发现可归为姚达、诚裕、赵式三户的家口。

凌文超2014a认为《竹简》〔肆〕揭剥图二十二、二十三中竹简多为私学简，而图二十四底端有私学木牍，这三坨简牍编号连续，位置相邻，整理号4550①、4850①两枚私学木牍很可能是从同一"私学簿"中离散的，与竹简可编为册书；但未找到推求私学张游与周基所举私学某的对应简例，未进行实际编联操作。

迄今为止成功进行木牍、竹简编联的案例是依据《竹简》〔肆〕揭剥图八所做的编联工作。该图下部（详本书图1-1），1763①号木牍（示意图编号45-1）上方紧贴着1758-1763号（示意图编号40-45）6枚竹简，而与其上的阳贵里户人名籍简独立。竹简与木牍不仅位置紧挨，且同样记录着都市史唐玉汇报的嘉禾六年正月至三月吏民买卖生口收取估钱情况。關尾史郎2013a注意到了这一情况，将1758-1763的6枚竹简合缀为完整的一个事件，纠正了竹简录文中的错误，并指出定名为"吴嘉禾六年四月都市史唐玉白收送中外估具钱事"的木牍中提到要条列六年第一季的

---

① 《竹简》〔柒〕下册之"说明"，第878页。
② 分别见《竹简》〔肆〕，第772、785、792、795页。

收责估钱情况,而竹简正是"列言"的详细内容,木牍中出现的三个人唐调、雷逆、张桥买卖生口的情况,分别见于《竹简》〔肆〕的1759、1761、1763三号,首次将木牍与竹简编联。

伊藤敏雄2013对關尾先生检出的6枚竹简与木牍在形制上的关系做了进一步的分析,测量竹简编痕两道之间间隔为8-8.3cm,而木牍两道编痕间隔8.5cm,认为应该是编在一起的。至于具体的编联次序,伊藤先生考察揭剥图,木牍的背面由左至右为6枚简,故木牍应置于开始处右侧,左侧为6枚简顺次编联。

凌文超2014c在日本学者之外进行了"私生口估税呈送牍"与"私生口估税簿"的复原与研究工作,除编联与复原文书行政过程外,他还结合揭剥图中简牍,字面同向并紧贴的情况,推测该简册弃置井窖时并未收卷,而是字面同向地铺开,后因其他原因,木牍平移至竹简下方,故而木牍应编联在竹简簿册之后(之左),这一看法较伊藤氏有所推进。凌氏还吸取了侯旭东先生的意见[①],进一步指出,簿册在前,呈文在后,应是吴简簿书编排的基本体例。伊藤敏雄2014亦据永田英正对居延简"永元兵物簿"及"守御器簿"的复原工作,修正了此前对木牍与簿册缀合顺序的判断,结论同凌说。

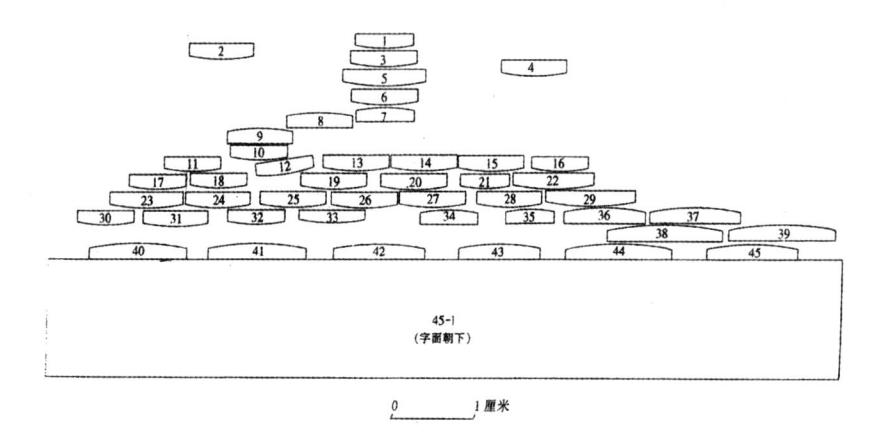

图1-1 《竹简》〔肆〕揭剥图八(Ⅰc1①简牍揭剥位置示意图)

---

① 侯旭东:《西北所出汉代簿籍册书简的排列与复原——从东汉永元兵物簿说起》,《史学集刊》2014年第1期,第58—73页。

下面的问题是，什么样的木牍可以与竹简编联？伊藤敏雄比较关心这一问题，他主要是通过确认及测量木牍上的编绳痕迹，编缀用空格及刻线来判断。伊藤敏雄2013——确认了他分类的六种文书，其中"白"与"破莂保据""君教"、生口买卖估钱征收四类文书木牍上皆存在上、下两道编痕，"举"文书与"料白"文书似无编痕，就意味着，前四种文书原始是可编联的册书状态。笔者以为，还可以从木牍文字表述中找到编联依据，凡有"谨列……为簿如牒""谨列见辞，状如牒""条列……谨列"这样内容的，表明木牍公文之外，定有作为简质的簿书作为附件，较明显的有"叩头死罪白"和"破莂保据"类木牍。

此外，如伊藤、關尾二位先生指出的，"君教"类木牍亦可编联，临湘县（侯国）期会，官员会同将一定时期内的仓米簿、库钱、库布、库皮簿、草刺等等进行审核，或者就是否发遣私学问题发表意见，木牍之外必附有相应簿籍。笔者据红外图版观察到，此类木牍上、下各有两道刻线。仓入米木牍是一定时期内入仓总记录，其后是否编联入米簿，有待确认。举文书、名刺应不可编联，而签牌原本就是作为簿册的标题简。至此，已刊木牍的编联问题，应大致交待清楚了。

第二章 三国孙吴简牍官文书性质与级别的判定

第一节 吴简基本性质早期诸说

吴简的整理与研究历时25年,成绩可观[1]。接受传统史学训练的研究者围绕其中反映基层社会形态的新问题、新名词各申己见,而由于出土资料与传世史料呈现的汉、吴政治、经济、社会情状存在着一定的差异,缺乏可直接对照的成例,相关共识往往难以达成[2]。

"共识"的缺乏,首先反映在对长沙孙吴简牍文书基本性质的判定上。在对这批数量巨大的三国简牍进行整理、复原及相关历史研究之前,考古及历史工作者希望通过各种技术手段,尽快解决简牍的性质、级别等基础性问题,展开了许多相关讨论。

这批简牍出土于长沙市中心五一广场,这片区域作为城市中心位置

---

[1] 目前已出版《嘉禾吏民田家莂》及《竹简》〔壹〕至〔捌〕共九册,相关研究成果参照李进《长沙走马楼吴简研究论著目录》,《吴简研究》第1辑,崇文书局2004年版,第344—361页;陈爽《长沙走马楼吴简研究论著目录(续)》,《吴简研究》第2辑,崇文书局2006年版,第292—303页;凌文超《长沙走马楼吴简研究论著目录(三编)》,《吴简研究》第3辑,中华书局2011年版,第382—404页。

[2] 罗新在整理吴简过程中意识到其中材料与研究者知识结构的差距,导致"热烈的讨论还会继续下去,明确而令人信服的结论却遥不可及",提倡采用统计等新方法,扩大史料视野,以走出研究困境,见所撰《近年における北京吴简研讨班の主要成果について》,日本長沙吴简研究会编《長沙吴简研究报告》第3集,東京,2007年,第103—108页。凌文超则提出所谓"二重证据分合法",主张先对简牍本身进行统计研究,在对具体问题得出相对合理解释后,参证传统记载,推出更有说服力的结论,凌文超:《走马楼吴简簿书复原整理刍议》,《历史学评论》第1辑,社会科学文献出版社2013年版,第250—262页。

长沙走马楼三国孙吴简牍官文书整理与研究

2000多年，至今未变，在简牍流行的时代，这里是西汉长沙国都城、王宫，东汉长沙郡治、临湘县治，三国孙吴长沙郡、临湘侯国官署所在①。1999年之后，五一广场片区不断有战国至三国时代的古井被发现，而皆窖藏简牍②；据相关学者推测，历代官府自有严格的公文管理制度，文案有一定的存档期限，过期将被拣除、废弃③，长沙基层行政运转中产生的过期文案，被有规划地封存于距离官署不远的井窖中，从而造成了在城市中心批量出土简牍的现象。因而，J22所出吴简性质为官府档案，是没有异议的。

但由于此片区域既是长沙郡治，又是临湘县、侯国所在，简牍所属官府文书的行政级别，存在着很大争议。简牍发现后不久，学者们尝试依据已经披露的部分内容予以初步判断，胡平生、宋少华指出，吴简是孙吴时长沙郡田、户、仓等曹及库等有关机构的档案文书④；《发掘简报》《发掘报告》认定其为吴临湘侯国及更高级别行政机构的官府档案⑤；而同为整理者的罗新又提出，吴简文书基本都是涉及临湘县行政事务的，少见上级（中央、州、郡）下行文书，吴简原收藏者应是侯国（县）某一机构⑥。

此后，学者们继续跟进思考，提出了不同的观点，王素归纳为三说：

---

① 宋少華：《長沙出土簡牘の概觀》，中村威也譯，《長沙吳簡研究報告》第3集，第88—102頁。
② 长沙市文物考古研究所：《长沙东牌楼7号古井（J7）发掘简报》，《文物》2005年第12期，第4—21+30页；长沙市文物考古研究所：《湖南长沙五一广场东汉简牍发掘简报》，《文物》2013年第6期，第4—26页；黄朴华、何佳：《2011年长沙东牌楼工地考古发掘情况简报》，《湖南省博物馆馆刊》第八辑，岳麓书社2012年版，第137—143页。
③ 王素指出，高昌国有"评章录记，事讫即除，籍书之外，无久掌文案"的文书制度，而唐代官文书每三年一拣除。参读王素《長沙走馬樓三國吳簡研究的回顧與展望》，《吴简研究》第1辑，第17页。宋少华推测吴国对重要文案的捡除可能是十年一次，参所撰《長沙出土簡牘の概觀》，《長沙吳簡研究報告》第3集，第100—101页。
④ 胡平生：《细说长沙走马楼简牍》（上、下），《人民日报》（海外版）1997年3月20日、3月22日第3版；胡平生、宋少华：《长沙走马楼简牍概述》，《传统文化与现代化》1997年第3期，第79—89页。
⑤ 长沙市文物工作队、长沙市文物考古研究所：《长沙走马楼J22发掘简报》，《文物》1999年第5期，第20、24页。长沙市文物考古研究所、中国文物研究所、北京大学历史学系：走马楼简牍整理组：《长沙走马楼二十二号井发掘报告》，《长沙走马楼三国吴简·嘉禾吏民田家莂》，文物出版社1999年版，第42页。
⑥ 罗新：《走马楼吴简整理工作的新进展》，《北大史学》第7辑，北京大学出版社2000年版，第338—339页。

（1）长沙郡有关各曹文书档案，（2）临湘县、长沙郡文书档案，（3）临湘侯国田户曹文书档案。第一种观点是旧说，20世纪末已不被采用。第三种观点最早由日本长沙吴简研究会的關尾史郎提出，建立在对当时所见吴简文书进行集成、分类基础上[①]，而尤为重视嘉禾吏民田家莂的制作与形制，王素以为言之有据，又陆续得到谷口建速、安部聪一郎二氏的支持[②]。但除田家莂外，吴简中的仓库账簿、吏民人名年纪簿及特种名簿、上下行官文书、司法文书等，都很难说与田户曹相关。

第二种观点，认为吴简主要是临湘侯国（县）文书，兼有长沙郡文书，王素有详细的论证，理由包括：（1）竹简中常见孙吴长沙郡属县名（超过半数）乃至荆州属郡名（约有四分之一）；（2）竹简中常见乡名多达20多个，非临湘一县所能容纳；（3）竹简中有"府君""府君教"这样的表述，正是郡太守的下行文书；（4）竹简中提到了武昌宫、建业宫，还有太常、大将军、中书、选曹尚书等，这可能并非县所能辐射的范围；（5）师佐籍多见刘阳等他县师佐[③]。这一论断在相对长时间内为学界普遍接受，但由于所据资料的不完整性，并不意味着吴简基本性质问题的全面解决。

第二节　簿书复原与级别判定

2003至2008年，作为采集简的《竹简》前三卷先后问世[④]，采集简

---

① ［日］關尾史郎：《史料群としての長沙吳簡・試論》，《木簡研究》第27號，2005年11月，第250—266页。
② ［日］谷口建速：《長沙走馬樓吳簡における穀倉關係簿初探》，《民衆史研究》第72號，2006年11月，第45—61页。［日］安部聰一郎：《典田掾・勸農掾の職掌と鄉——長沙吳簡中所見「戶品出錢」簡よりみる——》，［日］伊藤敏雄、窪添慶文、關尾史郎編：《湖南出土簡牘とその社會》，汲古書院2015年版，第117—142页。
③ 王素：《长沙走马楼三国吴简研究的回顾与展望》，《吴简研究》第1辑，第14—18页；王素、宋少华、罗新：《长沙走马楼简牍整理的新收获》，《文物》1999年第5期，第26—44页。
④ 长沙市文物考古研究所、中国文物研究所、北京大学历史学系：走马楼简牍整理组：《长沙走马楼三国吴简·嘉禾吏民田家莂》，文物出版社1999年版；同前《长沙走马楼三国吴简·竹简〔壹〕》，文物出版社2003年版；同前《长沙走马楼三国吴简·竹简〔貳〕》，文物出版社2007年版；同前《长沙走马楼三国吴简·竹简〔叁〕》，文物出版社2008年版。

中数量最多的是名籍、口食簿，仓入米莂、出米簿、库入钱、布、皮莂、吏民田家莂等等，统称簿籍。由于采集简受到扰乱，2009年之后，学界从揭剥图等考古信息切入，结合对简牍本身内容的把握，初步复原了因官府控制人口、征发赋役而衍生的具有特定功能的一套吴简簿书系统①。

利用既有复原成果，对相关簿书的格式、内容、编制过程进行观察，将有助于我们对吴简所属机构及其行政级别的判定。竹简簿书中数量最为巨大、记载最为详尽的是户籍簿，包括侯旭东集成的嘉禾六年广成乡吏民人名年纪口食簿（包括弦里、广成里）②，凌文超复原的嘉禾四年小武陵乡吏民人名妻子年纪簿（包括吉阳里、高迁里、东阳里、平阳里、安阳里），小武陵、南乡等吏民人名年纪口食簿，嘉禾四年南乡吏民户数口食人名年纪簿（包括平乐里、石门里、义成里、宜阳里）③；这些口食簿，无论是否属于严格意义上的户籍，都详细记载了临湘县辖内户口身份、姓名、年纪、所在等信息，里别为计，说明其性质为由各里簿书汇总而成的乡级簿书。

简牍时代的户籍制度，参照张家山汉简《二年律令·户律》所载："恒以八月令乡部啬夫、吏、令史相杂案户籍，副臧（藏）其廷。"（三二八）④，户籍由乡部负责编造，正本也保留在乡，另有一套副本（户籍详本）上达至县廷。由于简册体积及行政成本所限，更高级别的行政机构（郡及中央）只掌握与户口有关的统计数据（计簿），而不会存档具体记录乡里户口人名年纪等信息的户籍⑤。吴简中经复原的各类户口簿，只能是保存于县廷中的副本。

---

① 侯旭东：《长沙走马楼吴简〈竹简〉［贰］"吏民人名年纪口食簿"复原的初步研究》，《中华文史论丛》2009年第1辑，第57—93页；凌文超：《考信于簿：走马楼吴简采集簿书复原整理与研究》，博士学位论文，北京大学历史学系，2011年。
② 侯旭东：《长沙走马楼吴简〈竹简〉［贰］"吏民人名年纪口食簿"复原的初步研究》；《长沙走马楼吴简"嘉禾六年（广成乡）弦里吏民人名年纪口食簿"集成研究：三世纪初江南乡里管理一瞥》，邢义田、刘增贵主编：《第四届国际汉学会议论文集：古代庶民社会》，"中央研究院"，2013年12月，第103—147页。
③ 凌文超：《走马楼吴简采集简"户籍簿"复原整理与研究——兼论"户籍簿"的类型与功能》，《吴简研究》第3辑，第9—64页；《孙吴户籍之确认——以嘉禾四年南乡户籍为中心》，杨振红、邬文玲主编：《简帛研究2014》，广西师范大学出版社2014年版，第265—325页。
④ 张家山二四七号汉墓竹简整理小组编著：《张家山汉墓竹简〔二四七号墓〕》（释文修订本），文物出版社2006年版，第54页。
⑤ 参读张荣强《汉唐籍帐制度研究》，商务印书馆2010年版，第246—248页。

户籍簿之外，吴简中还有一些特种人口名籍簿，如凌文超复原的举私学簿、隐核州军吏父兄子弟簿①、两套兵曹徙作部工师及妻子簿②等，其中举私学为临湘侯国应孙吴中央的要求，通知属吏按秩级选举遗脱的行政活动，具体由侯国功曹操办，确定被举为私学的人口要被发遣诣宫或者诣大屯。审实、搜求遗脱人口为私学的工作，由侯国属吏、乡劝农掾、都市掾等执行，而相关簿书，反映的自然也是侯国（县级）行政办理过程③。

嘉禾四年八月，临湘侯国曾派出劝农掾至各乡隐核州、军吏，应当也包括郡、县吏父兄子弟人名年纪，或是出于保质的需要，登载各乡州、军吏及其父兄子弟情况的名籍，或由乡劝农掾汇总，再上报至侯国，产生"破莂保据"木牍。

名籍中例外的是兵曹徙作部工师及妻子簿，应由各县汇总至郡，在郡制作；由郡及军府兵曹各存一份，但这不意味着22号古井中发现的作部工师及妻子簿就是郡的那一份。侯旭东先生指出，临湘为长沙郡中部督邮所在，其中部属县的工师需要到临湘集中，一起送往前线，需要有工师名簿的副本作为清点的依据；其推测有据④。吴简中的作部工师簿，理应为临湘侯国存留的副本。

除以登录人身为目的的簿书外，吴简中还有大量的赋税征纳簿书，凌文超复原为库账簿，含库钱账簿（杂钱入受簿、杂钱承余新入簿、杂钱领出用余见簿），库布账簿（库布入受簿、库布承余新入簿、库布领出用余见簿），库皮账簿（杂皮入受簿）；仓账簿，含租税限杂米账簿（杂米入受簿、杂米承余新入簿、杂米领出用余见簿），贷食簿，取禾簿等⑤。这些簿书皆为临湘县库、三州仓、州中仓物资出入的记录，并保留有负责收纳

---

① 凌文超：《走马楼吴简隐核州、军吏父兄子弟簿整理与研究——兼论孙吴吏、民分籍诸问题》，《中国史研究》2017年第2期，第81—104页。
② 复原见凌文超《走马楼吴简两套作部工师簿比对复原整理与研究》，卜宪群、杨振红主编《简帛研究2009》，广西师范大学出版社2011年版，第162—237页。
③ 凌文超：《走马楼吴简举私学簿整理与研究——兼论孙吴的占募》，《文史》2014年第2辑，第37—71页。
④ 侯旭东：《湖南长沙走马楼三国吴简性质新探——从〈竹简（肆）〉涉米簿书的复原说起》，长沙简牍博物馆编：《长沙简帛研究国际学术研讨会论文集》，中西书局2017年版，第59—97页。
⑤ 凌文超：《考信于簿：走马楼吴简采集簿书复原整理与研究》，博士学位论文，北京大学历史学系，2011年；《吴简考古学与吴简文书学》，首都师范大学史学沙龙第36期"古文献复原与整理"专场提交，2015年6月14日。

的仓吏、库吏的姓名,我们很容易根据相关信息判定库帐、仓帐簿的行政级别为县级。

综上,根据已经复原的吴简中大部分的簿书,比较容易导向吴简为孙吴临湘侯国(县级)文书档案群的结论。

第三节 竹简、木牍官文书行政级别解析

走马楼吴简中除有若干名刺等私文书外,绝大多数属于官府作成的公文。《发掘简报》《发掘报告》又将这些官府作成文书细分为关于赋税内容,关于户口名籍内容,关于官文书内容,确立了吴简赋税简、簿籍简、官文书简三分的格局[①];其中的官文书(包括上级下达给下级、下级呈送上级、同级之间、官府与民众之间相互往来文书,司法文书等)[②] 数量偏少,刊布速度慢,但因涉官府往来,是讨论吴简所属官府级别的第一手资料。

一 草刺文书简的行政级别

吴简中可归入官文书的散简、木牍,虽内容、形态各异,但大都与某曹、某曹掾史相关。"曹",《汉语大字典》解释为分科办事的官署或部门。秦及汉初,"曹"已作为郡、县两级行政单位的组成部门,通过处理文案而参与行政运转[③];只是当时"曹"无固定办公人员,郡国县道常以

---

① 长沙市文物考古研究所、中国文物研究所、北京大学历史学系:走马楼简牍整理组:《长沙走马楼二十二号井发掘报告》,《长沙走马楼三国吴简·嘉禾吏民田家莂》,第30—43页;长沙市文物工作队、长沙市文物考古研究所:《长沙走马楼J22发掘简报》,《文物》1999年第5期,第14—20页。
② 这种狭义官文书的定义,参考汪桂海《汉代官文书制度》,广西教育出版社1999年版,第1—2页。
③ 传统以为基层行政中诸曹机构的发展与完善在西汉中期以后,里耶秦简中列曹与诸官并见,提示曹、官两分格局实肇始于秦,相关论析可参郭洪伯《稗官与诸曹——秦汉基层机构的部门设置》,卜宪群、杨振红主编《简帛研究2013》,广西师范大学出版社2014年版,第101—127页;孙闻博《秦县的列曹与诸官——从〈洪范五行传〉一则佚文说起》,"简帛网",2014年9月17日首发。

第二章 三国孙吴简牍官文书性质与级别的判定

史类属吏直曹。至西汉中后期,卒史署曹,构成了诸曹掾史的原型①。东汉至三国,曹的设置逐渐细化,各曹下固定置掾、史,处理文书,如《晋书·儒林传》所记"诸曹皆是良吏,则足以掌文案"②。

吴简所见孙吴基层行政文书也多由诸曹制作,诸曹掾史起草,如《竹简》〔肆〕后大规模出现的以"草言府""某曹言"开头的两种格式的官文书竹简:

格式一:

  草言府大男监□被病物故事
       七月八日兼仓曹掾谷永白（柒·582）
  草言府答州或不佐郡宜调吏民所作船事
       闰月廿三日船曹掾潘椎白（柒·3165）
  草言府部诸乡典田掾温光等逐捕假（？）僮子吴和不在县界事
       六月十六日兼户曹别主史张惕白（柒·2900）

格式二:

  兵曹言部吏壬□□□户品限吏民上中下品出铜斤数要簿事
       嘉禾四年七月廿一日书佐吕承封（柒·2579）
  贼曹言□佑钱有入三万四千四百廿四钱事
       嘉禾五年四月廿七日书佐吕承封（柒·1437）
  □曹言……诣大屯□请杀（？）爵（？）事
       嘉禾五年五月七日书佐烝赟封③（贰·7195）
  金□席（？）休（？）私（？）结郡吏吴□钱（？）□事对封

---

① 蔡万进:《尹湾简牍所反映的汉代卒史署曹制度》,李学勤、谢桂华主编:《简帛研究2002、2003》,广西师范大学出版社2005年版,第270—274页。
② 《晋书》卷九一《儒林传·徐邈》,中华书局1974年版,第2357页。
③ "书佐"后原释作"烝志（？）具封",李均明改释为"烝赟封",可从。参李均明、王昕《〈长沙走马楼三国吴简·竹简［壹］〉释文校记》(一),《出土文献研究》(第八辑),上海古籍出版社2007年版,第155—181页。"烝赟"这一人名多见于草刺类简,其中"赟"字,整理者或释为"斌""具"二字,本书将相关简文中此字形统一厘定为"赟",不再一一出注。

嘉禾三年正月十二日书佐烝赟封（叁·2263）

第一种简文格式可概括为：草言（府）……事，某月某日某曹掾/史某某白。审图版，凡具此格式之简为两行书写，"草言……事"字体稍大，占据简之右上部，而"某月日某曹掾/史白"字体略小，在简之左下部，而某曹掾史之姓名因处于简之下端，常漫漶不清；部分简左半部还有勾校符号。第二类简文格式可概括为：某曹言某某事（？事对封），（某年）某月某日丞/书佐/干/小史封。

李均明率先对这两种有特殊格式的文书进行过讨论，认为此即简文中出现的"言府草刺"①；"府"指临湘侯相府，"草"指报告相关事宜的草稿，而"刺"系叙事内容提要，"草刺"指撰写公文草稿的登记，正式公文发出后，保存草刺，兼具发文登记簿的功能②。若从李说，格式一简文中的某曹掾/史向上级临湘侯相府报告相关事宜，则其自然应是临湘侯国（县）列曹属吏；问题在于，格式一简中的"府"是否指临湘侯相府呢？

依汉魏之际的行政习惯，州、郡、县三级行政单位，其机构、长吏均有专称，县署称"廷"，县长吏称"君""明廷"；郡署称"府"，郡长吏称"府君""明府"；州刺史则称"使君"。传世史书及碑刻中保留诸多相关称谓，兹不赘述。具体到长沙简反映的地方情况，临湘为长沙郡郡治所在，后汉大多数时候为县城，且为大县，置令，如《续汉书·郡国志》引《豫章记》"南昌"："江、淮唯此县及吴、临湘三县是令。"③ 华峤《后汉书》："周规除临湘令。长沙太守程徐二月行县，敕诸县治道。"④ 东汉早期的五一广场简中，长沙郡称"府"，而临湘被称为"县"，称为"廷"，或直接以"临湘"呼之，如"……廷移府书曰：……"（CWJ1①：92、选释·六），"府告临湘言，部乡有秩利、汉□☒"（CWJ1③：265-14、选释·一七三）；由长沙郡府下达至临湘的"记"，开头称"府告临湘"，结尾称"记到，县趣课……诣府对"（CWJ1③：291、选释·二一）。稍晚的

---

① 如显示将草刺归档的签牌"·右言府草刺廿五□□□"（贰·8889）。
② 李均明：《走马楼吴简"草刺"考校》，《史学月刊》2008年第6期，第86—89页。
③ 《后汉书》卷一一二《郡国四》，中华书局1965年版，第3491页。
④ 周天游：《八家后汉书辑注》，上海古籍出版社1986年版，第587页。

东牌楼简中的"临湘令、长""临湘守令"显示①，汉末临湘仍为县，而郡—府、县—廷的称谓习惯被当地遵循。

孙吴收复荆州等地，建国后不久，改元黄武②，次年（223），"迁（步骘）右将军左护军，改封临湘侯"③，又《三国郡县表附考证》"长沙郡临湘县"条："侯国，黄武二年步骘以广信侯改封此，赤乌十一年（249）卒，子协嗣。"④ 可知孙吴政权以汉临湘县为侯国，在黄武到赤乌年间乃至吴国降晋前，临湘地方的令、长、丞、尉行政班底当为侯国相、丞、尉，为家臣系统所取代。不过，步骘黄武中领兵屯长沙沤口，并不实就封地，更不参与侯国政事⑤，实际行政事务是由侯相、丞等长吏与其佐官负责，而这一系统与县级属吏系统的差异很小（罗新以为几近于无⑥）。故临湘为侯国，但大部分时候仍称县，如相关简文：

（1）临湘县丞小□白县银黄武六年文入养及□粮所卖生口贾钱合册（肆·4686）

（2）草言府县不枉考入吏许迪罪法传前解行□军法事
　　　　　　　四月廿九日金曹掾□□白（柒·4419）

（3）解行表军法当遣主簿诣府白状县在治下吏役不得（柒·4082正）

例（1）显示黄武六年，临湘已改制为侯国，却径称"临湘县丞"。（2）是由金曹掾向（长沙郡）府汇报考问许迪情况的草刺，许迪案初审在临湘侯国进行，在金曹掾"白"中称其为"县"；（3）是与朱表割米案

---

① 长沙市文物考古研究所：《长沙东牌楼7号古井（J7）发掘简报》，《文物》2005年第12期，第12页。
② 关于孙吴奉行年号的问题，参读罗新《走马楼吴简中的建安纪年简问题》，《文物》2002年第10期，第92—95页。
③ 《三国志》卷五二《吴书七·步骘传》，中华书局1982年版，第1237页。
④ （清）吴增仅撰，（清）杨守敬补正：《三国郡县表附考证》，二十五史刊行委员会编集：《二十五史补编》（三），中华书局1955年版，第2952页。
⑤ 孙吴黄武、嘉禾年间步骘的动向，参照王素《汉末吴初长沙郡纪年》的介绍，《吴简研究》第1辑，第70—79页。
⑥ 罗新：《吴简所见之督邮制度》，《吴简研究》第1辑，第309—316页；《走马楼吴简整理工作的新进展》，《北大史学》第7辑，第338页。

相关的简文，所谓"在（郡府）治下"，与"府"对举之"县"，应可以确定为临湘侯国。

侯国的长吏"相"与县长吏一样，被尊称为"君"，如"黄武六年十月壬戌朔日临|湘||侯||相|君☐☒"（叁·6513），以及"君教"文书木牍开头的"君"。侯国及其他属吏的办公衙署，亦与县官署一样，称为"廷"，简文中屡见，如"☒廷言府嘉禾四年二月十四|日|☒"（叁·7394）。

两汉三国，"府"的用例虽宽泛，但多用来指称中高级官员的邸舍；长沙地方，长沙王及王后的府邸称"王府""后府"①，而临湘侯的府邸是否亦称"府"，在吴简中倒是可以找到一例相关说法，"草言湘府吏张裕……☐☐无所发遣☐☐☐所发遣……|事| 已 五月二日保②质曹史☐☐|白|"（叁·496），这里"湘府"之指称尚难遽断。大部分草刺文书展示的诸曹掾史汇报基层各项行政事务而"言"之"府"，应非专享衣食租税，不与政事之侯之私邸，亦非侯相的办公场所，而只能是临湘侯国的行政上级——长沙郡太守府。

明了此点，下一个问题又随之产生，向长沙郡府上报文书之曹吏，究竟是临湘侯国（县廷）属吏，还是郡府属吏呢？在格式一竹简第二行小字"某月日某曹掾/史某某白"中，出现众多诸曹掾史的姓名，而这些姓名在已刊简牍中不止出现一次，在嘉禾四、五年吏民田家莂及人名口食簿中出现时，往往有民或吏、州、郡、县吏的身份标识；因而，以人名为线索，对简文中的诸曹掾史资料进行集成，将有助于我们探讨草刺文书中诸曹的级别。

格式一草刺中出现诸曹掾史的姓名很多，但由于简多残断，或字迹磨灭，大部分难以辨识，这里仅选取姓名清楚无误者展开工作：

1. 尹桓

格式一草刺文书中有作为兵曹史与左户曹史的尹桓，如，

☒☐　　中　　|三|月三日|兵|曹史尹桓白（壹·1059）

---

① 1993年西汉长沙王后渔阳墓出土封检中，封泥印有阳文篆书"长沙后府"，参宋少华、李鄂权《三次被盗掘的王后墓——长沙"渔阳"墓》，《中国十年百大考古新发现：1990—1999》，文物出版社2002年版，第484—489页。

② 原字缺释，审图版，当作"保"。

第二章　三国孙吴简牍官文书性质与级别的判定

☑月七日左户曹史尹桓白（叁·3956）

☑　……户曹史殷桓（？）白（壹·1023）

由于兵曹、户曹皆属在郡府县廷办公的诸曹掾史，由一曹转任另一曹可能是较为平常的事情，而在临湘地方为吏的人群，数目不会很多，姓名存在复数的可能性极低，我们倾向于认为，为兵曹史、户曹史的尹桓为一人。据"☑兼①主簿尹桓省☑"（叁·4056），为曹吏的尹桓还曾兼任门下系统的要员——主簿；有学者认为，以尹桓为兼主簿，或与其所处理事务与兵、户二曹有关②。

从书写在木牍上的两例君教文书中，可见尹桓作为主簿，参与嘉禾四年五至七月的期会工作：

　　君教。若。　丞庆固还官，掾烝循、潘栋如曹，都典掾烝若、录
　　事掾潘琬校。
　　　　　　已。　　主簿尹　桓省。　　　　　　嘉禾四年五月廿八日乙巳白。
（牍·182）
　　　　　　　　　　　　　　注："若"为浓墨勾勒。"已"为批字。
　　君教。　　丞庆固还官，录事掾潘琬校。
　　　　若。　　主簿尹　桓省。　　　　　　嘉禾四年七月十日丁卯白。
（牍·173）
　　　　　　　　　　　　　　　　　　　　　　注："若"为浓墨勾勒。

推测尹桓兼任主簿一段时间后，正式迁任主簿，嘉禾四年中在任。前文曾介绍"君教"之"君"系对侯国长吏之敬称，则尹桓所任之主簿应为临湘侯国（县一级）主簿。

同名为尹桓者，还出现在某年（或为嘉禾四年）某乡吏民人名年纪口食簿中，身份为县吏，见：

---

① 原释"傅"，凌文超以为当释作"兼"，审图版，可从，见凌文超《走马楼吴简举私学簿整理与研究——兼论孙吴的占募》，《文史》2014年第2辑，第59页。
② 参读凌文超《走马楼吴简举私学簿整理与研究——兼论孙吴的占募》，第59页。

县吏尹桓年卅四（壹·8629）

这名县吏，应当就是在侯国衙署转任户曹、兵曹，后迁为主簿的尹桓。换言之，格式一草刺文书中出现的兵曹史、左户曹史，皆为侯国（县）曹吏。

2. 谢韶

格式一草刺文书中有任兵曹史、兵曹掾的谢韶，如：

草言……簿诣府事

　　　　　　　　　□月□□日兵曹史谢韶白（柒·4413）

□□□事　　　六月廿五日兵曹史谢韶白（柒·4500）

草言府部……从……事

　　　　　　　　　十二月□日兵曹史谢韶白（柒·4509）

草言……叛士……事

　　　　　　　　　五月廿四日兵曹掾谢韶白（柒·559）

草言府……事

　　　　　　　　　十月廿四日兵曹掾谢韶白（柒·654）

另有未知为何曹掾之谢韶，"草言府陈……邓……事 ……曹掾谢韶史□□白"（柒·3007）。但由于此类文书仅有月份，无纪年，我们无法知道谢韶具体的任职时间。梳理简文中谢韶的其他任职信息（参上尹桓例，我们暂将转任不同掾职的谢韶视为同一人），他还曾作为录事掾参与侯国期会，负责簿籍或草刺的检校工作，如：

君教。　若。　丞他坐，期会掾烝若、录事掾谢　韶校。
　　　　　　　　主簿郭　宋省。　正月二日丁巳白。（柒·4236①、牍·187）

君教。　若。　丞他坐，期会掾烝　若、录事掾谢韶校。
　　　　　　　　主簿郭　宋省。　十二月四日甲午白。（柒·4379①、牍·189）

·112·

第二章 三国孙吴简牍官文书性质与级别的判定

身份应为县吏。具体任职时间，无直接信息，但我们注意到，同时参加期会者，包括主簿郭宋，郭宋任主簿的时间，简文有明确记载，见"出平乡元年见禾米十七斛五斗 其二斛米 十五斛五斗禾 ‖Ⅹ嘉禾二年四月九日主簿郭宋付 乡 老 当阳大男潘桐 运"（肆·4349）。据笔者对郭宋迁转情况的研究，他于嘉禾元至二年四月在主簿任①，而可据推，谢韶大约也在这个时间段内为录事掾。

谢韶还曾在嘉禾四年接受县廷部署为南乡劝农掾，如嘉禾四年六月自其发出的上行文书：

嘉禾四年六月戊申朔十一日戊午南乡劝农掾谢韶叩头死罪敢言之（柒·2262）

在未正式刊布释文，已有图版公布的资料中，有一枚正背书写的简，记录的也是这次南乡劝农掾发出上行文书及其传递情况，见：

南乡劝农掾谢韶言事 卒史　白解（正面）
月日驿马来
　嘉禾四年六月戊申朔十一日戊午南乡劝农掾谢韶叩头死罪敢言之（背面）②

至本年八月，谢韶仍在任，并参与了侯国诸乡隐核乡界内州军吏父兄子弟的工作。据笔者的研究，在这次不定期事务中，谢韶至少同时负责南乡、模乡两乡的隐核工作③；而据《竹简》〔捌〕提供的新资料，转年，嘉禾五年，谢韶转任典田掾，"典田掾谢韶嘉禾五年所主□□里魁 谢 □□□"（捌·3632）。无论劝农掾，还是典田掾，皆属县廷派出"监乡五部"④的廷掾。

此外，我们在《竹简》〔贰〕公布的一坨人名年纪口食簿简中发现了

---

① 徐畅：《走马楼吴简所见孙吴乡劝农掾的再研究——对汉晋之际乡级政权的再思考》，《文史》2016年第1辑，第23—50页。
② 图版见宋少华主编《湖南长沙三国吴简（六）》，重庆出版社2010年版，第30页例⑤。
③ 详细分析参徐畅《走马楼简所见孙吴乡劝农掾的再研究——对汉晋之际乡级政权的再思考》一文。
④ 语出《续汉书·百官志》，见《后汉书》志二八《百官五》，中华书局1965年版，第3623页。

为县吏之谢韶及其家口成员记录，见：

> 县吏谢韶年五十一　（贰·1806）
> 韶妻大女赀年卅　　子女福年八岁（贰·1688）
> ·福弟仕伍象年六岁　韶弟公乘毛年卅给习射（贰·1979）
> 毛妻大女□年廿八　　毛弟公乘屈年十三腹心病（贰·1598）
> ·右韶家口食八人　☑（贰·2250）①

侯旭东先生曾根据揭剥图将这坨竹简复原为嘉禾六年广成乡广成里吏民人名年纪口食簿②，后接受鹫尾祐子的提示，依据长、短简的标识，从中揭剥出又一里：广成乡弦里人名口食簿，谢韶一户或属弦里③。无独有偶，嘉禾五年吏民田家莂中有弦丘男子谢韶佃田与交纳租税的记录：

> ⫼⫻弦丘男子谢韶，佃田七町，凡卅三亩，皆二年常限。其亩旱不收布。定收三亩，为米三斛六斗，亩收布二尺。其米三斛六斗，五年十二月廿日付仓吏张曼、周栋。凡为布六尺，准入米三斗六升，五年十一月廿日付仓吏张曼、周栋。其旱田不收钱。其熟田亩收钱八十，凡为钱二百卌，五年十二月廿日付库吏潘有毕。嘉禾六年二月廿日，田户曹史张惕、赵野校。(5.476)④

据田家莂中里与丘的大致对应关系，弦丘正对应弦里，这两例谢韶应为一

---

① 此处所引谢韶一户人名年纪简，为侯旭东所复原，释文亦参照其修订，参侯旭东《长沙走马楼吴简"嘉禾六年（广成乡）弦里吏民人名年纪口食簿"集成研究：三世纪初江南乡里管理一瞥》，邢义田、刘增贵主编：《第四届国际汉学会议论文集：古代庶民社会》，第103—147页。

② 侯旭东：《长沙走马楼吴简〈竹简〉[贰]"吏民人名年纪口食簿"复原的初步研究》，第57—93页。

③ 侯旭东以为，《竹简·贰》中的"谢韶"不能断定是弦丘居民，但该简书式、尺寸与其他长简一致，成员简的字迹亦相同，暂且附入弦里弦丘人名口食簿中，参其《长沙走马楼吴简"嘉禾六年（广成乡）弦里吏民人名年纪口食簿"集成研究：三世纪初江南乡里管理一瞥》一文。

④ 本书征引走马楼吴简之大木简，皆于释文后括注其整理编号，不再注明该简在《嘉禾吏民田家莂》一卷中之页码。

·114·

人，居广成乡弦里弦丘，曾出仕为县吏；而这个县吏，或许正是曾转任兵曹掾、史，录事掾，劝农掾、典田掾的谢韶。

综合而言，谢韶所任之兵曹掾/史应为县一级。

3. 番/潘栋

番/潘栋作为兵曹掾，发出上行的言事文书甚多，时间似乎也散布在各月，无固定规律：

> 草言……被病物故事
> 　　　　　　　　　　三月廿三日兵曹掾潘栋白（柒·656）
> 言府三品调吏民出铜一万四百斤事
> 　　　　　　　　　　七月廿七日兵曹掾番栋白（柒·3164）
> 草言府传□叛士文□□□□□巡都尉陈平事
> 　　　　　　　　　　八月一日兼兵曹掾番栋白（柒·1493）
> 草言府□科□□吏石彭□□罪法所应事
> 　　　　　　　　　　十一月三日兵曹掾潘栋白（柒·1483）
> 草言府部吏收□吏父兄子弟遣家事
> 　　　　　　　　　　十二月四日兵曹掾潘栋白（柒·3173）

其中第二例兵曹掾言府草刺，恰可以找到对应的县廷门下书佐的发文登记"兵曹言部吏壬□□□户品限吏民上中下品出铜斤数要簿事　嘉禾四年七月廿一日书佐吕承封"（柒·2579），发文时间明确记为嘉禾四年七月；两种格式的草刺文书对照，还可还原这一行政过程：兵曹接受长沙郡府的命令，部署相关吏员统计辖下吏民按上、中、下品出铜的数目，然后汇总列簿，再次上报。由此可知，潘栋嘉禾四年七月在兵曹掾任上。又，据一例同年"君教"文书：

> 君教。若。　丞灰固还官，掾烝循、潘栋如曹，都典掾烝　若、录事掾潘琬校。
> 　　　　已。　主簿尹　　　　　　桓省。嘉禾四年五月廿八日乙巳白。

（牍·182）①

---

① 已刊，此处录文据本书第一章第二节。

可知是年五月，潘栋与烝循作为掾，参与临湘侯国的期会。相距仅两月，此时潘栋所任掾，应亦是兵曹掾，或许此次期会内容关涉到兵曹事务。

官文书之外，我们在口食簿中，还见到身份为县吏之潘栋："县吏潘栋年六十四"（贰·1907），潘栋作为兵曹掾参与侯国之行政合议，应为侯国（县）之曹吏，与簿籍中之县吏，当为一人。

4. 谷水

格式一草刺文书中有作为（兼）仓曹掾的谷水，见"草言府大男监□被病物故事　七月八日兼仓曹掾谷水①白"（柒·582），任职时间不详。谷水曾作为录事掾，参与嘉禾三年五至七月临湘侯国为审查此前一定时期内的仓米、库钱、库布、库皮簿、草刺等而举行的期会，体现在君教文书木牍的署名上，相关例证颇多，仅举几例：

　　　　君教。　丞出给民种粮，掾烝　□②如曹，期会掾烝　、录事掾谷水校。
　　　　　　　主簿　　省。嘉禾三年五月十三日白，三州仓领杂米起　（贰·257）
　　　　　　　　　　　　嘉禾元年七月一日讫九月卅日一时簿。

　　　　君教。已核。　丞出给民种粮，如曹，期会掾　烝、录事掾谷③　校。
　　　　已出。　主簿　　　省。嘉禾三年五月十三日白，库领品市布　（牍·359）
　　　　　　　　　　　　　　起嘉禾二年六月讫八月卅日一时簿。

　　　　君教。已核　已校。　丞　如掾，掾烝循如曹，期会　掾烝　若、录事掾谷　水校。
　　　　　　　已出。　主簿　　省。嘉禾三年七月卅日白，嘉禾元　（牍·205）④
　　　　　　　　　　　　　　　　年租税杂限米已入未毕白事。

然而在嘉禾四年的一例君教文书中，谷水的身份发生了转换，署名出现在"掾某如曹"的位置，而在录事掾处署名者为潘琬，

---

① 人名原释作"谷永"，察吴简其他简例中多见"谷水"，观察图版，此处亦当释为"谷水"。
② 此处署名不可辨识，据相关简例，应为烝循。
③ 此君教木牍上，录事掾"谷"的签名阙如，但亦当为"谷水"。
④ 牍·359、205 的图版或释文已刊布，此处释文参本书第一章第二节。

· 116 ·

第二章 三国孙吴简牍官文书性质与级别的判定

　　　　君教。　若。丞灰固还官，掾烝循、潘栋、谷水如曹，都典掾烝
　　若、录事掾潘　琬校。
　　　　已巳。　主簿尹　　　　　桓省。嘉禾四年五月廿七日乙巳白。
（陆·625①、牍·180）

说明嘉禾四年五月，谷水卸任，转为"如曹"之掾。

官文书之外，簿书中也出现了不少名谷水者，如：

　　　　☑桑乡吏谷水备监运掾姃度渍米三升四斗‖X嘉禾元年九月十二
　　日大男谷焉付三州仓吏谷汉受（叁·2706）
　　　　入桑乡吏谷水备监运掾姃度渍米十斛‖X嘉禾元年
　　九月十二日谷焉付仓吏谷汉受（叁·2707）
　　　　☑桑乡吏谷水备监运掾姃度渍米十八斛一斗八升‖X嘉禾元年九月
　　六日大男谷休付三州仓吏谷汉受（叁·2739）

显示嘉禾元年九月身份为桑乡吏的谷水向三州仓交纳渍米，此处之桑乡，是谷水的任职地点，还是指其籍贯或居住地？从三州仓入米簿以及库入布登记中，可以找到旁证，见"入桑乡税米五斛冑毕‖X嘉禾元年十一月十六日区丘谷水付三州仓吏谷汉受"（肆·1162），"入桑乡嘉禾二年新调布一匹‖X嘉禾二年七月十七日区丘县吏谷水付库吏殷☑"（贰·5507）。谷水嘉禾元年至二年在区丘佃田，同时交纳租赋，而区丘对应桑乡。简贰·5507 提示我们，其实际身份为县吏。另有一条关于谷水的调布记录，

　　　　☑禾二年新调布一匹‖X嘉禾二年八月十六日桐丘县吏谷水付库吏
　　殷☑（贰·3959）

显示县吏谷水在嘉禾二年八月后转至桐丘佃田，而据伊藤敏雄所制乡丘频度对应表①，桐丘多对应桑乡。簿书中嘉禾元至二年为县吏，在桑乡佃田

---

① ［日］伊藤敏雄：《長沙呉簡における米納入状況再考》之表3、4，《歷史研究》第47號，2010年3月，第75—76頁。

的谷水，应即官文书中转任仓曹掾、录事掾的谷水。

5. 烝循①

格式一草刺文书中有同名为烝循者分别任职仓曹、田曹、金曹、虞曹的记载：据"元年十二月奉其年十二月廿七日付右仓曹掾烝修（循）"（柒·4191），知烝循曾为右仓曹掾，纪年无载，或许嘉禾元年左右在任上；又据

  右仓曹列言入五年乡杂米起正月九日讫十六日合六千二百一十三斛二斗八升与前刺通合四万六千五百卌斛八斗二升
    其□千斛六斗九升付州中仓吏张曼张钦□
    其□千二百一十二斛五斗九升付吏孙义
         嘉禾六年正月十九日从掾位烝循白（肆·1402）

知嘉禾六年初，烝循已转任散吏从掾位，仍代表仓曹负责嘉禾五年谷物簿的统计工作。

嘉禾元年至六年这段时间内，烝循还曾任田曹掾，见"……田曹史烝堂关掾（？）烝循（？）"（柒·3133），无明确纪年，但可稍做推测：烝循为田曹掾，同时负责本曹工作的还有田曹史烝堂，烝堂亦是嘉禾年间在诸曹频繁转任的活跃人物，有关草刺文书"☒□贫民种粮事　闰月二日田曹史烝堂白"（柒·2823）显示烝堂在田曹史任上曾负责贷给贫民种粮以支持其继续生产。吴简中屡见官贷贫民种粮及民户取禾的记载，有不少学者注意到这一现象，指出以官仓出粮赈济贫民，当与黄武、嘉禾中长沙郡临湘本地的自然灾害有关②，嘉禾四年田家莂中多见"土地旱败"的记载；

---

① 吏烝循，多见于竹简及君教木牍官文书，《竹简》诸册或将姓名释为"烝修"，或释为"烝循"，审查此后集中出现此人名的"君教"木牍红外图片，《竹木牍》卷整理小组将"修"统一厘定为"循"。
② 相关讨论如魏斌《走马楼所出孙吴贷食简初探》，《魏晋南北朝隋唐史资料》第23辑，武汉大学文科学报编辑部2006年版，第27—57页；凌文超《走马楼吴简"隐核波田簿"复原整理与研究》，《中华文史论丛》2012年第1辑，第107—145页；[日]關尾史郎《穀物の貸与と還納をめぐる文書行政システム一斑——東アジア古文書學の起点としての長沙吳簡》，[日]角谷常子编《東アジアの木簡學のために》，汲古書院，2014年4月，第99—124页；熊曲、宋少华《走马楼吴简中的种粮给贷簿研究》，《简帛》第十二辑，上海古籍出版社2016年版，第253—268页。

第二章　三国孙吴简牍官文书性质与级别的判定

而学者依据简文内容统计到的种粮借贷年代有黄龙元年、嘉禾二年、三年、四年，已刊木牍中有从掾位刘钦列贷官税禾为种粮贫民人名文书，释文如下：

  1 从掾位刘钦叩头死罪白：　谨达所出二年税禾，给 䭼（贷）民为三年种粮，谨罗列
  2 人名为簿如牒，请以付曹拘校。钦惶怖，叩头死罪死罪。
  3　　　　　　　　　　　　　　　诣仓曹。
  4　　　　　　　　　八月四日白。（肆·3904①、牍·163）①

显示嘉禾二、三年之际，侯国曾出租税米作为受灾无收民来年的种粮，具体由仓曹负责组织给付；参与其中的或许还有田曹，田曹史烝堂上报的具体时间为闰月，据陈垣《魏蜀吴朔闰异同表》，在吴简所涵盖的主要时段，唯嘉禾二年闰五月，嘉禾五年闰二月②，又据以上分析的贷贫民种粮事务的承办时间，当主要集中于嘉禾二年，推测烝堂任职田曹时间为嘉禾二年闰五月，则烝循应在同时期为田曹掾。

据"□□□金曹掾烝循白"（贰·6986），"☑□月五日兼□虞曹史烝 循 （？）白"（柒·1355），知烝循或许还曾转任金曹掾、（兼）虞曹史，具体任职时间不详。

烝循在某曹掾史任时，还曾参与侯国为校核往期三州、州中仓领租税杂米簿而举行的数次期会，在掾位上署名；参与期会日期最早为嘉禾三年正月十五日，最晚为嘉禾四年五月廿八日，见相关君教木牍：

  君教。重校已核。　丞 琰如掾，掾烝循如曹，　期会掾烝若校。
  　　主记史陈　嗣省。嘉禾三年正月十五日白，嘉禾二年起四月一日讫闰月卅日杂米旦簿草。（柒·2124①、牍·185）
  君教。 已核 已校。　丞　如掾，掾烝循如曹，期会 掾烝若、录事掾谷 水校。

---

① 此处释文据本书第一章第二节。
② 陈垣：《二十史朔闰表》之《魏蜀吴朔闰异同表》，中华书局1956年版，第45页。

·119·

　　　　已出。　　　主簿　　　　　省。　嘉禾三年七月卅日白,嘉禾元年
　　　　　　　　　　　　　　　　　　　租税杂限米已入未毕白事。

(牍·205)

　　　君教　若。　　丞庆固还官,掾烝循、潘栋如曹,都典掾烝　若、
录事掾潘琬校。
　　　　　已。　　主簿尹　　　　　桓省。　嘉禾四年五月廿八日乙巳白。

(牍·182)①

烝循应为与以上几次期会所处理事务紧密相关的曹司负责人,极有可能是仓曹,结合上文述及其任仓曹掾、仓曹从掾位的情况看,他主仓曹事时间颇长。

在嘉禾五年吏民田家莂中,尚有两例在乡、丘佃种的"烝循",身份皆为县吏,见:

　　　‖✕利丘县吏烝循,佃田十二町,凡卅七亩,皆二年常限。(以下略) 其旱田不收钱。□□□□□□□□,凡为钱二千八百八十,准入米二斛六斗,五年十二月□日付三州掾孙仪毕。嘉禾六年二月廿日,田户曹史张惕、赵野校。(5.305)

　　　‖✕杷丘县吏烝循,佃田卅六町,凡卅九亩,皆二年常限。(以下略) 其旱亩不收钱。其熟田亩收钱八十,凡为钱四百,五年十二月十七日付库吏番慎、番宗。嘉禾六年二月廿日,田户曹史张惕、赵野校。(5.411)

据伊藤敏雄对乡、丘对应频度的判断,利丘或属东乡,杷丘或属平乡②,由于临湘一县范围内为县吏者重名的可能性很小,基本可以认为在乡丘佃田的烝循与在诸曹迁转,参与期会的烝循为一人,而其所转任诸曹,为侯国(县)诸曹。

6. 李珠

竹简中常见吏李珠市调布的记载,如"□吏李珠到沤口市嘉禾元年布簿别列出□✕"(壹·3686),"□李珠市嘉禾二年所调布得八百卅匹其

---

① 上述三枚木牍的释文皆参照本书第一章第二节。
② [日]伊藤敏雄:《長沙吳簡における米納入状況再考》之表3、4,《歷史研究》第47號,第75—76頁。

七百匹 直☐"（叁·6435），"入吏李珠（？）所市布一百册匹☐☐"
（贰·4106）；而与他一起工作的还有吏名潘羚，见"入吏潘羚李 珠 ☐"
（叁·339），"☐☐已出五十万一百四钱付市掾潘羚史李珠市嘉禾二年布"
（叁·8396）。简文透露潘羚的具体职掌为市掾，全称都市掾，而李珠应为
都市史。潘羚任都市掾的事实，我们可借助都市掾潘羚所上推求私学张游
的牍·168（肆·4550①）加以理解，临湘侯国大规模举私学的行动发生
在嘉禾二年底，说明此时，潘羚在都市掾任上。而据以上简文，李珠与潘
羚一道用赋钱市买嘉禾元年、二年调布，可推知李珠约嘉禾元至三年之间
在都市史任上。

李珠还曾为金曹史，见"☐☐金曹 史 李珠白草"（贰·4436），"嘉禾
四年九月卅日兼金曹史李珠白言入☐☐☐☐☐ 一☐ 万 四 千 六 百 九
十"（壹·1673），"草言部吏……吏……主☐罚☐遣☐☐ 各 （？）李 问
（？）草 八月一日兼金曹史李珠①白"（柒·3097），由简壹·1673 知嘉
禾四年九月在任。李珠主金曹的时间段内，还曾负责吏许迪盗割官米案的
考实，被称为"主者史"②，据录事掾潘琬所上汇报案情的木牍（牍·
50），许迪案的初审在嘉禾四年十一月，参与者有录事掾潘琬、核事掾赵
谭、这贵，都典掾烝若，主者掾石彭、主者史李珠，中贼曹掾陈旷等，可
推测至四年底五年初，李珠仍为金曹史。许迪案经初审、录囚、改辞、复
审等诸多环节，一直到嘉禾六年初方才结案，案册中的一枚散简记载：
"正月廿一日大男李珠辞前给 县 金曹史☐☐☐ 吏 许迪☐典 卖 官"（捌·
4219），据案情进展，此处正月廿一日当系于嘉禾六年，而此时李珠已从
金曹卸任，身份变为大男，供辞更提及曾为县吏的经历"前给县金曹
史"③。

除都市史、金曹史外，李珠似乎还担任过一种专职掾史，见"草言府
理出故吏吴露子男☐吏番秃事 四月十三日兼☐盐（？）史李珠 助 吏
☐☐ 白"（柒·4427），释文阙如，职名、任职时间与职掌均无从推断。

---

① 此处金曹史姓名原释为"李昧"，审图版，当作"李珠"。
② "主者史"，许迪案主要由金曹负责考实，其曹吏称主者史，详见徐畅《走马楼简所见孙吴临湘县廷列曹设置及曹吏》，《吴简研究》第 3 辑，中华书局 2011 年版，第 319—320 页。
③ 以上对许迪案相关细节的判断，可参考本书第四章第四节的论述。

从陆续刊布的人名年纪口食簿简中，我们找到一例："县吏李珠年廿三"（柒·6113），与李珠的仕宦经历对照，再一次明确了李珠的身份为县吏，其所任职，皆为侯国（县）属掾史。

7. 张惕

嘉禾四年、五年田家莂中，屡见张惕、赵野、陈通三人作为田户（经用）曹史检校佃田簿，检校署名时间集中在嘉禾五年三月至六年二月，略举一例：

> ▯▨五唐丘县吏周岑，佃田六町，凡卅九亩，皆二年常限。（以下略）其旱田亩收钱卅七，其熟田亩收钱七十。凡为钱一千六百五十一钱，四年十二月二日付库吏潘有毕。嘉禾五年三月三日，田户曹史赵野、张惕、陈通校。（4.97）

可知这段时间内张惕任田户经用曹史。

此外，竹简中多见张惕任职贼曹、中贼曹的记载，如"草言府被书部吏唐王等逐捕叛▯简▯张▯▯事　五月廿二日中贼曹史张惕白"（柒·3162），"▯▯长六月息养护大男李牙李并病事　十一月十七日兼贼曹史张惕[1]白"（柒·4522），"▯五月十四日领中贼曹史张惕▯▯"（叁·6582），"▯嘉禾五年六月廿二日中贼曹吏张惕白言成县民求捕贼掾摄录以▯▯▯▯▯处言▯"（捌·4754），最后一例点明，嘉禾五年六月，张惕为中贼曹吏（史）。

亦有张惕任职户曹的信息，如"闰月十九日户曹史张惕▯"（叁·3844），"草言府部诸乡典田掾温光等逐捕假（？）僮子吴和不在县界事　六月十六日兼户曹别主史张惕白"（柒·2900），"草言府▯▯橐运传送别部▯▯▯▯事　十月廿五日兼户曹史张惕田曹史吕▯白"（柒·3174），"草言府遣吏潘喜这▯▯▯▯▯▯皮事　十一月八日兼户曹掾张惕白"（柒·3181），"▯……取县民邓倚刘▯等八家事　五月十七日兼户曹掾五▯史张惕白"（柒·2974）。具体职位有别，或为户曹掾五▯史、兼户曹掾，或为兼户曹史、户曹别主史。简叁·3844、柒·

---

[1] 此处名原未释出，审图版，当作"惕"。

2900为探求张惕主户曹的时间提供了一些有用信息，据3844，闰月十九日，或指嘉禾二年闰五月，或指嘉禾五年闰二月，而据2900，兼户曹别主史张惕向长沙郡府报告部署典田掾至诸乡逐捕僮子吴和事，据研究，临湘侯国派驻诸乡的廷掾，嘉禾二、三、四年主要称劝农掾，而至嘉禾五、六年转变职名为典田掾[①]，故部署典田掾之事不可能早于嘉禾五年，则张惕嘉禾五年在户曹任上。

有关张惕的资料很多，嘉禾四、五年田家莂大木简中分别出现了在下伍、新唐二丘佃种的张惕，身份为县吏：

> ⫽下伍丘县吏张惕，田廿五町，凡五十七亩。其六十六亩，皆二年常限。（以下略）凡为钱五千二钱，四年十一月廿日付库吏潘有。嘉禾五年三月十日，田户经用曹史赵野、张惕、陈通 校 。(4.21)
>
> ⫽新唐丘县吏张惕，佃田八町，凡五十八亩百六十步，皆二年常限。（以下略）凡为钱一千二百卌，五年十一月廿日付库吏潘慎。嘉禾六年二月廿日，田户曹史张惕校。(5.800)

名籍简中亦出现了名为张惕者，身份均为"给县吏"，

> 吉阳里户人公乘张惕（?）年卅[②]八筭一给县吏（壹·10182）
> 吉阳里户人公乘张惕年卅八 给县吏（柒·3543）

这几例中之张惕是否是同一人呢？凌文超复原小武陵乡嘉禾四年吏民人名妻子年纪簿时发现，吉阳里户人与嘉禾四年吏民田家莂中的下伍丘居民存在明显对应关系[③]，则吉阳里"给县吏"之张惕，应对应"下伍丘县吏张

---

① ［日］安部聪一郎：《典田掾·勧農掾の職掌と郷——長沙呉簡中所見「戶品出錢」簡よりみる——》，［日］伊藤敏雄、窪添慶文、關尾史郎編：《湖南出土簡牘とその社会》，第117—142页。徐畅：《走马楼吴简所见孙吴乡劝农掾的再研究——对汉晋之际乡级政权的再思考》，《文史》2016年第1辑，第23—50页。
② 张惕的年龄，原释文作"廿八"，核查图版，若释为"廿"，中间笔墨不当如此浓重，或亦当释为"卅"。
③ 凌文超：《走马楼吴简采集简"户籍簿"复原整理与研究——兼论"户籍簿"的类型与功能》，《吴简研究》第3辑，表一，第17—18页。

惕",而非"新唐丘县吏张惕"。张惕很有可能在给事侯国（县廷）一段时间后成为县诸曹掾史，转任数曹，而在记录吏民佃田数与缴纳赋税的莂簿上，身份明确注为县吏。

8. 陈旷

据《竹简》〔柒〕刊布的君教文书，嘉禾二年底临湘侯国为审实、发遣私学举行多次期会，而在期会时负责检校簿书的是录事掾陈旷，见：

　　　君教。　　若。　　丞琰如掾，期会掾　悉若、录事掾陈　旷校。
　　　　　兼主簿刘　恒省。　十二月廿一日白，从史位周基所举私学　①
　　　　　　　　　　　　　　张 游 正 户民不应发遣事，修行吴赞 主 。

（肆·4850①、牍·169）

注："若"为墨笔勾勒。

可证陈旷嘉禾二年十一月为录事掾，此职应为侯国（县）吏。陈旷又曾转任中贼曹，参与嘉禾年间大案——许迪割米案的考实，目前所见与案情相关的四枚叩头死罪白文书木牍，其中一枚即中贼曹掾陈旷向本曹及侯国（县）长吏报告案结，据科治罪等情况，上报时间为嘉禾六年四月廿一日（见牍·353）②，证陈旷此时在任；从许迪案的司法层级看，此中贼曹掾亦应为县吏。

嘉禾五年田家莂中有在捞丘佃田的陈旷，见：

　　　ⅡX捞丘县吏陈旷，佃田六町，凡廿亩，皆二年常限。其四亩旱不收布。定收十六亩，为米十九斛二斗，亩收布二尺。……。嘉禾六年二月廿日，田户曹史张惕、赵野校。（5.860）

身份为县吏，捞丘多对应广成乡。综合以上信息，可推测县吏陈旷居广成乡捞丘，曾在侯国（县）录事掾、中贼曹掾等职位上转任。

9. 刘恒

格式一草刺文书中可见作为功曹史的刘恒白事之记载，如：

---

① 私学及修行人名据红外图版补出，此处释文参照本书第一章第二节。
② 对此木牍文书上奏时间的判定，参本书第四章第四节。

第二章 三国孙吴简牍官文书性质与级别的判定

☐☐☐思苦腹心瘇病事　二月廿一日功曹史刘恒（？）白（柒·1429）

☐☐功曹史刘恒白（柒·2716）

☐☐屯田掾蔡忠区光等☐☐☐私学谢邵（？）等十一人事

正月十九日功曹史刘恒①白（柒·2963）

无纪年，但从柒·2963简看，功曹史刘恒处理事务关涉到部署蔡忠、区光等廷掾，处理私学事务，而据凌文超研究，临湘侯国的私学事务，主要由功曹、户曹两曹操办，时间仅集中在嘉禾二年下半年②，可推测刘恒为功曹史恰在嘉禾二年底。私学主要从正户民中选举，被举为私学后，是否需要被发遣，应当经过侯国（县廷）的期会，上文引用过一例有关私学事务的期会文书，见牍·169，我们发现，在文书中署名者有"兼主簿刘恒"，对照分析可知，嘉禾二年底刘恒的本职为功曹史，同时兼任主簿。之所以作如此安排，推测侯国处理某一事务，会以主管本事务的某曹掾史兼任主簿，有助于提高办事效率，这样的例证还有兼主簿尹恒，详上条1。

嘉禾五年田家莂中存在利丘佃田的县吏刘恒，与功曹史、兼主簿刘恒当为一人，见：

‖X利丘县吏刘恒，佃田六十一町，凡九十七亩，皆二年常限。（以下略）凡为钱八千五百六十，准入米七斛七斗☐升，五年十一月廿日付三州掾孙仪。嘉禾六年二月廿日，田户曹史张惕、赵野校。（5.319）

10. 陈通

与张惕的情况相似，陈通曾任田户经用曹史，负责嘉禾四、五年吏民田家莂的检校工作，只是"☐‖X嘉禾二年闰月十二日关经用曹史陈通付库吏☐"（叁·253）提示我们，陈通在嘉禾二年闰五月已为经用曹史，一直

---

① "恒"字原缺释，今据图版补。
② 详细分析参凌文超《走马楼吴简举私学簿整理与研究——兼论孙吴的占募》，《文史》2014年第2辑，第63—64页。

·125·

任职到六年二月。另有为"虞曹史"之陈通,见"☒□廿四日司虞□史陈通☒"(贰·6816)。

嘉禾五年田家莂中有在上和丘佃种的县吏陈通,见:

‖✕上和丘县吏陈通,佃田十一町,凡卅一亩,皆二年常限。(以下略)凡为钱一千二百八十,五年十一月十五日付库掾番慎、番宗。嘉禾六年二月廿日,田户曹史张惕、赵野校。(5.44)

注意到陈通原应作为田家莂的检校者,而此例县吏陈通交纳租税的记录,仅由张惕、赵野检校,似乎提示我们,佃田户县吏陈通与任田户经用曹史、虞曹史之陈通应为同一人,故在簿莂校阅中有所回避。

11. 谢难

嘉禾年间作为田户经用曹吏检校佃田租税簿的,常见张惕、赵野、陈通三人,不过,格式一草刺文书中还有另外一例经用曹吏,即谢难,参"草言府诸乡县吏掾区光黄永等坐兵衣布无人事　三月十二日兼□用曹谢难白"(柒·573)。这个曹吏身份当仍为县吏。

嘉禾四年伃丘大木简中,有县吏谢难,参:

‖✕伃丘县吏谢难,田卅町,凡八十九亩。其六十亩,皆二年常限。(以下略)凡为钱三千二百十五钱,四年十一月十八日付库吏潘有。嘉禾五年三月十日,田户经用曹史□□、张惕、陈通校。(4.266)

另名籍简中有给县吏之谢难,参"平阳里户人公乘谢难年廿一　给县吏"(柒·3208),据凌文超统计,平阳里应属小武陵乡[①],这枚名籍简

[①] 凌文超在对诸乡人名口食簿进行复原基础上指出,吴简中嘉禾年间的人名口食簿主要有小武陵乡嘉禾四年吏民人名妻子年纪簿(含吉阳里、高迁里、东阳里、平阳里、安阳里等),广成乡嘉禾六年吏民人名年纪口食簿(含广成里、弦里),南乡嘉禾四年吏民户数(?)口食人名年纪簿(含宜阳里、石门里、平乐里、义成里等),中乡嘉禾五年吏民人名年纪簿(含绪中里、东赽里、小赤里等),参读《走马楼吴简采集简"户籍簿"复原整理与研究——兼论"户籍簿"的类型与功能》,《吴简研究》第3辑,第9—64页;《孙吴户籍之确认——以嘉禾四年南乡户籍为中心》,杨振红、邬文玲主编:《简帛研究2014》,广西师范大学出版社2014年版,第265—325页。

或应纳入嘉禾四年小武陵乡吏民人名妻子年纪簿。推测嘉禾四年，谢难的身份由给县吏转为县吏，而曾在侯国（县廷）的田户曹任职。

以上，笔者利用已刊竹简、木牍，对嘉禾年间具有代表性的诸曹掾史人名、身份进行集成，为明晰其迁转经历，将详细情况列表如下：

表2-1　　　　　　　嘉禾年间诸曹掾史迁转情况

姓名	身份	时间
尹桓	县吏，年卅四 （兼）主簿 （左）户曹史 兵曹史	嘉禾四年？ 四年五至七月 ？ ？
谢韶	录事掾 南乡、模乡劝农掾 典田掾 广成乡弦里弦丘男子 （广成乡）县吏，年五十一，口八人 （兼）兵曹史、兵曹掾	嘉禾元年至二年初 四年六至八月 五年 五年十二月 六年？ ？
番/潘栋	"如曹"之掾 （兼）兵曹掾 县吏，年六十四（广成乡？）	嘉禾四年五月 四年七月 六年？
谷水	桑乡吏 桑乡区丘 桑乡区丘县吏 桐丘县吏（桑乡） 录事掾 兼仓曹掾	嘉禾元年九月 元年十一月 二年七月 二年八月 三年五至七月 ？
赵野	（兼）（右）仓曹史 户曹掾兼□曹史 右金曹史 田户经用曹史 田曹掾小史、史 兼部曲田曹史 兼金户曹史	嘉禾二年？—四年底？ 二年底 四年三月 五年三月至六年二月 ？ ？ ？

续表

姓名	身份	时间
烝循/修	右仓曹掾 田曹掾 "如曹"之掾 杷丘县吏（平乡） 利丘县吏（东乡?） （仓曹）从掾位 金曹掾 （兼）虞曹史	嘉禾元年? 二年? 三年正至七月，四年五月 五年十一至十二月 五年十一月 六年正月 ? ?
烝堂	右金曹史 广成乡漂丘 （右）田曹史 右仓曹史 平乡东丘吏 右仓田曹史	嘉禾元年五月 元年十月 二年闰五月 元年至二年? 二年十月 二年十二月
李珠	都市史 给县金曹史—（兼）金曹史 故吏（大男） 县吏年廿三 兼□盐（?）史	嘉禾二至三年? 四年九月至五年 六年正月 ? ?
张惕	吏 吉阳里给县吏（小武陵乡） 下伍丘县吏 （兼）户曹史、（兼）户曹别主史 田户经用曹史 （兼）（中）贼曹史 新唐丘县吏 兼户曹掾五□史	嘉禾元年至三年 四年 四年十一月 五年二至六月 五年三月至六年二月 五年六月 五年十一月 ?
陈旷	录事掾 捞丘县吏（广成乡） 中贼曹史掾 吏	嘉禾二年十二月 五年十二月 六年四月 ?

续表

姓名	身份	时间
刘恒	功曹史 兼主簿 利丘县吏	嘉禾二年 二年底 五年十一月
陈通	田户经用曹史 上和丘县吏 虞曹史	嘉禾二年五月至六年二月 五年十一月 ？
谢难	伻丘县吏 兼经用曹（？） 给县吏（平阳里）	嘉禾四年十一月 ？年三月 嘉禾四年？
烝偾	谷丘县吏 门下书佐 利丘县吏	嘉禾二年十月 三年正月至五年五月 五年十一月
吕承	录事书佐	嘉禾四年七月至六年底

观察可知，曾任左户曹、兵曹史的尹桓，任兵曹掾/史、录事掾的谢韶，任（兼）兵曹掾的潘栋，任兼仓曹掾、录事掾的谷水，任右仓曹掾、田曹掾、金曹掾、（兼）虞曹史的烝循，任金曹史、都市史的李珠，任户曹掾/史、中贼曹史、田户经用曹史的张惕，任录事掾、中贼曹掾的陈旷，任功曹史、兼主簿的刘恒，任田户曹史、虞曹史的陈通，任经用曹史的谢难，身份皆为县吏，且籍贯多在侯国（县）下辖乡、里，或于乡、丘佃种，这正符合严耕望秦汉县级属吏"除三辅尤异外，例用本县人"的判断[1]。

通过上述集成工作，我们基本可以认定，格式一草刺文书中的某曹掾史，应为临湘侯国（县一级）诸曹属吏。

下面讨论格式二草刺文书中的"某曹"，详细格式如"某曹言某某事（？事对封），（某年）某月某日丞/书佐/干/小史/某曹掾/史封"。从性质上看，这种格式以"封"字结尾，当为发文登记，内容包含发文者、发文

---

[1] 严耕望：《中国地方行政制度史：秦汉地方行政制度》，上海古籍出版社2007年版，第223、351—353页。

内容、时间、封发者等，唯独缺少收文（件）方。

我们无法直接判断作为发件方"某曹"的级别，不妨先把关注点转至负责此类文书的封发人，主要是书佐烝赟与书佐吕承两人，此外有少量"诸曹言"公文由领书佐鲁堂（柒·4433）、领书佐番逢（柒·1428）、书佐曹进（柒·4430）、门下小史吴衡（捌·4716）、丞蔡南（柒·785）、干蔡南（柒·4436）等封发。从承担发文工作者的身份来看，皆为掾、史、书佐、干之类主文书之小吏（丞蔡南除外），郡县皆置①，如何判定其级别呢？我们不妨从书佐烝赟相关封发记录入手。前文曾引及两例由书佐烝赟发出的金曹与□曹的公文，还有更多的例子，再举若干如下：

☑封　嘉禾三年正月十六日 书佐烝赟②封 （叁·1938）

☑　嘉禾三年正月卅日书 佐烝赟 封（叁·1946）

☑□事对封　嘉禾三年正月廿日书佐 烝赟 封（叁·3442）

□曹言……诣大屯□请杀（？）爵（？）事
　　　　　　嘉禾 五 年五月七日 书佐 烝赟封（贰·7195）

在其他竹简和田家莂木简中，我们又发现了名为烝赟者，身份是县吏：

入东乡嘉禾二年税米十五斛三斗五升胄毕‖✕嘉禾二年十月廿八日谷丘县吏烝赟关墅邸阁董基付仓吏郑黑受（壹·7462）
　　县吏烝赟二夫　☑（叁·6890）
‖✕利丘县吏烝赟，佃田百卅町，凡一顷八十五亩，皆二年常限。（以下略）凡为钱一万三千四百，准入米十二斛一斗三升，五年十一月廿日付三州掾孙仪。嘉禾六年二月廿日，田户曹史张惕、赵野校。（5.309）

---

① 两汉郡府有书佐没有疑问，从目前材料看，东汉中后期县级政权亦有书佐，如《后汉书》卷七一《朱儁传》载其"以孝养致名，为县门下书佐"，第2308页。
② "书佐烝"之下，整理者释为"斌具"，查图版，改释为"赟"。

据简例，书佐烝赞发送文书时间集中在嘉禾三年至五年，而田家莂显示利丘烝赞在嘉禾五年为县吏，简壹·7462显示谷丘烝赞在嘉禾二年十月为县吏，皆与此时间大致相当，又加上名"赞"字者不会很多，我们基本可以认定，负责发送文书之书佐烝赞为临湘侯国（县廷）之书佐。其余发文者，在簿籍中虽未发现重名者，但应与烝赞一样，是侯国负责文书工作之小吏。则可进一步推断，由侯国（县）书佐具封发出之文书，发文单位应属县级机构，则格式二中发文之列曹，当属临湘侯国（县）列曹。

以上以人名为线索，对格式一、格式二草刺文书（格式二称行书刺，为封发文书①）中的某曹的性质、级别进行了判定。其实，从一些草刺文本表述中涉及的行政单位、事项，也可得出某曹掾史为侯国（县级）掾史的判断，如：

草告府诸县仓吏壁阁所领杂摘起讫米事
　　　　　十一月十五日兼仓曹史□□白（柒·4496）
草言府县不枉考入吏许迪罪法傅前解行□军法事
　　　　　四月廿九日金曹掾□□白　（柒·4419）
草言府□□□□□□不在县界□会事
　　　　　六月十八日贼曹掾□□白　（柒·571）
草言府县吏……为簿当实便（？）言事
　　　　　十二月十二日功曹史廖□白（柒·2977）
草言府部诸乡典田掾温光等逐捕假（？）僮子吴和不在县界事
　　　　　六月十六日兼户曹别主史张惕白（柒·2900）

这五枚草刺记载仓、金、贼、功、户五曹掾史分别向上级禀报职掌内的相关事务，涉及条列县仓所领杂摘米、汇报许迪案结行迪军法、部署乡典田掾逐捕僮子等等，立足点皆在县。这些草刺所涉诸曹的行政级别只能是县，而非郡。

通过不同的角度综合分析，我们基本可以认定，两种草刺类文书是临

---

① "封发文书"是沈刚的说法，参其《吴简所见孙吴县级草刺类文书处置问题考论》，《文史》2016年第1辑，第51—68页。

湘侯国（县廷）在日常政务运转中产生的官文书，反映了侯国（县级）诸曹在文书制作、运转中的核心性作用。

二 "叩头死罪白"文书的行政级别

吴简木牍中多见"叩头死罪白"类公文，皆以县吏"叩头死罪白"开始，以"诚惶诚恐叩头死罪死罪""诣某曹""某月日白"结束，正是职吏办理事务完毕后上报诸曹的文书①。此类木牍已刊12枚，笔者将其分为与私学相关、与许迪案相关、其他三类。其中审实、发遣私学的四枚木牍（牍·375、190、168、69），以及审实男子龙攀正户民与否的225号木牍，皆与嘉禾二年底孙吴自上而下进行的选举私学事件相关②。凌文超已对此事在临湘侯国的执行做过细致分析：侯相君、丞埮接到上级政令，责成侯国功曹具体执行，功曹制作官吏名籍，通知官吏按秩级选举私学，据官吏上呈之举状，制作私学名籍（主要是文书工作）；之后，部署相关人员（职吏）对推举出私学的遗脱、正户名身份进行重复核查，决定是否发遣③。以下面的这枚木牍为例：

1 小武陵乡劝农掾文腾叩头死罪白：戌戌记曰：各以何日被壬寅书，发遣州所

2 白私学烝阳诣廷，并隐核人名户籍与不，从来积久，素无到者，隐核知有户籍，

3 皆会月十五日言。案文书：辄部岁伍谢蹊隐核阳，今蹊关言：阳，本乡政户民，单

4 身，与妻汝俱居乡億坪丘，素不遗脱，当录阳送诣廷。阳为家私使竟（？）

---

① 对"叩头死罪白"类文书木牍的研究，如［日］伊藤敏雄《長沙吳簡中の生口売買と「估錢」徵收をめぐって——「白」文書木牘の一例として——》，《歷史研究》50号，2013年，第97—128頁；《長沙吳簡中の「叩頭死罪白」文書木牘小考——文書木牘と竹簡との編綴を中心に——》，《歷史研究》51号，2014年，第29—48頁。
② 木牍的详细内容参照本书第一章第二节。
③ 凌文超：《走马楼吴简举私学簿整理与研究——兼论孙吴的占募》，《文史》2014年第2辑，第58—61页。

·132·

第二章 三国孙吴简牍官文书性质与级别的判定

5 以负税米诣州中仓，输入未还，尽力绞促。蹊颁阳还，送诣廷，复言。腾诚

6 惶诚恐，叩头死罪死罪。　　　　　　　　　　　　诣功曹。

7　　　　　　　十一月 十九 日 甲 □白。（牍·69）①

小武陵乡劝农掾在本乡范围内审实私学烝阳，在具体调查中，核查乡所存留被举私学的户籍，同时部署岁伍入户排查，听取被举私学家属的奏辞。虽然公文提到私学烝阳为"州所白"，但乡劝农掾为县吏，且其工作为发遣私学诣"廷"，可以肯定此次审实是接受侯国（县）功曹的指令，牍文末尾之"诣功曹"，正是县一级的功曹。

与私学事件相关的曹司还有户曹，户曹负责操办"给私学"，对象为正户民，给私学不必发遣，只在当地服役，如审实私学索箪的木牍：

1 广成乡劝农掾黄原叩头死罪白：被曹敕，摄録私学索箪诣廷言。案文书：箪

2 名专。与州卒潘止同居共户，本乡领民，不应给私学，愿乞列言。原诚惶诚恐，叩头死

3 罪死罪。（牍·190）②

索箪为"本乡领民"，非遗脱，不应被举为私学，劝农掾摄録箪的目的，是审实以决定其应服何种役（给州卒或给私学）。此简木牍前言"被曹敕"，后缺行文对象，据功曹、户曹在私学政务中的分工，应补"诣户曹"，而户曹敕令黄原将索箪摄録"诣廷"，则此户曹自然为侯国（县户曹）。

此外，都市掾潘矜推求南阳私学张游的木牍（牍·168）文末"诣某

---

① 考古编号 J22-2616，伊藤敏雄 2001 年在长沙参观展览时曾给出该木牍的初步録文，一直没有得到学界普遍关注，氏著《長沙走馬樓簡牘調查見聞記》，長沙吳簡研究会《長沙吳簡研究報告》第 1 集，東京，2001 年 7 月，第 94—109 頁。此处録文参徐畅《走马楼吴简竹木牍的刊布及相关研究述评》（《魏晋南北朝隋唐史资料》第 31 辑，第 33 页）及本书第一章第二节。

② 本木牍由王素、宋少华首次公布，所撰《长沙走马楼三国吴简的新材料与旧问题——以邸阁、许迪案、私学、身份为中心》，《中华文史论丛》2009 年第 1 辑，第 16—17 页。此处録文参徐畅《走马楼吴简竹木牍的刊布及相关研究述评》，第 32 页，以及本书第一章第二节。

· 133 ·

曹",《竹简》〔肆〕释文为"诣户曹"①,凌文超审查图版,以此字为左右结构,右半依稀为"刀"字,又依据举私学由功曹所掌之惯例,改释为"功"②。我们观察红外图 ,此字上面有明显一点,左半似有撇笔,又极类"户"字;王素先生提示,应从文本内容考虑,都市掾职掌与户曹更为密切,其接受户曹命令,推求流动人口的身份、去向,确认"无有家属应诡课者",是较为合理的③。此处户曹亦为县级。

归入"其他"类的木牍,还涉及到劝农掾、都市史等部吏隐核方远人并制作新占民簿,收取私买卖生口估钱并列簿,罗列贷官粮贫民人名等多种政务,皆是在侯国(县)诸曹的指令下进行④。

自吴简发现以来陆续刊布的与许迪割米案相关的木牍共有四枚(牍·224、34、50、353,图版参本书附图1至4),从文书体式上看,皆属"叩头死罪白"类。由于与此案相关资料公布有限⑤,案件的司法程序、来龙去脉,一直没能得到较好的梳理,故而这四枚木牍中的"曹"、画诺、长官批示等关键信息及其性质,也一直众说纷。笔者曾排比这些木牍,尝试复原了许迪案始末⑥,现在此基础上一一讨论其发文者(发文对象)及其级别。

首先,依汉魏司法工作的责任层级,许迪案理应先由临湘侯国(县)负责考实⑦,故四枚木牍的发文者,录事掾潘琬、中贼曹掾陈旷,以及牍·50中提到的核事掾赵谭、都典掾烝若,主者史李珠皆为侯国(县)

---

① 长沙简牍博物馆、中国文化遗产研究院、北京大学历史学系:走马楼简牍整理组编著:《长沙走马楼三国吴简·竹简〔肆〕》,文物出版社2012年版,第731页。
② 凌文超:《走马楼吴简举私学簿整理与研究——兼论孙吴的占募》,《文史》2014年第2辑,第55页。
③ 2015年4月4日王素先生来函。
④ 此分类下共有四枚木牍,录文详徐畅《走马楼吴简竹木牍的刊布及相关研究述评》,《魏晋南北朝隋唐史资料》第31辑,第36—38页,以及本书第一章第二节。
⑤ 四枚木牍中34号木牍的图版尚未公布。伊藤敏雄据长沙观览给出初步录文,氏著《长沙吴简中的〈叩头死罪白〉文书木牍》,楼劲主编《魏晋南北朝史的新探索:中国魏晋南北朝史学会第十一届年会暨国际学术研讨会论文集》,中国社会科学出版社2015年版,第624—644页;王彬在其基础上有录文,《吴简许迪割米相关文书所见孙吴临湘侯国的司法运作》,《文史》2014年第2辑,第73—91页。但牍末"诣金曹"的时间,两人录文皆有误。
⑥ 学界对许迪案四木牍的讨论,以及对四木牍发生时间的排序,均参徐畅《走马楼吴简竹木牍的刊布及相关研究述评》之梳理,《魏晋南北朝隋唐史资料》第31辑,第60—63页。
⑦ 参考胡仁智对汉代郡县司法权的讨论,氏著《两汉郡县官吏司法权研究》,法律出版社2008年版。

属吏。县级的考实结果是"县前结迪斩罪"（牍·353），而当时县级机构并无执行死刑的权力，郡掌握对死刑的复审权①，故而此案需上报长沙郡复案。从所谓"坐大男许迪见督军支辞""前见都尉""前录见都尉，知罪深重，诣言"推测，负责复核许迪案，录见许迪的官员，为长沙督军都尉②；前录见都尉，应即"□三月廿三日丁未部督军行立义都尉规督察告"（壹·1134），"☐督军行义都尉规督察□告"（肆·4499）中的督军行立义都尉蔡规③。许迪"罪重"，见都尉后翻供，言"不割用米""以米雇摘"。翻供后需复审，因案情复杂，长沙郡太守、列曹皆介入，即牍·224传达的信息：

    1 录事掾潘琬死罪白：关启：应府曹召，坐大男许迪见督军支辞，言不

    2 割食所领盐贾米一百一十二斛六斗八升。郡曹启府君，执鞭录事掾

    3 陈旷一百，杖琬卅，勑令更五毒考迪。请勑旷及主者掾石彭考实

    4 迪，务得事实。琬死罪死罪。

    5   然考人当如官法，不得妄加毒痛。

    6   五月七日壬申白（牍·224）

    注："然考人当如官法，不得妄加毒痛"为浓墨草书批语④。

这里的"府曹"即"郡曹"，而"府君"为长沙郡太守之尊称，郡相关曹

---

① 《二年律令·兴律》简396+397："县道官所治死罪及过失、戏而杀人，狱已具，勿庸论，上狱属所二千石官。二千石官令毋害都吏复案，问（闻）二千石官，二千石官丞谨掾，当论，乃告县道官以从事。彻侯邑上在所郡守。"张家山二四七号汉墓竹简整理小组：《张家山汉墓竹简〔二四七号墓〕》（释文修订本），文物出版社2006年版，第63页。
② 王素最早提出"都尉"为长沙郡中部都尉，王彬认为应指负责军粮转运的督军粮都尉。王素：《长沙走马楼三国孙吴简牍三文书新探》，《文物》1999年第9期，第50页；王彬：《吴简许迪割米案相关文书所见孙吴临湘侯国的司法运作》，《文史》2014年第2辑，第85页。
③ 督军应为孙吴中央外派驻各郡之军职，立义都尉为其所带杂号，蔡规任职的性质，详徐畅《新刊走马楼简牍与许迪割米案司法程序的复原》，《文物》2015年第12期，第71—83页。
④ 最早由刘涛刊布，《中国书法史·魏晋南北朝卷》，江苏教育出版社2002年版，第67页，但图、文质量不佳，此处录文据本书第一章第二节。

司请示长沙太守,对此案作如下处理:鞭杖审案不力者,并敦促县吏陈旷、石彭,对许迪严加考问,务得事实。

牍文末尾的浓墨批字"然考人当如官法,不得妄加毒痛"是理解这件公文收件人的关键。由于公文中并未出现临湘侯国长吏之指称,而有府曹,府君,不少学者以批示为长沙郡太守所下,则此文书为县录事掾上行郡府①。先不论县录事是否有直接行文郡首长的权力,郡曹"敕令"鞭杖陈旷、潘琬,"五毒考迪","请敕旷及主者掾石彭",实际上隐去了行文、传达命令的中间一个层级。许迪案的初审由侯国/县主持,重考实自然还应回到县,这里的下敕对象正是临湘侯相,也通常是县长吏,才对办事不力的县属吏实行体罚②。牍末的批示,正是侯相指示掾属,加紧考实,但应依官法,不可滥刑。

牍·34的收件人(发文对象)为侯国/县金曹,争议不大(释文详本书第一章第二节)。牍·50、353中"曹"的性质,牍末的画诺还需要予以分析,先移录两文书文本如下:

　　1 录事掾潘琬叩头死罪白:过四年十一月七日,被督邮勑,考实吏许迪。辄与核事吏赵谭、

　　2 都典掾烝若、主者史李珠,前后穷核考问。迪辞:卖官余盐四百廿六斛一斗九升八合四勺,得米

　　3 二千五百六十一斛六斗九升,已二千四百卌九斛一升,付仓吏邓隆、谷荣等。余米一百一十二斛六斗八升,迪割

　　4 用饮食不见。为廖直事所觉后,迪以四年六月一日,备入所割用米毕,付仓吏黄瑛受。

　　5 前录见都尉,知罪深重,诣言:不割用米。重复实核,迪故下辞,服割用米。审。前后搒押迪凡百

　　6 卌下,不加五毒,据以迪今年服辞结罪,不枉考迪。乞曹重列言府。傅前解,谨下启。琬诚

　　7 惶诚恐,叩头死罪死罪。

---

① 如伊藤敏雄的观点,参其《长沙吴简中的〈叩头死罪白〉文书木牍》,《魏晋南北朝史的新探索:中国魏晋南北朝史学会第十一届年会暨国际学术研讨会论文集》,第624—644页。
② 东汉至三国,长官鞭打属吏极为普遍,代表性文献如《三国志·吴书·黄盖传》记黄盖任石城县令,检摄诸曹,下教曰:"两掾所署,事入诸出,若有奸欺,终不加以鞭杖,宜各尽心,无为众先。"《三国志》卷五五,第1284页。

第二章 三国孙吴简牍官文书性质与级别的判定

8 若（浓墨草书批字）　　　　　二月十九日戊戌白。（牍·50）

1 中贼曹掾陈旷叩头死罪白：被曹敕，考实大男许迪，知断用所卖官盐贾米一百一十二斛六斗

2 八升，与不言。案文书，被敕，辄考问。迪辞：所领盐贾米一百一十二斛六斗八升，迪自散用饮食尽。

3 县前结迪斩罪，惧怖罪重，支辞虚言，以米雇擿，令弟冰持草归家改定。迪手下辞，不以米

4 雇擿，自割食米。审实。谨列见辞状如牒，请以辞付本曹，据科治罪，谨下启白。旷诚惶诚

5 恐，叩头死罪死罪。

6 若（浓墨草书批字）　　　　　四月廿一日白（牍·353）①

50号木牍是录事掾潘琬向上级汇报许迪案再审、审结情况，并附考实辞状（解），无明确行文对象，第6行言"乞曹重列言府"，点明行文对象涉及侯国（县廷）某曹，并希望该曹继续向郡府汇报。这里的"曹"是哪一曹？伊藤敏雄以为是功曹②，而文书第2行的主者史李珠，应是确定曹名的关键。笔者曾分析过"主者"在文献中的语义背景，指出列曹在职掌上分工明确，在某事务本当由某曹负责情况下，该曹史径称"主者史"③。嘉禾四至五年许迪案发时，李珠的身份是县（兼）金曹史，如：

嘉禾四年九月卅日兼金曹史李珠白言入□□□□□　一□万四千六百九十（壹·1673）④

则此处亦应为县金曹。与此相对应，果然存在县金曹掾上报郡府许迪案

---

① 两木牍的图版较早刊布，此处录文据本书第一章第二节。
② 伊藤敏雄：《长沙吴简中的〈叩头死罪白〉文书木牍》，《魏晋南北朝史的新探索：中国魏晋南北朝史学会第十一届年会暨国际学术研讨会论文集》，第624—644页。
③ 徐畅：《走马楼简所见孙吴临湘县廷列曹设置及曹吏》，《吴简研究》第3辑，第319—320页。
④ 原释文金曹史作"李诛"，细审图版，此字左半似非"言"而为"王"，右半边为"朱"字，只是"朱"字的一撇书写不甚清楚，因改为"李珠"。

· 137 ·

结，行迪军法，先送至县廷，提请审查的草刺简，"草言府县不〖枉〗〖考〗入吏许迪〖罪〗〖法〗傅前解行□军法事　四月廿九日金曹掾□□白"（柒·4419），时间在本木牍之后两个月的嘉禾六年四月①。

牍·353是县中贼曹掾陈旷向上级汇报许迪案审结，请据科治罪的"白"文书，第4行的"请以辞付本曹"，伊藤氏仍以为功曹②，未知作何解；文书发自贼曹掾属，称"本曹"，则行文对象涉及侯国/县贼曹无疑。而上述两枚木牍，公文末尾的浓墨草书"若"，相应当为侯国长吏、临湘侯相所画，而非郡太守。

三 "君教"文书的行政级别

汉代官府间往来文书中，常见的下行文书有记、教③，相当于唐代州下县、县下乡的符，东汉碑刻资料中常见"府君教"④，系郡太守晓谕下级单位的公文形式，却少见"君教"。走马楼吴简中，相对于僚属上呈之"白"文书，地方长官发出"教"，如"府君教□"（贰·3620）；但数量最多的是以"君教"开头，以门下掾史校，主簿/主记史省结束的审查期会类文书，书写在宽幅4cm左右的木牍上，较其他木牍更窄，因此称为"小木牍"⑤。

一开始，伊藤敏雄、高村武幸、谷口建速等学者倾向于从汉碑中的"府君教"出发来解释此类木牍，因而得出"君"为郡太守的结论⑥。实

---

① 许迪案的审结时间，详徐畅《走马楼吴简竹木牍的刊布及相关研究述评》一文辨析，《魏晋南北朝隋唐史资料》第31辑，第60—63页。
② ［日］伊藤敏雄：《长沙吴简中的〈叩头死罪白〉文书木牍》，《魏晋南北朝史的新探索：中国魏晋南北朝史学会第十一届年会暨国际学术研讨会论文集》，第624—644页。
③ 汪桂海列举汉代基层官府文书的类型包括1. 奏记，2. 记（下行）、教，3. 举书，4. 檄，5. 传，6. 除书与遣书，参照氏著《汉代官文书制度》，第47—87页。
④ 如《邟都安斯乡表》中的"府君教诺"，［日］永田英正编：《漢代石刻集成［圖版·釋文篇］》之一一九，京都同朋舍1994年版，第230—232页。
⑤ "小木牍"是竹简整理者的说法，据《长沙走马楼J22发掘简报》介绍，吴简中的官文书木牍宽幅大约在6—9cm，《文物》1999年第5期，第20—21页。
⑥ ［日］高村武幸：《秦漢地方行政制度と長沙走馬樓呉簡》，日本長沙呉簡研究会报告，東京お茶の水女子大学文教育学部棟8階演習室，2002年10月26日；［日］谷口建速：《長沙走馬樓呉簡にみえる「貸米」と「種糧」——孫呉政権初期における穀物貸與——》，《史觀》162，2010年，第43—60页；［日］伊藤敏雄：《長沙呉簡中の生口売買と「估錢」徵収をめぐって——「白」文書木牘の一例として——》，《歷史研究》50，2013年3月，第97—128页。

际上，两汉魏晋，县令长亦可向僚属出教。徐畅提出木牍中的主簿、丞皆为县级，部分"君教"上的浓墨"若"字，应为临湘侯相的批示①。

此后凌文超、王振华等对这类木牍进行了全面解析，凌文超以《竹简》〔肆〕刊布的私学期会木牍4850①为例，分析了其中出现的吏职与人名：君指临湘侯相，名郭君，丞琰全名丁琰，为临湘侯丞，有竹简为证，"嘉禾二年十二月壬辰朔卅日辛酉临湘侯相君丞琰②叩头死罪敢言之"（肆·1476）；期会掾烝若、录事掾陈旷皆为负责核查文书的县吏，而兼主簿刘恒的本职为县功曹史（参表2-1），从而确定君教文书展现的是临湘侯国期会的行政过程。他还对"君教"后通常连写，并有自署的"丞某如掾掾某如曹"进行了解释，"丞如掾"，"如"为往、去之意，"掾"作动词办理、处理解③。

王振华以"如""掾"皆为动词，按此类推"掾如曹"之"曹"亦属动词，这一理路解释不通的情况下，他又提出"如"为会同之意，"丞如掾"是丞会同掾一起处理相关事务，"掾如曹"即掾会同曹处理相关事务；而所谓"如曹"之"掾"，王振华以为地位在丞之下，其他吏员之上，较诸曹掾为高，推测可能是在临湘侯相、丞上言文书背面署名之掾石彭④。關尾史郎先生近年亦注意收集吴简竹木牍中的"君教"文书，他同意文书为县级，并提出"掾如曹"中的掾应是廷掾⑤。

第四节　回应·结论与进一步的假说

上述三部分迂回串联，逐一讨论了走马楼简牍中与诸曹相关的官文书，包括两种草刺类文书、"叩头死罪白"文书和"君教"文书，其中出

---

① 观点详徐畅《走马楼简所见孙吴临湘县廷列曹设置及曹吏》，《吴简研究》第3辑，第310页。
② 丞名原缺释，凌文超据图版补。
③ 凌文超：《走马楼吴简举私学簿整理与研究——兼论孙吴的占募》，第37—71页。
④ 王振华：《孙吴临湘侯国主记史研究》，北京吴简研究班讨论稿。
⑤ ［日］關尾史郎：《从出土史料看〈教〉——自长沙吴简到吐鲁番文书》，魏晋南北朝史研究的新探索——中国魏晋南北朝史学会第十一届年会暨国际学术研讨会论文，北京，2014年10月12—15日。

现的"曹"皆为临湘侯国（县）之列曹，而其所处理的事务，皆以临湘侯国（县廷）为中心。以往学界对两汉三国时代，县级行政的地位有所瞩目，廖伯源先生因尹湾汉简郡吏人数远远少于县吏觉察到秦及汉初地方行政之重心在县而不在郡，郡府职责在下教县廷而监督其成效，县廷则实际施政治民①，邹水杰亦指出县为地方行政重心②，汪桂海更以县道侯官一级官府为文书档案保存的最基层机构③。

揆诸吴简情况，产生于乡里社会的人名口食簿、租税帐簿等最终都要汇总至县（侯国），侯国定期举行期会，对这些簿籍进行校核，郡以上的行政单位并无簿籍全本，或许只掌握一个统计数字④；基层行政运转中产生的上行文书，皆需呈侯国长吏（侯相）批示，大部分事项可在侯国（县）内部予以处理，而确需更高级别行政人员处理者，方封发继续上行。侯相（县令长）面临基层社会运转中产生的各种定期、不定期事务及由之产生的文书，J22 所出简牍，应当就是指这些文书，是临湘侯国的档案群。

就以上总"结论"，仍有几个相关问题需要解释与回应：

第一，我们说走马楼吴简是孙吴临湘侯国文书档案群，是对簿书、官文书的情况进行各自观察而得出的判断，并不否认其中会出现郡一级，或其他行政单位及属吏的名称和相关文书。事实上，如前引王素先生所观察到的，吴简中有"府君教"，郡太守的下行文书，甚至有太常、大将军、中书、选曹尚书等职称⑤，有吴国中央"选曹"的记录⑥，作为师佐籍的签牌"兵曹徒作部工师及妻子本事"涉及到军府、郡及县三级兵曹⑦。又竹简"草言乞郡曹料见吏肯……区取事☑"（柒·4412），许迪案牍·224

---

① 廖伯源：《汉代郡县属吏制度补考》文，收入氏著《简牍与制度——尹湾汉墓简牍官文书考证》（增订版），广西师范大学出版社 2005 年版，第 66—69 页。
② 邹水杰对两汉县为地方行政中心作了系统论述，参考氏著《两汉县行政研究》第六章第一节"县为地方行政重心论"，湖南人民出版社 2008 年版，第 313—335 页。
③ 汪桂海：《汉代官文书制度》，第 224—227 页。
④ 如同汉代户籍在乡一级编成，副本藏县廷，郡以上行政单位只掌握各地户口数字。
⑤ 王素：《长沙走马楼三国吴简研究的回顾与展望》，《吴简研究》第 1 辑，第 15—16 页。
⑥ 见"☐吏相候委邮吏送勿失限会八☐☐☐右选曹"（肆·3980）
⑦ 凌文超：《走马楼吴简两套作部工师簿比对复原整理与研究》，卜宪群、杨振红主编：《简帛研究 2009》，第 162—237 页。

第二章 三国孙吴简牍官文书性质与级别的判定

中的"府曹""郡曹启府君"等，皆为郡诸曹。还有一些有关兵曹[1]、右仓曹[2]的记录，由于简文残断，无法确定级别。

笔者并不同意因吴简中存在大量长沙郡、县名，他县乡名而推定其级别为郡级的做法。由于临湘为长沙郡之首县，郡仓、监狱等机构皆设于此，侯国（县廷）在日常行政事务处理中，完全可能关涉到相当数量的长沙郡属县、长沙郡、临近诸郡，驻扎在附近的潘濬军府，乃至吴国中央机构，而在文书中有所体现。这并不影响侯国（县级）文书的总体判断。

第二，我们判定已刊吴简中目前数量最多的官文书——两种草刺类文书中诸曹的级别，主要使用人名集成法。关于这种方法，目前见到两种质疑：1. 竹简与田家莂大木简，官文书木牍中出现的同名同姓者，属于同一人的可能性到底有多大？日本学者森本淳作过考察，他以为在临湘侯国之内存在复数人名的可能性极低，倾向于认定同名者为一人[3]。而我们讨论的范围更小，皆为临湘县廷属吏，关于县吏的数目，青岛土山屯汉墓新出《堂邑元寿二年要具簿》（M147：25－1）记载西汉后期琅琊郡堂邑县有"吏员百一十三人"[4]；廖伯源先生据尹湾汉简《东海郡吏员簿》统计了该郡诸县及盐铁官吏员数，其中海西县吏员最多，有107人，合乡县仅有25名吏员，这是西汉中后期情况[5]；虽然史籍记载孙吴时大姓子弟加入使州郡县吏人数膨胀，但据估计每县领吏大约亦不出100—200人，与两汉相似[6]。这有限人数中，同名而以不同身份出现者，与其认定为不同之人，不如以为就是同一人，只是在不同时间身份发生了变化。

由此看来，表2-1中尹桓、张惕、陈通、烝循、李珠皆有转任数曹经历，而尹桓在户、兵二曹任职，刘恒在功曹任职后，晋升为临湘县主

---

[1] 如"·兵曹黄忠所领十人嘉禾二年五月□☑"（贰·3877），"☑□其年四月□□□胡阳兵曹☑"（叁·7412）等相关简例。
[2] 如"右仓曹谨列嘉禾二年余逋杂米已入付授簿"（肆·4621）。
[3] ［日］森本淳：《嘉禾吏民田家莂にみえる同姓同名に関する一考察》，《嘉禾吏民田家莂研究——长沙吴简研究报告》第1集，长沙吴简研究会，2001年，第68—79页。
[4] 青岛市文物保护考古研究所、黄岛区博物馆：《山东青岛土山屯墓群四号封土与墓葬的发掘》，《考古学报》2019年第3期，第405—438页。
[5] 廖伯源：《汉代郡县属吏制度补考》，收入氏著《简牍与制度——尹湾汉墓简牍官文书考证》（增订版），第62—63页。
[6] 唐长孺先生曾对两汉郡县领吏数额进行过估算，韩树峰以此为基础，讨论了孙吴的情况，见所撰《论吴简所见的州郡县吏》，《吴简研究》第2辑，崇文书局2006年版，第51页。

簿。也许正如王子今先生所言,服务于基层行政机构的吏人,往往也有调任不同职务的经历[①]。

2. 似乎不能以在某机构供职的吏为州/郡/县吏而直接判定该机构为州/郡/县级,如伊藤敏雄注意到州中仓吏黄讳为县吏,监贤为郡吏,因而认为仅据仓库负责人的身份判定其为郡仓、县仓是困难的[②];王素进一步提出,州吏董基主管邸阁,不能据此认为邸阁为州一级,他的解释是,孙吴州、郡、县吏都只是一种吏役,而长沙郡府是临湘权力最大、事务最多的机构,县、郡吏及在临湘的州吏都必须在郡级机构服役[③]。戴卫红注意到向"右仓曹史烝堂"汇报月旦簿的机构,除三州、州中仓外,还包括刘阳仓、吴昌仓、醴陵仓、醴陵漉浦仓、安成仓、永新仓等县仓,这些县皆属长沙郡,推测右仓曹不太可能属于临湘县,而极有可能是长沙郡右仓曹;对于徐畅以烝堂为县吏判定右仓曹为县级的作法也提出了疑问[④]。

尽管上述学者所举的例子都是一些特例,仍然值得思考并回应,以戴卫红指出应为郡右仓(田)曹史的烝堂为例,竹简提示有同名同姓居于平乡东丘之吏烝堂,见:

入平乡嘉禾二年租米□斛□斗胄毕╲╲嘉禾二年十月廿八日东丘烝堂关塱阁董基付三州仓吏……受 (壹·3249)

☑日东丘吏烝堂关丞☑ (贰·8529)

又有居于广成乡漂丘的烝堂,"入广成乡三年税米二斛一斗胄毕╲╲嘉禾元年十月廿七日漂丘烝堂付三州仓吏谷汉受 中"(叁·3679),确实未见其有县吏之身份。但根据上文统计,嘉禾年间长期在右仓曹工作的另一位曹吏烝循,曾任右仓曹掾、仓曹从掾位,其在簿籍上的身份注记正是县吏(详本书表2-1)。

[①] 王子今:《走马楼简牍所见"吏"在城乡联系中的特殊作用》,《浙江社会科学》2005年第9期,第155—160页。
[②] [日]伊藤敏雄:《关于长沙走马楼简牍中的邸阁、州中仓、三州仓》,《长沙三国吴简暨百年来简帛发现与研究国际学术研讨会论文集》,中华书局2005年版,第113—123页。
[③] 观点见氏著《中日长沙吴简研究述评》,《故宫学刊》总第3辑,第552—553页。
[④] 戴卫红:《长沙走马楼吴简所见孙吴时期的仓》,《史学月刊》2014年第11期,第93—106页。

第二章 三国孙吴简牍官文书性质与级别的判定

戴卫红以右仓曹史烝堂应非县级的最有力理由是其接受之月旦簿，不仅来自三州、州中仓，亦来自除临湘外的长沙郡的一些属县的县仓，理论上说，只有郡仓曹的职责范围才能及于这些县仓①。

笔者以为，即使如此，烝堂仍为县吏，右仓曹应属临湘县。理由是，关于吴简中三州、州中仓及其他仓性质的讨论较多，却很少有人注意王素转引的张弓对唐代仓廪研究得出的结论，唐代郡治所在县，只设郡仓，不设县仓②；这种制度，当有其渊源，临湘县（侯国）恰为孙吴长沙郡之郡治，从简文内容看，常出现的三州、州中仓的性质虽有争议，但以州中仓为郡仓，基本上获得了共识。州中仓不仅接受自三州仓转运而来的租税米、受纳临湘县下诸乡租税杂限米，长沙郡其他属县民户缴纳赋税，也有直接入州中仓的情况。由于州中仓位于郡首县临湘，在入受各种米后，存在将相关簿籍备案交付其所在地（临湘县）右仓曹的可能③。如谷口建速拼合的州中仓谷物月旦簿及其他散简：

右仓曹史烝堂白州中仓吏黄讳潘虑列起嘉禾元☒年☒正月一日讫三月卅日旦簿☒（壹·2039+1773）

☒仓曹史烝堂白州中仓吏黄讳潘虑列起嘉禾元年四月一日讫六月卅日旦簿☒承三月余杂领吴平斛米三万（壹·2243+2364）④

右仓曹史烝堂白　三州仓吏谷汉列　起嘉禾元年正月一（叁·4612）

州中仓、三州仓均要向右仓曹汇报月旦簿，再由右仓曹将上报文书"白"于更上级机关。如果依照戴卫红的理解，右仓曹为郡级，则再白事之上级

---

① 戴卫红：《长沙走马楼吴简所见孙吴时期的仓》，第98—106页。
② 张弓观点详氏著《唐朝仓廪制度初探》，中华书局1986年版，第4页。王素总结了学界对吴简三州、州中仓、邸阁的性质提出的不同观点，并发表了自己的见解，以州中仓为郡正仓，三州仓为郡转运仓，邸阁为县级，参所撰《中日长沙吴简研究述评》，第548—553页。
③ 魏斌就以为简牍中的右仓曹为临湘县级，但他的观点，临湘作为长沙郡首县，郡、县仓并存，与王素不同，参所撰《走马楼所出孙吴贷食简初探》，《魏晋南北朝隋唐史资料》第23辑，第27—57页。
④ 以上两枚"月旦簿"系谷口建速先生复原。氏著《长沙走马楼吴简所见孙吴政权的地方财政机构》，中国简帛学国际论坛2009提交论文，"简帛网"，2009年6月27日首发。

· 143 ·

应为郡或更高行政机构；但两汉三国时期，户口簿籍等基层定期文书主要存留在县，郡一级机构完全无必要掌握仓库每月、每季度领税米、租米、杂限米的详细记录。

不仅如此，由于郡仓设于首县的特殊情况，临湘县右仓曹还存在监管郡仓及其仓吏的可能，见：

草言被督诸县仓郡仓壁阁 兼 丞 应 县 问 事
　　　　　　　　正 月 十 五 日 右仓曹史赵野 白 （柒·4481）

从"应县问"可知此处右仓曹为县曹，其负责督促赴县的人员包括诸县仓、郡仓、邸阁的管理人员。

通过以上的辨析，我们以为，除去极少数情况外，可以凭吴简中诸曹掾史的身份、级别来推定其所供职诸曹的行政级别。走马楼简牍官文书的诸曹，大多数是指临湘侯国（县廷）诸曹而言。

在认同吴简为县级文书的基础上，一直有学者希望寻根究底，弄清楚这批简牍是经历了何种过程之后进入井中的，是由哪个（或哪些）机构放置于井中的，进而对吴简基本性质有更精确的判断。

2005年，吴简采集简发表了大部分，關尾史郎先生对竹、木简牍进行全面清理，分为三大类多个小类：（1）关于赋税的简牍，1. 田家莂，2. 赋税纳入简，3. 赋税总账木简牍，4. 与赋税相关的司法木牍，5. 与赋税相关的签牌；（2）关于名籍、身份的简牍，6. 户等、户税简，7. 年纪簿，8. 年纪簿制作木牍，9. 年纪簿调查木牍，10. 私学木牍，11. 与年纪簿相关的签牌；（3）其他，12. 书信，13. 名刺，14. 封检，15. 其他（各种竹简），16. 其他（各种木简），17. 其他（各种木牍）。關尾氏认为这些归类下的吴简多与临湘侯国的田户曹有关，可以初步判定J22所出主要是临湘侯国的田户曹废弃的各种文书[①]；王素先生以此说观点新颖，言之有据[②]；谷口建速、安

---

① ［日］關尾史郎：《史料群としての長沙吳簡·試論》，《木簡研究》第27號，2005年11月，第250—266頁。
② 王素：《中日长沙吴简研究述评》，第530—531页。

部聡一郎二氏也相继表示支持①。

但上述发掘简中的草刺文书涉及侯国田户曹外各曹的文书行政；而近年来始引起学界普遍关注的以"君教"开头的木牍，系由侯相、丞、主簿/主记史、期会掾、录事掾等联署的行政批件②，这些内容都很难说仅与田户曹相关。

吴简发现20年之际，与基层行政运转相关的官文书开始被大规模的披露③，围绕簿书的复原整理工作也进一步走向深入；侯旭东先生提出，欲对吴简的主人做精确判断，不能仅仅依据单一类型的文书，应将簿书与官文书合并观察。他在对《竹简》〔肆〕涉米簿书、草刺文书、君教文书进行具体分析之后，尝试将已刊吴简归为七类：1. 仓曹上呈的簿书、受物莂册及相关的田地簿、人名簿等，2. 户曹上呈的吏民人名年纪口食簿及相应的签牌，3. 诸曹处理过的事务的摘要，4. 诸曹不能处理的事务的文书，5. 门下要处理的事务转单（君教简）及前附文书簿册，6. 诸曹草拟的回复郡府、平行、下行文书，书佐为主簿起草的文书及所附簿册，7. 其他，如私人信件、名刺、封检等；依据各类的性质，指出 J22 所出简牍是侯国主簿与主记史保管的若干年中经手与处理的部分文书及簿册，保存文书的地点可能即记室④。对于吴简的性质问题有了新看法。

将吴简的收藏者细化为临湘侯国内的某一特定机构，是建立在对这批资料通盘把握与精准定位基础上的；但10万余枚吴简构成一个庞大的未

---

① ［日］谷口建速：《長沙走馬楼呉簡における穀倉関係簿初探》，《民衆史研究》第72號，2006年11月，第45—61頁；［日］安部聡一郎：《典田掾・勸農掾の職掌と郷——長沙呉簡中所見「户品出錢」簡よりみる——》，［日］伊藤敏雄、窪添慶文、關尾史郎編：《湖南出土簡牘とその社會》，汲古書院2015年版，第117—142頁。

② 凌文超、徐畅认为"君教"文书反映了临湘侯国期会的行政过程（凌文超：《走马楼吴简举私学簿整理与研究——兼论孙吴的占募》，第57—61页；徐畅：《释长沙吴简"君教"文书牍中的"掾某如曹"》，杨振红、邬文玲主编：《简帛研究2015秋冬卷》，广西师范大学出版社2015年版，第231—236页），李均明先生称为"合议批件"（《东汉简牍所见合议批件》，杨振红、邬文玲主编：《简帛研究2016春夏卷》，广西师范大学出版社2016年版，第256—264页），侯旭东先生认为并不存在侯国内各主要官吏的集会讨论，而仅体现在各方官吏的核查、签署，从而将君教文书定性为县廷门下官吏审查诸曹上呈重要事务的转单，参所撰《湖南长沙走马楼三国吴简性质新探——从〈竹简（肆）〉涉米簿书的复原说起》，长沙简牍博物馆编《长沙简牍研究国际学术研讨会论文集》，第59—97页。

③ 除官文书竹简外，还有376枚木牍，大部分用来书写官文书。

④ 侯旭东：《湖南长沙走马楼三国吴简性质新探——从〈竹简（肆）〉涉米簿书的复原说起》，《长沙简帛研究国际学术研讨会论文集》，第59—97页。

知体，我们依据陆续刊布的资料立论，就好似仅触摸到了未知体的一角或部分角落，难免以偏概全。關尾史郎氏2005年提出的田户曹说，确能涵盖在此之前发布的嘉禾吏民田家莂与各类簿书内容，但此后新发表的诸曹类文书，展示了侯国仓、田、户、兵、金等多个曹的日常行政，并非仅田户曹；与许迪割米案相关的司法文书，显示案件考实由金曹、贼曹、录事掾参与，未见田户曹的身影①。

近年来发表的与诸曹、主簿/主记史、录事掾等相关的官文书促使侯旭东先生思考和寻找一个汇总各曹上、下行文书，作为公文运转枢纽的机构，这一机构正是门下②。以吴简中包含侯国（县廷）门下参与处理的文书，自无异议，但以其中数量巨大的名籍、户籍簿、仓库账簿、田家莂等皆由户曹、仓曹、田户经用曹等上呈给侯国（县廷）门下，因而保藏在主记室，笔者以为恐超出了主记室的容纳量。据相关学者研究，"曹"的本义是保存文书的宇舍，汉晋郡府县廷中由名目繁多的诸曹分曹办公，与某曹职掌相关的公文、簿书，相应存储于该曹③。同理推测，吴简中的仓、库账簿，应存于仓曹；吏民人名年纪口食簿、特种名簿，应存于户曹；而许迪案司法文书中称参与其中的金曹史李珠为"主者史"，则相关案卷或为保存在金曹的那份④……。目前，吴简尚未公布完毕，其中还有多少新内容，无法断言，仅现有资料，也很难完全对应于侯国（县）下辖的某一具体机构。

吴简基本性质的最终解决，恐有赖于两项工作的推进。一是吴简整理发表工作。期待《竹木牍》特辑及《竹简》〔别册〕的问世，在所有简牍公布之后，对J22所出簿书、官文书、私文书等进行系统复原、清理、分类，对各类册书的格式、性质、功能进行全面探讨。

二是对汉晋间长沙故城的考古工作。自20世纪80年代以来，长沙市

---

① 详情参本书第四章第四节的梳理。
② 侯旭东指出，诸曹是临湘侯国日常事务处理的实际中心，而名义上的枢纽是以侯相为核心的门下，参《湖南长沙走马楼三国吴简性质新探——从〈竹简（肆）〉涉米簿书的复原说起》，《长沙简帛研究国际学术研讨会论文集》，第96—97页。
③ 郭洪伯：《稗官与诸曹——秦汉基层机构的部门设置》，卜宪群、杨振红主编：《简帛研究2013》，第101—127页。
④ 李珠在与许迪案相关的50号木牍中被称为"主者史"，据木牍及相关竹简传递的信息判断，自嘉禾四年九月至六年二月，李珠由给县金曹史转为（兼）金曹史，后又恢复大男身份（为故吏），参本章第三节的梳理。

考古队、市文物考古研究所配合城区基本建设，对不同历史时期的长沙城墙、宫署、水井与墓葬等遗址进行了考古勘探和发掘，揭示了市中心五一广场一带自战国至唐宋皆作为城市中心，官署列布的情况；因在该广场西北侧工程建设工地的古井中发现"府君高迁"东汉文字瓦当，认定两汉三国长沙郡署、临湘县署皆置于此①，但郡、县衙署分部较近，据何旭红先生介绍，借助目前的考古手段，尚无法分辨同在长沙故城内的各官署遗址。今后采用精细化的考古手段，并结合对五一广场出土其他批次汉、吴简牍内容、属性的分析，相信可勾画出郡（国）、县（侯国）官署各自的分部范围和某些细部结构②，从而揭开22号古井之谜。

---

① 关于长沙故城考古工作的回顾与最新进展，参读黄朴华主编《长沙古城址考古发现与研究》，岳麓书社2016年版。
② 何旭红：《长沙汉"临湘故城"及其"宫署"位置考析》，《南方文物》1998年第1期，第96—100页。

第三章 三国孙吴竹简官文书的整理与研究

第一节 草刺与行书刺：
两种官文书简性质的判定

官文书木牍之外，在新近出版的《竹简》〔柒〕〔捌〕中，官文书竹简也占了相当大的比例，数量最多的是以"草言府""某曹言"开头的反映基层诸曹文书制作、上报、收发的简文，李均明首先将其定名为"草刺"，定性为诸曹撰写草稿的记录，并对当时所刊草刺进行集成，收集到58例①。徐畅依据简文格式对草刺文书进行了分类，归纳为"草言（府）……事，某月某日某曹掾/史某某白"，"某曹言某某事（？事对封），（某年）某月某日书佐/干/某曹掾/史封"两种格式；以文书中诸曹掾史人名为线索，寻找簿籍中同名同姓者，以其身份注记判定诸曹大多数为县级，从而将格式一定为呈太守府文书正本发出后，县廷保留的起草公文纪录，而格式二为临湘侯国（县廷）门下的发文登记簿②。

此后沈刚将草刺文书定性为有别于账簿的不定期文书，重新解释了"草言府"的含义：所言之事需经郡府处理，但先要经县长吏审查。将格式一归纳为列曹起草、撰写，提请县长吏进一步处理文书的登记记录；而格式二为由县廷统一封缄的发文登记，两种文书可能均由县门下书佐制作。

目前比较一致的意见是，格式一文书是列曹起草的上行文书登记记

---

① 李均明：《走马楼吴简"草刺"考校》，《史学月刊》2008年第6期，第86—89页。
② 徐畅：《走马楼简所见孙吴临湘县廷列曹设置及曹吏》，长沙简牍博物馆、北京大学中国古代史研究中心、北京吴简研讨班编：《吴简研究》第3辑，中华书局2011年版，第295—300页。

录，据"·右言府草刺廿五□□□"（貳·8889），称"言府草刺"；而格式二文书是县廷统一封缄的发文登记，徐畅称为"草刺"①，沈刚称为封发类文书②。但亦有不同见解，尤其是对"某曹言"文书，侯旭东认定"封"非封发，而为封存之意，此类文书为县廷汇总的诸曹所处理过事务的事目；事务处理完毕后，将相关事目文书封存，加上签牌③。吴简木牍中确有诸曹某年月言府草刺的签牌，应对应该年该月的草刺文书册，如：

　　元年九月所言府
诸曹　众期钱米杂物　（柒·4476①）
　　草刺事

说明草刺文书是自成一类，按月编联，单独收卷的。理论上应可以进行某年某月"言府"草刺册的复原工作。沈刚曾分析《竹简》〔柒〕中包含这类简的相关揭剥图（图十、二十三、二十四、二十五、二十六、二十七、三十七、三十八、三十九）④。但由于不存在草刺简集中成坨出现的情况，且格式一的上报时间缺年份记录，草刺文书的复原未取得突破。

笔者曾注意到《竹简》〔柒〕、《竹简》〔捌〕中有若干枚闰月某日上报的草刺简，指出以吴简记载的主要时段，易推出闰月草刺的年份⑤。而新刊布的《竹简》〔陆〕中，于闰月某日上言的两类草刺简较为集中地出现，尤其集中于出版号464－605号、2409－2446号之间，多达120余枚⑥，对应揭剥图十、图十一与图三十一。

笔者在长沙简牍博物馆库房参观时，注意到一枚闰月"言府众期钱米

---

① 徐畅：《走马楼简所见孙吴临湘县廷列曹设置及曹吏》，《吴简研究》第3辑，第291页。
② 沈刚：《吴简所见孙吴县级草刺类文书处置问题考论》，《文史》2016年第1辑，第51—68页。
③ 参读侯旭东《湖南长沙走马楼三国吴简性质新探——从〈竹简（肆）〉涉米簿书的复原说起》，长沙简牍博物馆编《长沙简帛研究国际学术研讨会论文集》，中西书局2017年版，第59—97页。
④ 沈刚：《吴简所见孙吴县级草刺类文书处置问题考论》，第54页。
⑤ 徐畅：《三国孙吴基层文书行政研究——以长沙走马楼简牍为中心》，博士后研究报告，北京师范大学历史学院，2016年7月，第107页。
⑥ 长沙简牍博物馆、中国文化遗产研究院、北京大学历史学系：走马楼简牍整理组：《长沙走马楼三国吴简·竹简〔陆〕》，文物出版社2017年版，释文第740—747页、785—786页。

草刺事"的签牌，应即为《竹简》〔陆〕闰月草刺册的标题简牍①：

　　　　闰月一日讫卅日所
　　诸曹　言府众期钱
　　　　米草刺事（牍·367）

除签牌外，Ⅱa26 简牍揭剥位置示意图（图十）左部，Ⅱb14 简牍揭剥位置示意（图三十一）上部②，皆有对两类草刺文书的结计简，先将《竹简》〔陆〕整理者释文胪列如下：

　　为文草及行书合百□十□事　其□九事□□封（陆·502）
　　　　　　　　　　　　　　　　七十事行书封
　　·右言府行□七十事（陆·505）
　　言府本……（陆·506）
　　右所言府草刺廿九事（陆·2424）

因《竹简》〔陆〕提供的黑白图版辨识度不高，2019 年 4 月笔者到访长沙简牍博物馆时，在技工毕灿的协助下，曾将上述几枚简进行红外扫描，今依据红外线影像（参本书附图 5），修正其释文如下：

　　为文草及行书合百五十九事　其八十九事本草刺（陆·502）
　　　　　　　　　　　　　　　　七十事行书刺
　　·右言府行书七十事（陆·505）
　　言府本……（陆·506）
　　右所言府草刺八十九事（陆·2424）

将结计简释文厘定完毕后，两类草刺文书在当时当地公文运转中的官方称呼及其性质，随即趋于明朗。陆·502 结计简中的"文草""本草刺"应指代格式一草刺文书，而"行书""行书刺"应指代格式二草刺文书。既

---

① 采集品，原编号 2601、拍照号 367，感谢长沙简牍博物馆宋少华、蒋维先生的帮助。
② 长沙简牍博物馆、中国文化遗产研究院、北京大学历史学系：走马楼简牍整理组：《长沙走马楼三国吴简·竹简〔陆〕》下册，附录 1，第 899 页、946 页。

名"行书",可证实沈刚先生对此类官文书性质的判断,即县廷门下向外行书的发文记录,"封"为封发,而非封存之意①。陆·2424、陆·505则分别为两类格式文书的结计,说明闰月草刺册的编联中,草刺与行书刺分别统计,再汇总成一道完整册书。

在厘定两类草刺文书简的性质基础上,以《竹简》〔陆〕的草刺简为中心,汇集散见已出版各卷中的离散草刺简,进行闰月言府草刺的复原,已具备可行性。

第二节　闰月言府草刺册的集成与分析

整理者在《竹简》〔陆〕前言介绍"本卷内容丰富,包括大量的草刺(撰写草稿的记录)"②,但并未指出本卷所收草刺的特殊性。展读本卷释文可知,自出版号450号之后,开始大规模出现格式如"草言(府)……事,某月某日某曹掾/史某某白","某曹言……事,(某年)某月某日书佐/干/史封"的两类闰月上言草刺。在现有吴简纪年时段内(黄武—黄龙—嘉禾/222—238),有闰月的年份不多,第一步工作是先推定闰月言府草刺简的确切年份。

一　闰月时间考

在《竹简》〔陆〕之前刊布的文书简中,零星出现过一些闰月简,收集相关资料,其中一部分仅有月、日,无年份,如"☐☐　闰月六日都典掾烝☐白"(肆·3583),"☐　闰月十三日书佐烝赟白"(捌·5904),"☐☐闰月廿八日田曹史☐☐☐"(伍·3476)等,整理者皆注释作"据陈垣《魏蜀吴朔闰异同表》,嘉禾二年闰五月,嘉禾五年闰二月。秦汉三国历日同",对于闰月简的年份,提出了两种可能。亦有年、月、日信息俱

---

① 观点见沈刚《吴简所见孙吴县级草刺类文书处置问题考论》文。
② 长沙简牍博物馆、中国文化遗产研究院、北京大学历史学系:走马楼简牍整理组:《长沙走马楼三国吴简·竹简〔陆〕》,第1页。

全的闰月文书简，也对应两个年份，如"……嘉禾五年闰月廿三日 书佐 吕承封"（伍·3011），"入中乡嘉禾年薅钱三千四百𠤎嘉禾二闰月廿日男子钱国付库吏殷连受"（叁·3174）。那么，《竹简》〔陆〕中集中出现的闰月草刺简，是嘉禾二年还是嘉禾五年所制？我们认为是嘉禾二年。

细究本卷内容，虽然大量的草刺简无纪年，但偶有例外，如"草言府部吏陈□等□□□□钱邸阁□与……起□□ 嘉禾二年闰月五日 在 曹掾石 彭 白"（陆·2412），有嘉禾二年闰月五日的详细日期记载，经核对图版，释文无误。依此信息，则本卷草刺应为由门下书佐在嘉禾二年闰五月①将诸曹及县廷上行文书摘要进行归档而产生的档案。

可巧的是，《长沙简牍博物馆藏长沙走马楼吴简书法研究》新近披露的一枚君教木牍，恰好揭示了一年之后，侯国长吏及属吏对二年闰月言府草刺档的勾校和审核，编者定名为"嘉禾三年五月五日君教文书"②：

1 君教。　　丞　　如掾，期会掾烝若、录事掾谷　水校。
2 　　　　主簿　省。嘉禾三年五月五日白，二年闰月所言府众期草刺白事。（正面）
1 已刺。（背面）
注："已刺"为批字。

由此可知，《竹简》〔陆〕所收闰月草刺册，应即"二年闰月所言府众期草刺"的文书实态，而均应系于嘉禾二年闰五月。

二　闰月草刺册的集成及相关问题

据不完全统计，《竹简》〔陆〕中闰月草刺简约120余枚，散见于Ⅱa㉖、Ⅱa㉗、Ⅱb⑭各坨，对应揭剥图十、十一、三十一；其中后两坨中含

---

① 据王振华《吴简朔闰考》，孙吴嘉禾二年闰五月，朔、望日分别为己丑、癸酉。参氏著《孙吴"君教"文书与侯国行政过程研究》，博士学位论文，清华大学历史系，2017年，第146页。
② 长沙简牍博物馆编著：《长沙简牍博物馆藏长沙走马楼吴简书法研究》，西泠印社出版社2019年版，图版+释文，第48页。

草刺简数量有限,唯Ⅱa㉖一坨对应出版号464—605,共142枚竹简,其中大多数为草刺、行书刺,但也包含户口簿(高迁等里)、租税、限米交纳简,临湘侯相、丞上言文书简等①。

观察对应的揭剥图十,上部及左下部有字面朝下,而右下部有字面朝上,本坨简左下部离散,而有字面朝下部分受到挤压或冲击,亦离析为若干堆;揭剥图编号1至34的一堆,与其余堆独立不相关联,说明简册的保存状况不太理想。依据简面相对的状况,可勉强确定起始层,位于示意图编号103、104、105、106号(朝下)与111、112、113、114号(朝上)之间,则右下部自下至起始层为8层,因上部离析,至起始层的简层数无法厘定②。

明了简层排列后,可尝试推测本坨对应草刺册的收卷情况。根据与整理者释文的对照,接近起始层的99号、116号为闰月一日言府草刺,108、109号为闰月二日言府草刺,100号、111、117号为闰月三日草言、草言府文书,如果我们认定闰月草刺册的基本编联原则是日期,日期早者编于简册起始,则说明该简册的起始简经收卷后,位于本坨的最核心、内部位置;揭剥图编号39、42、43号为简册的结计简,而40号为闰月二十七日言府草刺,56号为闰月廿八日行书刺,140号为闰月廿日行书刺,141号为闰月廿四日行书刺③,简册的结计简、编于后端的大日期草刺简,经收卷后均位于起始层的外围;上述信息都只能说明,该简册是自首端至尾端(从右至左),有字面朝内收卷。而观察起始层上、下部分的组成简的排列,仅各举两组例证:

　　草言府遣吏□还都计孙纯大□岑张杨妻……事　闰月七日史监讳白(陆·587·124/12)④
　　草言答府已壬记发遣故吏子弟邓梁程诣□□吏事　闰月九□□曹史□□□(陆·588·125/12)

---

① 464—605号简释文见《长沙走马楼三国吴简·竹简〔陆〕》下册,第740—744页。
② 揭剥位置示意图见《长沙走马楼三国吴简·竹简〔陆〕》下册附录,第899页。
③ 以上揭剥示意图编号与原简整理出版号的对照详《长沙走马楼三国吴简·竹简〔陆〕》下册附录,第900—901页。
④ 所列简号依次指卷次、整理出版号、揭剥位置示意图编号、盆号,下同。

右仓曹言部吏五训文腾聂钱故吏文水□□家属宗亲诡备所负擿□
事　闰月十四日书佐烝赟白（陆·512·49/12）

□曹言部 吏 ……　闰月廿日书佐烝赟 封 （陆·511·48/12）

依日期先后可大致判定，草刺简在揭剥图中呈逆时针方式排列，则对本坨简进行整理时，应遵循逆时针顺序，从起始层下一层开始，由内而外分层揭剥复原。但由于本坨离散严重，未形成围绕起始层的典型环绕式分层，而与本坨同属闰月草刺册的简又散见于Ⅱa㉗、Ⅱb⑭坨，以及已经发表的发掘简各卷（在J22中应同处一区）①，故而无法遵循分层揭剥的理想复原模式。

但闰月（言府）草刺册具有如下明显的特征：1. 月别为卷，2. 草刺与行书刺分别统计编联，再汇总，3. 门下书佐以日期为单位，每日制作草刺、行书刺，归档时亦当以日期为单位编联形成册书；遵循这些特征，我们可以对闰月草刺进行集成。工作原则是，以Ⅱa㉖坨草刺简为中心，兼及本卷及各卷闰月草刺，分别进行草刺、行书刺的汇总。汇总起来的两种文书，先依日期先后排序；若日期相同者，在Ⅱa㉖坨的，则依距离起始层的远近，逆时针走向排序；不在本坨的，收入《竹简》〔陆〕的资料依其整理出版号排序；随后是散见于发掘简各册的，可以确定为嘉禾二年闰月的草刺；最后是简册之结计。现将集成结果呈现如下：

标题简
　　　　闰月一日讫卅日所
　 诸 曹　言府众期钱
　　　　米草刺事　　　（牍·367）

草刺册
闰月一日
　　草言府部吏蔡忠逐捕叛卒伍少事　闰月一日尉曹② 掾 番栋白（陆·529·66/12）
　　草言府遣吏潘勇传送叛吏郑迈妻率迈男弟营□弟旱子男□与男弟

---

① 参《长沙走马楼三国吴简·竹简〔陆〕》下册《本卷简牍整理揭剥区位》，第881页。
② "曹"原释作"书"，今据图版改。

南等四人诣大屯乞请致书事　闰月一日中贼曹史利豫白（陆·579·116/12）

　　草言府答□□部吏潘荆黄原蔡忠等稚禾私受（?）刘伯范民等五人□□发遣答言事　闰月一日功曹史蔡珠①白（陆·562·99/12）

　　草言府乞须民休作讫伐作三百石船事　闰月一日船曹掾番栋白（陆·556·93/12）

　　草言府吏蔡忠刘恒鉏霸②等夯蔡宗□出□□□五百一十斛给贷嘉禾元年贫民佃种粮给……被原罪事　闰月一日右仓曹史烝堂③田曹掾五④苾期会掾烝若⑤录事掾谢韶⑥白（陆·495·32/12）

闰月二日

　　草言府都尉蔡德妻□病未差不任发遣事　闰月二日保质曹史利豫白（陆·571·108/12）

　　草言府都吏文腾诡大男张末家属□□事　闰月二日船曹掾番栋白（陆·572·109/12）

　　草言府小男殷秃为刘□区……走卑还□□事　闰月二日兵曹史监讳⑦白（陆·536·73/12）

　　草言府部吏……　闰月二日船曹史□□□（陆·594·131/12）

　　　□贫　民　种　粮　事
　　　□　　　　　　闰月二日田曹史烝堂白　（柒·2823）⑧

闰月三日

　　草言禁给吏民不得晢……霸等草　□〔闰〕月三日□曹史……（陆·574·111/12）⑨

---

① "珠"字，据图版补。
② "霸"字原缺释，据图版补。
③ "堂"字原缺释，今据图版补。
④ 田曹掾姓原释为"孟"，今据图版改。
⑤ 原释为"关曹掾□□"，今据图版改。
⑥ "韶"字，据图版补。
⑦ 兵曹史名原释为"善"，今据图版改。
⑧ 临湘侯国在黄龙元年，嘉禾二、三、四年有赈贷贫民种粮的行为，而此处闰月二日应对应嘉禾二年，彼时烝堂为田曹史，此简内容可与陆·495对照。
⑨ 陆·574简的前一枚与后一枚均为闰月简，此处亦应为闰月，因补。

　　　　草言府便部辈传送生口区宏男弟本诣官事　闰月三日仓①田曹掾五蒸白（陆·580·117/12）注：简面有朱笔迹。

　　　　□言入□黄梅六斛七斗九……付郡献曹□草　闰月三日献曹史利豫白（陆·563·100/12）

　　　　草言府簿□有入……禾□□一百[五]十[斛]四斗□□陈通[谢]韶②受[事]　闰月三日史[虑]（陆·524·61/12）

闰月四日

　　　　草言府大男陈[裹]□男子□□于道□□男子潘根□□事　闰月四日中贼曹史利豫白（陆·525·62/12）

　　　　……三……舫□运米诣□□　　闰月四日……曹掾□□□（陆·547·84/12）

　　　　草言府……所买生口……等□见部……事□　〔闰〕③月四日□□曹掾五蒸④白（陆·2411/12）

闰月五日

　　　　[草][言][府]……六十八斛□入□斛……　闰月五日[部]曲田[曹]……（陆·570·107/12）

　　　　草言遣吏潘勇送吏何⑤息男弟黄所持三封过所诣大屯草　闰月五日保质曹史利豫白（陆·581·118/12）

　　　　草言[府]……所实核诡入马贾钱十四万事　闰月五日□曹史□□□（陆·557·94/12）

　　　　草言府□□大男刘□□四人□□司马[黄]升所买生口事　闰月五日□田曹掾⑥□□白（陆·535·72/12）

　　　　草言府部吏陈□等□□□□钱邸阁□与……起□□嘉禾二年闰月五日[金]曹掾石[彭]白　（陆·2412/13）

闰月六日

---

① "仓"字据图版补。
② "韶"字原释为"颐"，今据图版改。
③ 本号草刺简月份记录难辨，但本号前后均为闰月简，推测其亦应为闰月简。
④ 曹掾名原缺释，据图版补。
⑤ "何"，原释作"石"，据图版改。
⑥ "掾"字原缺释，据图版补。

·156·

第三章 三国孙吴竹简官文书的整理与研究

　　草言入豆种有入五十五 斛 付 吏 郑韶吴梁等□付□ 事 　闰月六日右 贼 曹史利豫白（陆·527·64/12）　注：简面有朱笔迹。

　　草言府羊皮有入廿 九 付库吏殷连传送诣府事闰月 六 日兵曹史监 讳 ①白（陆·2410/13）注：简面有朱笔迹。

　　☑□　闰月六日都典掾烝□白（肆·3583）②

闰月七日

　　草言 府 部 吏……妻发遣 诣 官事　闰月七日部曲田曹掾五苓白（陆·576·113/12）

　　草言府遣吏□还都计孙纯大□岑张杨妻……事　闰月七日史监讳白（陆·587·124/12）

闰月八日

　　草言府移邸阁李嵩③出米十五斛给稟柏船匠师……事　闰月八日船曹掾番栋白（陆·575·112/12）

　　草言府部吏潘荆何④息州吏……遣还官事　闰月八日部曲田曹掾五苓白（陆·551·88/12）注：简面中段见朱书"中"字。

闰月九日

　　草言答府己壬记发遣故吏子弟邓梁程诣□□吏事　闰月九□□曹史□□□（陆·588·125/12）

　　……〔闰〕 月 九日……（陆·532·59/12）⑤

　　□□□□ 同 □慎男子区□□当雷鹿等家属 妻 子 ……广 为 □……新移事　嘉禾□年闰月九日中贼曹史利 豫 白草（陆·515·52/12）

闰月十日

　　草言部吏陈旷等收责元年鍉钱有入见钱十一万二千八百与前所入合卅六万五□铢未毕二百八十七万一千八百事草　闰月十日金曹掾

---

① 原释作"监汉"，今据图版改。
② 从简文格式看应为言府草刺，但从内容无法确认闰月之属年，先置于此。
③ "嵩"字原缺释，今据图版补。
④ "何"，原释作"潘"，今据图版改。
⑤ 本号简虽释文不全，应为草刺简，而本号前后均为闰月简，此件亦应同。

□□白（陆·564·101/12）注：简面中段见朱书"中"字。

　　草言诏还吏□玉不得三 封 启□闰月十日船曹掾番东①白（陆·2413/13）

闰月十一日

　　　　　　　　　　闰月十一日……（陆·2409）②

闰月十七日

　　草言府遣吏孙仪傅□追□弩櫓弓□合四百一十三枚诣武昌请致书闰月十七日兵曹史监讳白（陆·504·41/12）注：简面底端有朱笔"中"字。

　　草言府□吏廖田蔡进客赵大连等十人各分在吴昌□乞严在所□取事　闰月十七日户③曹史□□封（陆·480·17/12）

闰月十八日

　　草言……　闰月十八日……（陆·538·75/12）

　　二千五百□□□钅□二 万 □千□钱□□合 二 万 □千 事 □〔闰〕月十 八 日金曹□□□□（陆·526·63/12）④

　　☑闰月十八日兵曹史监讳白（捌·5982）

闰月十九日

　　草言府给佃新兵□□□事　闰月十九日田曹史□□ 白 （陆·577·114/12）

　　草言入□□种卅五斛五斗□□ 新 入五十五 斛 □合一百五斛五斗……毕 草　闰月十九日中贼曹史利 豫 白　（陆·566·103/12）注：简面见朱色笔迹。

　　草言府州吏高伯客□等三人……事　　闰月十九日户曹史□腾白（陆·559·96/12）

　　闰月十九日户曹史张 惕 　☑（叁·3844）

闰月十？日

---

① 船曹掾释文名原作"监□"，今据图版改。
② 陆·2409号前后均为闰月草刺，此简格式亦同。
③ 此处"户"字原缺释，今据图版补。
④ 陆·526简之前后均为闰月简，此简亦应为闰月所白。

第三章 三国孙吴竹简官文书的整理与研究

　　草言府訽□……□⃝嘉禾二年闰月十☒（贰·6830+6831）①

闰月廿日

　　草言府遣吏□□送……所……闰月廿日□曹掾□□白（陆·583·120/12）

　　草言府遣吏潘勇传送□龙□四俅诣大屯乞请致书　闰月廿日部曲田曹掾五荎白（陆·543·80/12）

　　草言有入黍种三斛与前所入一斛合四斛余未毕□事　闰月廿日中贼曹利豫白（陆·481·18/12）

　　☒　闰月廿日经用曹史陈通白（陆·736/12）

　　☒　闰月廿日□曹史□□□（陆·749/12）②

闰月廿二日

　　草言府……事　……闰月廿二日……白　　（柒·4513）③

闰月廿三日

　　草言府部左尉□吏龚□烝孙等邑□事……等大人事　闰月廿三日兵曹史监讳（？）白（陆·552·89/12）

　　草言府答州或不佐郡官调吏民所作船事　闰月廿三日船曹掾潘栋④白（柒·3165）⑤

闰月廿四日

　　草言府部吏蔡忠……合□人□□事　闰月廿四日兵曹史监讳白（陆·578·115/12）

　　草言府被……等十人差□事　闰月廿四日兵曹史监讳（？）白（陆·553·90/12）

闰月廿五日

　　部曲史利豫曰昨启应吕直⑥事□急事文书三却不答□□当稽（？）

---

① 贰·6830+6831 两枚应为一枚简断裂之碎片，今拼合。
② 陆·736、749 号从格式看，应为闰月草刺。
③ 本件释文信息残缺，无法进一步确定闰月属年，先置于此。
④ "栋"原释文作"椎"，据图版改。
⑤ 据上引陆·556、572、575 等简，嘉禾二年闰月，吏潘栋为临湘侯国船曹掾，则此闰月应系于嘉禾二年。
⑥ "直"原释文作"宜"，今据图版改。

留正言所长吏□职尉负……闰月廿五日白（陆·517·54/12）
闰月廿六日
　　草言被书就宫梅枯黑梅□枯黑梅七斛二升□□潘□传送诣宫草闰月廿六日献曹史利豫白（陆·544·81/12）
闰月廿七日
　　草言府实核乡番琬证要大男番生等事　闰月廿七日户曹利豫白（陆·503·40/12）
　　草言答府言记部乡吏文艦……　闰月廿七日□□曹掾……（陆·2414/13）
闰月廿八日
　　☑□闰月廿八日田曹史□□□　（伍·3476）①
闰月廿？日
　　草言府遣吏孙仪传送□妻……卅枚诣武昌事　闰月廿□日□曹史监讳白（陆·560·97/12）注：简面中段见朱书"中"字。
　　草言府遣吏潘勇传送□兵吴□梁文妻姑等三人②□□□二人请致书事　闰月廿□日户曹史□富白　（陆·2417）注：简面有朱笔迹
　　草言府大男□□米□□事　闰月廿□日……白　（柒·3098）③
以下闰月某日，日期不明
　　草言大男诵□乞占户牒事　闰……白（陆·537·74/12）
　　草言府列私学新吏吏帅客岁伍复作……闰月□日部曲田曹掾五蕊白（陆·567·104/12）
　　……闰月□日部曲田曹史五蕊白□　（陆·582·119/12）注：简面有朱笔迹。
　　草言府都尉……差□遣事　闰月□日……（陆·561·98/12）
　　草言府考实□□仓……七人□所典□税……　闰月□日右仓曹

---

① 本件释文信息残缺，无法进一步确定闰月属年，先置于此。
② "人"字原缺释，今据图版补。
③ 本件释文信息残缺，无法进一步确定闰月属年，先置于此。

第三章 三国孙吴竹简官文书的整理与研究

史丞堂白（陆·555·92/12）

　　草言府答大常……吏……九万六千三百□　　……曹史□□白（陆·539·76/12）①

　　草言大男唐如妻緰緰子女□□男弟鹿鹿男弟□等五人坐□□男子唐儿□□事　……贼曹史利豫白（陆·550·87/12）②

　　草言府实核大男区□□□等人……米一斛乞□后□□遣事　闰月□日仓曹史丞堂白（陆·549·86/12）

　　草言遣吏吴赟上还右尉□所调□一……事　闰月□日曹吏蔡珠白（陆·548·85/12）

　　草言府大男□□宗□□□市讫武昌事　闰月□日□曹掾□□□（陆·534·71/12）

　　草言府传关……　闰月……　（陆·590·127/12）

　　草言谨遣醴陵右尉吏……　闰月……　（陆·591·128/12）

　　草言遣都尉到界□□湘□勤兵逐捕□贼□□□口食吏胡银□□草……中贼曹史利豫白（陆·592·129/12）③

　　草言府请致遣吏潘勇④□□何成三封过所一枚事　……田曹掾五苕白（陆·542·79/12）⑤

　　草言府受责定大……事……船曹⑥掾番栋白（陆·533·70/12）⑦

　　草言府□吏……舍　……白（陆·595·132/12）⑧ 注：简面中段见朱书"中"字。

　　□言府……事　闰……（陆·597·134/12）

---
① 陆·539号简日期记录残，但前后号均为闰月草刺，且属于第12盆，白于闰月的可能性大。
② 陆·550号简日期记录残，但前后号均为闰月草刺，且属于第12盆，白于闰月的可能性大。
③ 陆·592号简日期记录残，但前后号均为闰月草刺，且属于第12盆，白于闰月的可能性大。
④ "勇"原释作"禹"，今据图版改。
⑤ 本号前后皆为闰月草刺，此件亦应白于闰月。
⑥ "船曹掾"原释作"尉书掾"，今据图版改释。
⑦ 本号前后多为闰月草刺，此件白于闰月的可能性大。
⑧ 本号前后皆为闰月草刺，此件白于闰月的可能性很大。

草言府传还西部屯田府吏李甫奴成付𣏌（？）西县事　闰月即（？）日兵曹史监讳①白（陆·494·31/12）

草言府诡核□丘……食……　闰月□日……（陆·492·29/12）

草言府……　闰月□日……（陆·487·24/12）

草言府入麻种□斛三斗与前所入十三斛合十四斛　闰月□日右?②尉曹史□□□（陆·2416）

结计简

右所言府草刺八十九事（陆·2424/13）

行书刺册

□何踵子男同等三人劾事　闰月一日书佐烝□（捌·5675）③

□　闰月三日书佐烝赞封（陆·719/12）

金曹言入锾贾钱十六万二千一百……入□万五千未毕二百八十七……事

献曹言入黄秅六斛七斗木衣一千八十六枚事　闰月四日书佐烝赞封（陆·540·77/12）

中贼曹掾□□李郎中出米三斛给禀夷民石□等三人事　中贼曹……郎中出米七斛给禀……等二人事　闰月五日书佐烝赞封（陆·596·133/12）

船曹言遣吏黄寿传送□□等□□□一枚事　闰月六日船曹掾番栋白封（陆·584·121/12）④

贼（？）⑤曹言乞须休若讫立作三百石以上□事　□曹言……所买生口事

---

① 兵曹掾姓名原释"孟韦"，今据图版改。
② "右"，原释作"都"，今据图版改。
③ 笔者曾借助已刊吴简对格式二草刺文书（即行书刺）的封发人书佐烝赞的迁转经历进行分析，发现其嘉禾二年为县吏，嘉禾三年正月至五年为县门下书佐，负责文书的收发；而据闰月行书刺提供的信息，烝赞任门下书佐的时间应提前至嘉禾二年，由于嘉禾五年后负责文书封发的门下书佐多为吕承，则由烝赞封发的闰月行书刺应系于嘉禾二年，下同。参读拙文《走马楼简所见孙吴临湘县廷刵曹设置及曹吏》，收入《吴简研究》第3辑，296—300页，亦可参读本书第二章第三节、第四章第三节。
④ 依此简所记，船曹掾似可自行封发文书。因释文不完整，而仅此一例，暂且存疑。
⑤ "贼"字据图版补。

第三章　三国孙吴竹简官文书的整理与研究

☐曹言遣吏……田并事　质曹言

……☐ 曹 言……事

屯田曹言 部 ……毛钧所责☐事　☐曹言 部 吏 ……钱事　闰月七日书佐烝赞封（陆·573·110/12）

船①曹移送吏妻子官中出米十五斛给禀柏舩匠师☐☐☐等二人事　闰月八日书佐烝赞封（陆·565·102/12）

☐ 曹 ……三……事　闰月十日书佐☐☐☐（陆·518·55/12）

保 ②质曹言遣吏潘勇传还吏何息弟黄所持三封过所一枚事　闰月十日书佐☐☐（陆·516·53/12）

功曹言遣吏吴赞☐郡吏……能…… 事 　闰月十日…… 封 （陆·508·45/12）

☐☐☐☐☐私学 新 吏 ……是家少田不应收税事　闰月十二日书佐烝赞封（陆·2421/13）

☑　闰月十三日书佐烝赞封（捌·5755）

☑　闰月十三日书佐烝赞白③（捌·5904）

右仓曹言部吏五训文腾聂钱故吏文水☐☐家属宗亲诡备所负摘☐事　闰月十四日书佐烝赞封④（陆·512·49/12）

☑闰月十四日书佐烝赞封（陆·665/12）

☑☐移张☐付益阳县事　闰月十四日书佐烝 赞 封 （陆·759/12）

☑　　闰月十四日书佐烝赞封（陆·760/12）

右☐曹言部录事掾张恕☐ 聂 实核吏文敷☐应吕直事☐稽留☐应科☐卅事　闰月十五日书佐烝赞封（陆·541·78/12）

☐曹言遣☐原等诡吏☐☐☐杨等家属备就事　闰月十五日书佐烝赞封（陆·599·136/12）

户曹☐湘西遣吏……廿四日客棠☐等三人事　闰月廿日书佐烝赞

---

① 曹名原缺释，今据图版补。
② "保"字原释为"录"，据图版改。
③ 从简文残留内容看当为行书刺，但书佐姓名后，整理者释为"白"，查原书图版漫漶，暂将此简置于行书刺。
④ "封"原释为"白"，今据图版改。

· 163 ·

封（陆·569·106/12）

　　功曹白部吏文强□□□□谢将□宽并乞更为都伍赵□举代事　闰月廿日书佐烝赟封（陆·568·105/12）

　　□曹言部吏……　闰月廿日书佐烝赟封（陆·511·48/12）

　　户曹言乞弹治复民都尉□□迹鼠不出客周当谒　闰月廿日书佐烝赟封（陆·510·47/12）

　　□曹言仓入黍种一斛三斗与前所入合□斛八斗余未毕廿□斛□斗七升四□　闰月廿日书佐□□（陆·509·46/12）

　　金曹言入鍒贾钱廿六万五千九百与□未入合□三万九百余……万五千九百事　闰月廿日书佐烝（陆·507·44/12）

　　□曹谨遣□□□诡吏□□龙□负……　闰月廿日书佐烝赟封（陆·603·140/12）

　　□曹言部吏黄原区光等摧收□紆火食在县□□□发遣……闰月廿日书佐烝赟封（陆·474·11/12）

　　□曹入□□卅五斛与前所入合一百斛五斗备□□毕事　闰月廿日书佐烝…封（伍·7053）

　　☑闰月廿一日书佐烝赟封（捌·5749）

　　☑……事　闰月廿二日书佐烝赟封（陆·715/12）

　　户曹言……妻……事　□〔闰〕月廿二日书佐烝□□（陆·769/12）①

　　□□言诡大男黄福赎所□牛一头□事　闰月廿四日书佐烝赟封（陆·593·130/12）

　　户曹言新兵妻及母合三人须就辈传送诣大屯事　闰月廿四日书佐烝封（陆·604·141/12）

　　中贼曹言依科正处大女□□等五人事　闰月廿七日书佐烝赟封（陆·589·126/12）

　　□曹言依科结吏尹桓罪应私为五□事　闰月廿七日书佐烝赟封（伍·7058）

---

① 此号临近有闰月草刺，且保留封发人书佐烝某的信息，应为闰月。

□吏龚□□□判客殷恕…… 闰月廿八日书佐烝赟封（陆·554·91/12）

户曹言□□郡吏……家□吏□事 闰月廿八日书佐烝赟封（陆·519·56/12）

☑……事 闰月廿八日书佐烝赟封（陆·705/12）

以下闰月某日，日期不明

……闰月□日书佐烝赟□（陆·531·68/12）

☑□十□□必备……事 闰月□日书佐烝赟封（陆·546·83/12）

□曹言遣吏黄勇传送……书□□□□过所三枚请致事 闰月□日书佐烝赟□（陆·598·135/12）

户曹言乞……事 闰月□日书佐烝赟封（陆·600·137/12）

□曹言遣吏□义传送……事 闰月□日……（陆·601·138/12）

□曹言遣吏孙仪□元年弩□枚□弓衣□枚箭卅发诣武昌乞请致书事 闰月□日书佐烝赟封（陆·602·139/12）

功曹言部吏黄原潘琬□政□□潘程生子诣府事 闰月□日书佐烝赟封（陆·501·38/12）

户曹言部吏□霸吴□责男子张说黄□等□书□事 闰月□日书佐烝赟封（陆·2418/13）

户曹言部吏……种有入□百五十……等给吏……□〔闰〕月……书佐烝赟封（陆·2419/13）①

□曹言条列狱部□□合十人……簿事 闰月□日□曹……（陆·2440/13）

□曹言大女□□□大男周震坐藏舍夷（?）民文起事 ……闰月……☑（陆·766/12）

金曹言部吏文腾等诡课……还所负……钱米事 ☑（陆·768/12）②

---

① 此号临近有闰月草刺，且保留封发人书佐烝赟的信息，应为闰月。
② 此号前后皆为闰月草刺，推测亦应于闰月封发。

　　　　□曹言遣吏……给□乞请□□☒（陆·645/12）①
　　　　……等三人料简事　　闰月……封（伍·7056）②

结计简
　　　　·右言府行书七十事（陆·505·32/12）

无法判定格式的草刺简
　　　　☒遣吏黄寿□大屯迎……（陆·585·122/12）③

总结计简
　　　　为文草及行书合百五十九事　其八十九事本草刺／七十事行书刺（陆·502·29/12）

检校记录
　　　1 君教。丞　　如掾，期会掾烝若、录事掾谷　水校。
　　　2　　主簿　　省。嘉禾三年五月五日白，二年闰月所言府众期草刺白事。
（正面）
　　　1 已刺。　　（背面）（牍·234）④
　　　注："已刺"为批字。

　　草刺与行书刺通常情况下是一曹呈报一事，一事一封，也存在一事由多曹共同呈报（如陆·495），一曹同一天呈报多事、写于同一条草刺简上⑤、一曹言多事、由书佐同一天封发（如陆·596），多曹言多事（如陆·573）等各种情况，所以草刺简的数量与结计简统计之"事"并不能完全对等。依据以上集成的草刺册，共可统计到 80－83 事；依据以上集成的行书刺册，共可统计到 58－61 事，尚有一事未知从属；集成结果已经很接近该册书的完整面貌：草刺 89 事、行书刺 70 事。
　　在对两种格式草刺文书进行集成的同时，我们还发现一些内容可直接

---

① 从简文格式看，此号应为行书刺，而临近有闰月草刺，推测亦应于闰月封发。
② 此简格式为闰月行书刺，但简文信息残缺，无法进一步确定闰月属年，先置于此。
③ 据图版，此简应为草刺或行书刺，但简文信息残缺，无法进一步判定格式，置于复原的两种册书之后。
④ 收入长沙简牍博物馆编著《长沙简牍博物馆藏长沙走马楼吴简书法研究》，西泠印社出版社2019 年版，图版＋释文，第 48 页。
⑤ 如"言战具十种事／言入水牛皮二枚事　七月七日仓曹史□□白"（柒·1625），"移□□校尉周成事记……近……事　九月七日贼曹□□□白"（柒·1631）等简例。

对应的草刺与行书刺，有利于进一步厘清两种上行文书在县级公文运转中的程序性关联。先将内容可对应的几组草刺类文书罗列如下：

（1）草言遣吏潘勇送吏何①息男弟黄所持三封过所诣大屯草　闰月五日保质曹史利豫白（陆·581·118/12）

保②质曹言遣吏潘勇传还吏何息弟黄所持三封过所一枚事　闰月十日书佐□□（陆·516·53/12）

（2）草言府移邸阁李嵩③出米十五斛给稟柏船匠师……事　闰月八日船曹掾番栋白（陆·575·112/12）

船④曹移送吏妻子官中出米十五斛给稟柏舩匠师□□□等二人事　闰月八日书佐烝赟封（陆·565·102/12）

（3）草言府遣吏孙仪傅□追□弩檐弓□合四百一十三枚诣武昌请致书　闰月十七日兵曹史监讳白（陆·504·41/12）　注：简面底端有朱笔"中"字。

□曹言遣吏孙仪□元年弩□枚□弓衣□枚箭卅发诣武昌乞请致 书 事　闰月□日书佐烝赟封（陆·602·139/12）

其中前两例信息较完整，可确定为关联草刺。例（1），保质曹史于嘉禾二年闰月五日上言请求遣吏潘勇将吏何息弟何黄诣大屯之三封过所传还，文书送至门下，并经侯国长吏审定，涉及遣吏大屯，需继续上行；闰月十日，门下书佐将保质曹言事文书封发至更高级行政机构（郡府或督邮）。例（2），嘉禾二年闰月八日船曹掾番栋上言请求郡、县长吏移书邸阁右郎中李嵩，令其出米十五斛稟给本曹所掌柏船、匠师，文书送至门下，经侯国长吏审定，所言事涉及郡府，需继续上行；当日，门下书佐烝赟将船曹掾言事文书封发，郡府为收文单位。例（3）内容不够完整，暂不展开分析。仅据前两例可知，并非所有的草刺皆对应行书刺，即由侯国（县廷）列曹处理基层事务而诞生的上言文书，有一部分在县廷内部可予以解决；县长吏无法处置，或涉及更

---

① "何"，原释作"石"，据图版改。
② "保"字原释为"录"，据图版改。
③ "嵩"字原缺释，今据图版补。
④ 曹名原缺释，今据图版补。

高级行政机构之事，才继续上行，形成行书刺。而侯国（县廷）处理言事文书的周期较短，一般当天完成，遇特殊情况，可能有所延迟。从册书的结计简看，汇集到侯国门下的列曹言事日均3件，而门下封发文书日均2件①。

由上述资料可见诸曹、门下与长吏之间信息传达的渠道畅通，以及可进一步评估三国孙吴县级行政机构的工作效率。

第三节　许迪割米案上、下行官文书简牍集成

长沙走马楼吴简数量巨大，大部分用来记载赋税收支、仓库出入、户口名籍等，可归为簿书系统；在此之外，记录嘉禾年间长沙郡临湘侯国一桩刑事诉讼——许迪割米案的司法文书简牍，显得弥足珍贵。

许迪割米案是嘉禾年间发生在孙吴临湘侯国的一桩盗窃官盐米刑事案件；吴简发现的次年，胡平生、宋少华就率先介绍了与许迪案相关的录事掾潘琬考实木牍（J22-2540、牍·50）与中贼曹掾陈旷考实木牍（J22-2673、牍·353）②；1999年问世的《发掘简报》披露了上述两件木牍的图版③。此后，学者们围绕潘琬木牍末尾的浓墨草书，联系到画诺制度，展开了争论，今画诺已成定论④，但该木牍的释文与标点，却一直言人人殊⑤。直到2015年初，王素、宋少华根据正在整理的《竹简》〔捌〕中关

---

① 按，八十九事、七十事，平均至30天。
② 胡平生、宋少华：《新发现的长沙走马楼简牍的重大意义》，《光明日报》1997年1月14日第5版。
③ 长沙市文物工作队、长沙市文物考古研究所：《长沙走马楼J22发掘简报》，《文物》1999年第5期，彩版叁：2，图二五右。
④ 关于画诺的讨论参考胡平生《长沙走马楼三国孙吴简牍三文书考证》，《文物》1999年第5期，第45—52页；王素《长沙走马楼三国孙吴简牍三文书新探》，《文物》1999年第9期，第43—50页；《"若"即"诺"可以作为定论——长沙走马楼简牍研究辨误（三）》，《光明日报》2000年8月25日第3版；王素《"画诺"问题纵横谈——以长沙汉吴简牍为中心》，《中华文史论丛》2017年第1辑，第121—136页等。
⑤ 王素、宋少华：《长沙走马楼三国吴简的新材料与旧问题——以邸阁、许迪案、私学身份为中心》，《中华文史论丛》2009年第1辑，第1—26页；王子今：《走马楼简许迪劓米事文牍释读商榷》，《郑州大学学报》2001年第4期，第109—111页；徐世虹：《对两件简牍法律文书的补考》，《中国古代法律文献研究》第2辑，中国政法大学出版社2004年版，第86—104页；王彬：《吴简许迪割米案相关文书所见孙吴临湘侯国的司法运作》，《文史》2014年第2辑，第75页。

于许迪案的新材料，依公文用语逻辑、行文习惯，才给出该木牍的释文"定本"①。

此后，与许迪案相关的另外两枚官文书木牍（牍·224、牍·34）亦走入研究者视野。王彬捕捉到这些信息，对四枚"叩头死罪白"类考实木牍进行了时间排序，佐以已刊11枚与案情相关的竹简，梳理了案件审理流程、文书运作及上、下传递关系，但他未见牍·34的图版②；笔者则指出该枚木牍时间之误释，从而重新排列四木牍揭示的考实时间，指出许迪案未在嘉禾五年审结，而跨越了嘉禾四、五、六3个年头③；但整个案情仍然无法得到完整复原。

2015年《长沙走马楼三国吴简·竹简》〔捌〕正式出版，其中关于许迪案的竹简多达400余枚，尤其集中在出版号4001－4322之间；从4100－4322号属于Ⅱ－c－39之一坨，排列情况详《竹简》〔捌〕后附《揭剥图十四》④。从形制看，相关简的长短、宽窄虽不尽相同，但简面皆保留两道明显的编绳痕迹，完全具备编连为册书的条件。细察图版，各简的墨色、书法亦有异，似乎有两到三种书体，一种为细小工整之隶书，一种为结体放宕洒脱之行草，对比明显，推测其中包含多份不同级别的审讯、考实记录，或即简文中所谓"解书"。理想的情况是依据揭剥图，借助外在形制的差别，先进行册书复原。然而观察揭剥图，编为401个号的竹简，除82号（揭剥示意图编号）或为受挤压错置外，其余400枚皆为有字面（竹黄面）朝下，不存在简面相对的简层，无法确定起始层；也就是说，本坨简对应的简册受扰乱较严重，下半部分全部离散。现存上半部分与许迪案相关的15个简层（从揭剥图编号22号到343号所在层）含简数亦不齐整，最多的一层有22枚，说明简册上半部分两侧的简牍亦有残缺。在这种情况下，揭剥图为许迪案册复原提供的信息是有限的。

细读相关简文，我们可以发现，许迪案册主要由审讯记录（解书或解

---

① 王素、宋少华：《长沙吴简〈录事掾潘琬白为考实吏许迪割用余米事〉释文补正》，《文史》2015年第1辑，第278页。
② 王彬：《吴简许迪割米案相关文书所见孙吴临湘侯国的司法运作》，第73—91页。
③ 徐畅：《走马楼吴简竹木牍的刊布及相关研究述评》，《魏晋南北朝隋唐史资料》第31辑，上海古籍出版社2015年版，第25—74页。
④ 长沙简牍博物馆、中国文化遗产研究院、北京大学历史学系、故宫研究院古文献研究所：走马楼简牍整理组：《长沙走马楼三国吴简·竹简》〔捌〕，文物出版社2015年版，第848页。

状，内容当包括犯罪嫌疑人姓名、罪状，原始供辞，或者还包括主官的判案）及呈文（将解状上呈的官文书）两部分构成，《竹简》〔捌〕与许迪案相关的简文中多有"傅前解""解书"的记载，如"谭言谨列言乞傅前解君诚惶诚恐叩头死罪々々敢言之"（捌·4160），"前已列言乞傅前解行迪军法乞严下隽隐核迪家中人悉如☑"（捌·4255），"一十二斛六斗八升具服依科结正罪法尚解书诣府☐☐"（捌·4232），而录事掾潘琬上报许迪案考实情况的木牍文书（即呈文）末尾也提到"傅前解，谨下启"，说明案册的排列顺序为解书在前，呈文在后。由于案情复杂，牵涉多方、多次考实，因而本坨简应包含多份解书＋呈文，所记内容相关，可供横向比较。

由于解书、解状的格式不明，目前还很难确定本坨内哪些简可归属"解"，但上、下行官文书（呈文）则具有相对明晰的格式和标志性用语，便于识别。因而本节将尝试先依据记载内容，对与此案相关的上、下行官文书进行集成。

一　上行文书（呈文）

1. 从史位廖咨上表

众所周知，许迪案发，是由于从史位廖咨入仓料校存米，发现其与帐目不符，如"☑斗八升迪散用饮食后廖直事及吏朱䜣到料校米不见勑迪备入即☐☐"（捌·4083），但廖咨料校仓米是寻常性的检校工作，还是奉上级成命？而发现问题，进一步查明情况后，廖咨曾以上行文书的形式将情况上报，"备入官米谨表上臣咨诚惶诚恐顿首死罪死罪"（捌·4034），此上行文书，廖咨自称臣，上报的对象是谁？这些疑问的解决，都有赖于对《竹简》〔捌〕中有关廖咨上言文书的集成，邓玮光先生以上行文书格式为依据，参照图版修订了部分释文，复原出两份格式相类似的廖咨上表，这里采用其复原结果[①]。

第一份：

[①] 邓玮光：《试析孙吴嘉禾年间的财政危机——以走马楼吴简许迪割米案为中心》，《文史》2019年第3辑，第59—76页。

第三章 三国孙吴竹简官文书的整理与研究

嘉禾四年八月丁未朔十八日甲子从史位臣廖咨顿首死罪上（捌·4062）

尚书前言长沙郡所列嘉禾二年官盐簿㳄口典盐掾（捌·4061）

许迪卖盐四百廿六斛一斗九升八合四勺得米二千四百卅九斛（捌·4078）

一升不列盐米量设移部督军蔡规功曹隐核别处（捌·4095）

文书到复上臣咨顿首死罪死罪案文书规郡各□（捌·4156）

新辄实问迪辞令更列簿其盐四斛五斗七升为米七量（捌·4155）

四百廿一斛六斗二升八合四勺为六量通合为米二千五百六十一（捌·4154）

斛六斗九升诊米有出郡前簿一百一十二斛六斗八升料米不见（捌·4132）

案迪仓吏典卖官盐当九量诡□令……（捌·4217）

……

备入官米谨表上臣咨诚惶诚恐顿首死罪死罪（捌·4034）

第二份：

嘉禾四年八月丁未朔十八日甲子从史位廖咨顿首死罪上（捌·4046）

尚书前言长沙郡所领嘉禾二年官盐簿㳄口典盐吏许迪卖盐（捌·4082）

四百廿六斛一斗九升八合四勺得米二千四百卅九斛一升不列盐米量□（捌·4063）

· 171 ·

移☐部☐督军都尉蔡□功☐曹☐隐☐核☐所部……（捌·4050）

死☐罪☐々々案文书规郡……辄实问迪辞☐令☐更☐列☐簿☐其☐

盐☐（捌·4165）

四☐斛☐五斗七升为七量☐四☐百☐廿☐一斛六斗二升八☐合☐四☐勺☐为☐六

量☐通☐合☐为☐米☐（捌·4167）

二千五百六十一斛六斗九☐升☐䊮米有出郡前☐簿☐一☐百☐一☐十

二☐斛☐六☐斗☐八☐升☐（捌·4175）

料米不见案迪仓吏典☐卖☐官☐盐☐当☐得☐九☐量☐……（捌·4153）

……

咨诚惶诚恐顿首死罪々々上（捌·4178）

八☐月十八日甲子从史☐位☐咨☐移☐（捌·4179）

两份上表所述事件类似，即孙吴中央的尚书机构在检校长沙郡所列嘉禾二年官盐簿时，发现许迪在典卖官盐簿中只记录了卖盐、得米数，却未提供详细的盐米兑换比例（盐米量），因而部署督军都尉蔡规及功曹隐核；而入仓料校米数的基础工作，由廖直事实际执行。两份上表在格式上的不同表现在，表一的结束语中，廖直事称"臣咨"，表二则直接谦称"咨"，并有当日将文书移送的记录。邓玮光指出，表一是廖咨致尚书之文，故以"臣"自称。之所以在临湘地方被发现，或为副本；而表二是廖咨将相关内容告知地方长吏的一个抄件，其说可从[①]。

2. 属吏汇报考实案情的呈文

许迪案经初审、录囚、复审等多个环节，每个环节又经历不止一轮的考实。具体负责考实工作的，多为临湘侯国属吏，考实完毕后发出上行文书，汇报相关情况。文书开头常以"叩头死罪"做谦辞，而结尾常用"诚惶诚恐""叩头死罪"做谦辞。

（1）嘉禾四年十一月九日核事掾赵谭、这贵呈文

[①] 邓玮光：《试析孙吴嘉禾年间的财政危机——以走马楼吴简许迪割米案为中心》，第59—76页。

第三章 三国孙吴竹简官文书的整理与研究

嘉禾四年十一月丙子朔九日甲申核事掾赵谭这贵叩头死罪敢言之□被曹敕考核大男许迪坐割□盗用所典盐贾米一百一十二斛六斗八升……臧没入县官谨据言谭贵诚惶诚恐叩头死罪死罪敢言之（捌·4081＋4238＋4208）

核事掾赵谭这贵言辄考实大男许迪坐割用所典盐贾米一百一十二斛六斗升……（捌·4196）

捌·4081是典型的呈文开头语，可与4238编联。显示核事掾赵谭、这贵的考实，是在（临湘）侯国某曹的指令下进行的。4208简是两人呈文的尾简，但字迹与4081不太相同，较为粗大，或为一组，或分属两组上呈文书。4196则又是不同的上呈文书。

（2）录事掾潘琬呈文

☑□事录事掾潘琬叩头死罪白☑（捌·4321）

1 录事掾潘琬死罪白：关启：应府曹召，坐大男许迪见督军支辞，言不

2 割食所领盐贾米一百一十二斛六斗八升。郡曹启府君，执鞭录事掾

3 陈旷一百，杖琬卅，敕令更五毒考迪。请敕旷及主者掾石彭考实

4 迪，务得事实。琬死罪死罪。

5 　　然考人当如官法，不得妄加毒痛（浓墨草书批语）。

6 　　　　五月七日壬申白。（J22－2539、牍·224）

1 录事掾潘琬死罪白：被敕，重考实吏许迪坐割盗盐米意。状言：案文书，重实

2 核，迪辞：卖余盐四百廿六斛一斗九升八合四勺，得米二千五百六十一斛六斗九升，前列草

3 言郡，但列得米二千四百卅九斛一斗〔升〕，余米一百一十二斛

六斗八升，迪割用饮食。前见

4 都尉，虚言用备擿米，迪实割用米。审实。谨列迪辞状如牒，乞曹列言。琬

5 诚惶诚恐，叩头死罪死罪。

6　　　　　　诣　　金　　曹。

7　　　　　　十 一 月 廿 八 日 白。（牍·34）

1 录事掾潘琬叩头死罪白：过四年十一月七日，被督邮勑，考实吏许迪。辄与核事吏赵谭、

2 都典掾烝若、主者史李珠，前后穷核考问。迪辞：卖官余盐四百廿六斛一斗九升八合四勺，得米

3 二千五百六十一斛六斗九升，已二千四百卌九斛一升，付仓吏邓隆、谷荣等。余米一百一十二斛六斗八升，迪割

4 用饮食不见。为廖直事所觉后，迪以四年六月一日，备入所割用米毕，付仓吏黄瑛受。

5 前录见都尉，知罪深重，诣言：不割用米。重复实核，迪故下辞，服割用米。审。前后搒押迪凡百

6 卌下，不加五毒，据以迪今年服辞结罪，不枉考迪。乞曹重列言府。傅前解，谨下启。琬诚

7 惶诚恐，叩头死罪死罪。

8 若（浓墨草书批字）。　　　　　二月十九日戊戌白。（J22–2540、牍·50）

录事掾潘琬是负责许迪案考实的主要吏员，据牍50记载"过四年十一月七日，被督邮勑，考实吏许迪"，他参与了对许迪案的初审；而据"临湘侯相管岂叩头死罪白重部吏潘琬核校陆口卖盐"（捌·4159），临湘侯相上言提及，潘琬也参与了许迪翻供后案件的复审。

牍224、34、50皆为复审中录事掾潘琬上报考实情况的呈文，牍224记"勑令更五毒考迪……务得事实"，牍34记"被勑，重考实吏许迪坐割盗盐米意"，牍50则有"重复实核……据以迪今年服辞结罪，不枉考迪"的表述；而散简捌·4321，相关信息残缺，或为嘉禾四年十一月许迪案初

审时,潘琬的呈文。

(3) 中贼曹掾陈旷呈文

1 中贼曹掾陈旷叩头死罪白:被曹勑,考实大男许迪,知断用所卖官盐贾米一百一十二斛六斗

2 八升,与不言。案文书,被勑,辄考问。迪辞:所领盐贾米一百一十二斛六斗八升,迪自散用饮食尽。

3 县前结迪斩罪,惧怖罪重,支辞虚言,以米雇擿,令弟冰持草归家改定。迪手下辞,不以米

4 雇擿,自割食米。审实。谨列见辞状如牒,请以辞付本曹,据科治罪,谨下启白。旷诚惶诚

5 恐,叩头死罪死罪。

6 若(浓墨草书批字)。 四月廿一日白。(J22-2673、牍·353)

据牍50录事掾潘琬上奏"被督邮勑,考实吏许迪。辄与核事吏赵谭、都典掾烝若、主者史李珠,前后穷核考问",嘉禾四年参与许迪案初审的属吏无贼曹掾;而本牍谈及"被曹勑,考实大男许迪","请以辞付本曹,据科治罪",在许迪再次承认割米,正刑定罪的环节,则有贼曹的参与。贼曹掌狱事,于孙吴临湘侯国当属事务繁剧之曹,故有左、中、右之分①。"谨列见辞状如牒",说明呈文的主件是许迪本人及相关涉事人员提供的证辞。

(4) 临湘侯国相、丞呈文

应言君叩头々々死罪々々案文书被书辄部核事掾赵谭考实迪辞本下雋县民少失父与母妾兄八男弟冰迪妻小子男让男弟黢八妻营冰妻足俱居南乡秏丘佃作为业八冰以过十一(捌·4014+4015+4020)

谭言谨列言乞傅前解君诚惶诚恐叩头死罪々々敢

---

① 对临湘侯国所属列曹名目及职掌的研究,参徐畅《走马楼简所见孙吴临湘县廷列曹设置及曹吏》,《吴简研究》第3辑,第287—352页。

言之（捌·4160）

答所问君叩头々々死罪々々案文书前部核事掾赵谭考实（捌·4263）

嘉禾四年十一月丙子朔廿一丙申日临湘侯相君丞叩头死罪敢言之（捌·4248）

嘉禾四年十一月丙子朔□日临湘侯相君丞叩头死罪敢言之（捌·4239）

君叩头死罪死罪案文书辄考实迪辞本下隽县民少失父逊与母妾妻小子男奸让男（捌·4215）

君诚惶诚恐叩头死罪々々敢言之（捌·4309）

临湘侯相管告叩头死罪白重部核事掾赵谭实核吏许迪（捌·4139）

临湘侯相管告叩头死罪白重部吏潘琬核校陆口卖盐（捌·4159）

部忠良大吏平心部决正处不得枉纵言君叩头々々死罪々々案文书（捌·4068）

嘉禾六年四月丁卯朔廿七日癸巳临湘侯相君丞叩头死罪敢言之（捌·4218）

府增异言君叩头々々死罪々々案文书今狱具科□□迪□□□□（捌·4174）

实是科正非记到据科行迪军法言君叩头々々死罪々々案文书（捌·4210）

列上与不诡责八冰为迪入加臧谨答言君诚惶诚恐叩头死罪々々敢言囗（捌·4253）

许多上行文书中发文者称"君""临湘侯相君"。"叩头死罪白"类上行文书，发文官吏常署名，凌文超等学者曾以"君"为时任临湘侯相之名①；近来杨芬、王彬等则注意到，吴简中另有侯相郭君，"·右连年逋空杂米三千五百二斛三斗八升□合□侯相郭君丞区让（肆·1230）"，赵君，"侯相赵君送柏船"（柒·4239），主簿羊君，"嘉禾三年十一月癸巳朔日主簿羊君叩头死罪敢言之"（肆·1267）的称谓，说明"君"应非某任侯相之名，而应系对侯相（县级）长吏及重要属吏之敬称②。至于为何在上行文书中表敬，王彬提出文书由侯国小吏代侯相草拟，故保留敬称。以临湘侯国长吏名义发出的文书，通常由门下系统的录事、书佐等代拟，其说可从。

捌·4014＋4015＋4020、4016、4263 无呈文时间，但皆涉及部署核事掾赵谭等考实，应为初审阶段，临湘侯相参与其中，与侯相、丞联合呈文的 4248、4239 简时间相仿，在嘉禾四年十一月。

捌·4139、4159 为侯相上呈，重部吏考实案情的白文书首简，则时间稍晚，应在许迪翻供之后，此时侯相名管昔，未知与上述"君"是否为一人。捌·4068、4174、4210、4253 皆为侯国相上汇报许迪案考实及狱具，正刑定罪等相关情况产生的文书。捌·4218 侯相与丞的呈文则点明结案的时间，嘉禾六年四月廿七日，这一时间可与牍·353 中贼曹掾陈旷上言的"四月廿一日"相对照。

二 下行文书

许迪案的考实，由临湘侯国主要执行，仍涉及到孙吴尚书机构、长沙督军都尉、长沙郡级官员，中部督邮书掾、临湘县级官员，因而亦存在各级指令下达、移送的下行文书。王彬注意到，与许迪案相关的下行文书，主要有"如诏书（旁书）科令""写移"两类。先参考其分类，对下行文书进行集成③。

---

① 凌文超：《走马楼吴简举私学簿整理与研究——兼论孙吴的占募》，《文史》2014 年第 2 辑，第 86—87 页。
② 杨芬：《"君教"文书牍再论》，《长沙简帛研究国际学术研讨会论文集》，第 247—256 页。王彬：《长沙走马楼吴简"许迪割米案"相关文书的集成研究：三国时期基层司法制度管窥之一》，《姜伯勤教授八秩华诞颂寿史学论文集》，广东人民出版社 2019 年版，第 63—85 页。
③ 对下行文书的集成和分类，参考了王彬《长沙走马楼吴简"许迪割米案"相关文书的集成研究：三国时期基层司法制度管窥之一》一文的先行成果。

1. 如诏书/旁书科令类

译让承书区处皆处言会月廿日皆如诏书科令（捌·4000）
应遣主者考实不得稽留如诏书科令……（捌·4276）
别函言勿失限会日如督军都尉旁书科令（捌·4040）
临湘丞掾写移书到亟促部吏据科正处迪罪法所应不得稽留言如府旁书科令（捌·4024）

秦汉时代以行政执行为目的官府往来文书，通常以"如律令"作结，意同"按照律令条文执行""与律令相同"。秦及汉初行政文书中的"如律令"，通常可找到执行该项行政事务所依据的相应律令条文；而随后，"如律令"演化为一种固定的官文书结束语①，无论上行、下行、平行皆可用②。但如某书+律令（通常是诏书+律令）则通常仅用于文书结尾，为某一机构（某书对应的这级机构）在转下本级文书时，在"如律令"的行下之辞前面，追加令下级遵照本文书行事的训告语。

在三国孙吴，由于科为行用法，故行政文书简中的训告之语，大多将"律令"替换为"科令"。捌·4040、4024则分别显示，文书经由督军都尉、郡府转发，继续下行，下级属吏应同时遵照督军都尉旁书、府旁书的精神。

2. 写移、移类

临湘丞掾写移书到亟促部吏考核迪务得事实据（捌·4049）
临湘丞掾写移书到亟促考核迪务得奸情据科弹正罪（捌·4176）

---

① 刘太祥：《简牍所见秦汉律令行政》，《南都学坛》2013年第4期，第1—14页；鹰取祐司：《秦汉官文书的基础研究》，汲古書院2015年版，第157—164页。
② 早期研究者以"如律令"是下行时的训告语，汪桂海结合西北汉简实例指出，汉代上行、下行、平行的官府往来文书皆可在结束时言"如律令"，参氏著《汉代官文书制度》，广西教育出版社1999年版，第103—105页。

· 178 ·

□长沙督军都尉 郡 大 守丞掾写移书到 勑 郡□迪□□（捌·4180）

十一月八日 癸 未 长 沙 大 守 兼 中 部 督 邮 书 掾 晃 督 察 移 月□日发（？）（捌·4048）注：据陈垣《魏蜀吴朔闰异同表》，嘉禾四年十一月朔为丙子，八日为癸未。

十 一月十五日庚寅长沙大守兼中部督邮书掾晃督察移□（捌·4171）注：据陈垣《魏蜀吴朔闰异同表》，嘉禾四年十一月朔为丙子，十五日为庚寅。

正月十七日戊寅 长 沙 大 守 兼中部劝农督邮书掾 晃 督 察 移（捌·4308）注：据陈垣《二十史朔闰表》，嘉禾二年正月壬戌朔，十七日为戊寅。

七月一日辛丑长沙大守兼中 部 督 邮 书掾晃督察移 月四日发（？）（捌·4053）

兼 中 部 督 邮 移 □□□□□□右传言部吏李 珠 番琬（捌·4228）

"写"，抄写；"移"，传送。据相关学者研究，"移"不一定指上行、平行或下行文书。但以上所集成与许迪案相关的写移类文书，皆有"亟促""敕""部吏"等命令语，应为下行文书的一部分。前三例，长沙郡太守丞掾、临湘侯国丞掾将文书写移，下行对象不明；而长沙中部督邮书掾移书的对象，推测应包括临湘侯国（为中部督邮书掾辖区）[①]。东汉郡下派的监察吏督邮，在郡县间的文书传递中亦发挥重要作用，郡级文书行下过程中，往往经由督邮，再移送给属县。这种下行程序，详本书第四章之分析。

3. 君教类

君教 嘉禾四年 十 一 月 十 四 日 己 丑 书 （捌·4172）
□君 教 嘉禾 五 （？）年……（捌·4311）

---

① 据相关简文资料，长沙郡应辖五部，而首县临湘无疑属中部。

丞缺（捌·4111）

丞(?)缺(?)（捌·4141）

☐丞(?)缺(?)（捌·4161）

丞(?)缺(?)（捌·4251）

丞缺（捌·5410）

☐☐☐曹掾邓☐校（捌·4164）

录事掾潘琬校 ☐（捌·4230）

录事掾潘琬校（捌·4271）

录事掾番琬校（捌·4290）

☐校(?) ☐（捌·4320）

门下功曹史烝若省（捌·4115）

主簿 省（捌·4280）

☐ 主簿 省 ☐（捌·4303）

嘉禾五年正月十七日兼录事☐……
☐　　　……许迪军法草　　（贰·7192）注：简面上部有浓墨大字笔迹，未能辨识。
……
☐
……迪狱草（贰·7236）

嘉禾四年十一月十七日兼金曹☐李珠白言郡吏许迪割盗
……　盐米一百一十二斛六斗八升结正罪法
（捌·4307）

嘉禾六年四月廿日金曹掾☐☐☐☐☐都盐食☐☐
……　☐盐贾☐米一百一十二斛六斗八升军法草　（捌·4267）

吴简中多见由临湘地方长吏发出的下行文书，称为"教"，常见以"君教"开头，由丞、掾参与，门下掾校，主簿/主记史省，末尾常附有小字书写的白文，即待审查的内容；展示临湘侯国为审查定期文书或处理疑难事务而集议的行政程序①。

  许迪案为嘉禾年间临湘侯国面临的一桩重要刑事案件，在其进行的不同阶段，侯国各级吏员肯定需要集议商讨，据捌·4307、贰·7192、捌·4276 简的记载，至少有嘉禾四年十一月十七日、五年正月十七日、六年四月廿日三次，或者另有一次，见贰·7236 的"迪狱草"。

  另收集到对应的丞参与记录、"校"记录、"省"记录若干枚，但由于竹简残断，无法拼合出一件完整的君教文书。

---

① 对于"君教"文书所反映行政过程的研究，详本书第四章第四节。

第四章 三国孙吴临湘侯国的文书行政

第一节 县内文书的制作与流转

本书第三章第二节复原的草刺、行书刺与临湘侯国诸曹有密切关系，实际上，吴简中的其他官文书简牍，如本书导言部分介绍的"叩头死罪白"文书（木牍或呈文简）、"君教"文书牍、诸曹签牌等，与诸曹亦有直接联系；而另外一些官文书，如乡劝农掾隐核州军吏父兄子弟人名年纪的"破莂保据"文书，有劝农掾"被书条列"的表述，虽未明言所被何机构之书，依据乡劝农掾"叩头死罪白"文书"被曹敕"的记载，可推知嘉禾四年各乡隐核州、军吏工作，亦是在侯国诸曹的领导之下[①]。不夸张地说，吴简官文书是围绕临湘侯国为中心而产生的文书群；文书往往是实际政务办理流程的文字化表达，也就是说，诸曹在三国孙吴临湘侯国的日常运转中扮演了重要角色。

"曹"之本义是保存文书的宇舍，涉及到某方面的文书，分类保存于某曹，后演变为分科办事的官署或部门，如《汉书·薛宣传》所记："（薛宣为左冯翊）及日至休吏，贼曹掾张扶独不肯休，坐曹治事。"[②] 传统以为，"曹"成为郡、县及以上各级行政单位不同部门之专称，或称"列曹"、或"诸曹"，是西汉中叶以后的事情；但从里耶秦简揭示的秦统

---

① 已刊"破莂保据"文书牍的格式，详徐畅《走马楼吴简竹木牍的刊布及相关研究述评》之分析，《魏晋南北朝隋唐史资料》第31辑，上海古籍出版社，第38—41页。
② 《汉书》卷八三《薛宣传》，中华书局1962年版，第3390页。

第四章 三国孙吴临湘侯国的文书行政

一前后洞庭郡的情况看，迁陵县属部门中，不仅有以啬夫为长吏的田官、畜官、仓、库、厩、司空、船官、狱、少内、尉、发弩、司马、乡部等诸官，更有与之并立的户曹、仓曹、司空曹、吏曹、尉曹、金布、令曹、御曹等诸曹，其中诸官多主管县廷某项专门事务，而列曹则是县廷的组成部门，通过直曹者对文书的处理，管理某方面的行政事务[1]。

秦及汉初，虽已有作为机构的"曹"的出现，但曹无固定办事人员，郡、县以史类属吏直曹；至西汉中后期，郡之卒史开始被固定派出，署某曹，专理该曹文书，这构成了诸曹掾史的原型[2]。到走马楼吴简所见三国时情形，临湘侯国（县廷）所属有户曹、田户经用曹、田曹、部曲田曹、仓曹、金曹、法曹、兵曹、尉曹、贼曹、献曹、虞曹、船曹、保质曹等，列曹设置完备，职能专门化，且多事务繁剧，成为临湘侯国/县廷的重要组成部门[3]。每曹置掾、史，掾、史的日常工作，是通过"掌文案"[4]来办理专项政务，很少外出。

与此同时，随着诸官在县道系统的萎缩[5]，县级日常行政运转中的户口赋税、司法治安等各种实务，则由县廷派出专职之吏，到一线分部或分区办理。吴简资料所见，三国孙吴临湘侯国（县廷）也存在着这种在外工作的部吏，名目繁多，如都市掾/史、乡劝农掾、典田掾、监运掾、屯田掾等；他们常接受上级（县廷或更高行政单位）指派，在县、乡范围内办

---

[1] 有不少学者讨论过列曹与诸官性质的异同，在县廷中职务分工，甚至借用现代行政学理论中的"职能部门"与"辅助部门"概念，参考郭洪伯《稗官与诸曹——秦汉基层机构的部门设置》，卜宪群、杨振红主编《简帛研究2013》，广西师范大学出版社2014年版，第101—127页；孙闻博《秦县的列曹与诸官——从〈洪范五行传〉一则佚文说起》，"简帛网"，2014年9月17日首发。

[2] 相关论述如仲山茂《秦漢時代の「官」と「曹」——県の部局組織》，《東洋學報》第82卷第4號，2001年，第35—65页；蔡万进《尹湾简牍所反映的汉代卒史署曹制度》，李学勤、谢桂华主编《简帛研究2002、2003》，广西师范大学出版社2005年版，第270—274页。

[3] 笔者曾对吴简所见临湘侯国列曹设置、职掌、掾、史进行过梳理，参拙文《走马楼简所见孙吴临湘县廷列曹设置及曹吏》，《吴简研究》第3辑，中华书局2011年版，第287—352页。

[4] "诸曹皆是良吏，则足以掌文案"，语出《晋书》卷九一《儒林传·徐邈传》，中华书局1974年版，第2357页。

[5] 西汉后期发展到东汉，由于国家对人民控制的削弱，国有经济、官营手工业比重下降等原因，县道系统的稗官（县以官啬夫为主管的机构）逐渐萎缩，参读裘锡圭《啬夫初探》，《裘锡圭学术文集》，复旦大学出版社2012年版，第64—105页。

· 183 ·

理某一专项事务，而办理完毕后，需向上汇报①。

在县廷的诸曹，正充当了上述外部吏与县廷之间的沟通媒介。诸曹掾史并不自行外出，通过转发上级指令或发布下行命令，指导外部吏厘务，并限期汇报；而外部吏之上奏，大多数集中至某曹。从这个角度讲，诸曹是侯国（县廷）内部各项事务的汇集之所，也是侯国事务处理的第一层机构。

明了临湘侯国（县廷）的属吏结构与基本办事流程后，以下尝试借助吴简中已复原的官文书简册以及官文书牍，以诸曹文书的收、发为例，揭示孙吴基层政权中官文书的制作、审定、签署、运行等一系列运转流程与机制，以及各机构、属吏所扮演的角色；从而在简牍揭示的秦汉地方官文书形态，楼兰尼雅简纸文书揭示的西晋凉州、敦煌郡、西域长史府行政，吐鲁番文书揭示的五凉时期高昌郡官文书与地方场景之外，继续填补汉晋间古文书学的余白。

首先介绍临湘侯国内部的上、下行官文书的制作与运行。参图 4-1，图示可离析为三项文书流程：

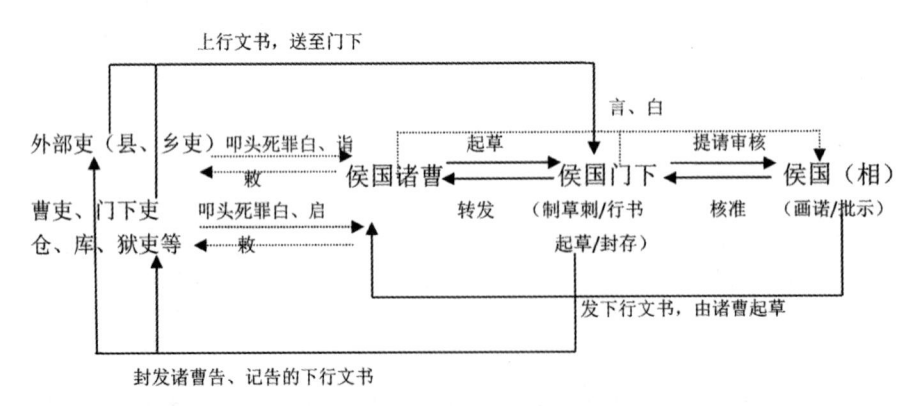

图 4-1 临湘侯国官文书运转流程图（内部文书循环）

说明：图中虚线表示官文书字面流程，实线表示实际官文书运转流程。

---

① 对这一吏职群体的研究，详 [日] 安部聪一郎《典田掾・劝农掾の职掌と乡——长沙吴简中所见「户品出钱」简よりみる——》，[日] 伊藤敏雄、窪添庆文、关尾史郎编《湖南出土简牍とその社会》，东京汲古书院 2015 年版，第 117—142 页。徐畅《〈续汉书・百官志〉所记"制度掾"小考》《史学史研究》2015 年第 4 期，第 119—122 页；《走马楼吴简所见孙吴乡劝农掾的再研究——对汉晋之际乡级政权的再思考》，《文史》2016 年第 1 辑，第 23—50 页。

第四章　三国孙吴临湘侯国的文书行政

1. 外部吏叩头死罪白/诣某曹文书流程

如上介绍，临湘侯国内部各项繁杂的奔走之务，由县廷外派的专职吏分部或分区办理，我们借翼奉"游徼、亭长，外部吏"[①] 的说法代称这一阶层。事务办理完毕后，外部吏通常以上行文书向县廷汇报。这类上行文书的典型特点是以"叩头死罪白"始，以"叩头死罪死罪""诣某曹"结束[②]，对应吴简中已刊12枚"叩头死罪白"官文书木牍[③]，其中至少9枚可与上述格式整齐对应。仅举一例：

　　1 都市史唐玉叩头死罪白：被曹勅，条列起嘉禾六年正月一日讫三月卅日吏民所

　　2 私卖买生口者，收责估钱言。案文书，辄部会郭客料实。今客辞：男子

　　3 唐调、雷逆、郡吏张桥各私买生口合三人，直钱十九万，收中外估具钱一万九千。谨

　　4 列言。尽力部客收责逆、调等钱，传送诣库。复言。玉诚惶诚恐，叩头死罪死罪。

　　5　　　　　诣　　金　　曹。

　　6　　　　　四　月　七　日　白。（肆·1763①、牍·162）

需要辨明的是，文书层面的外部吏以"白"文书诣某曹，是否也是实际的政务办理流程，即外部吏是否可以直接向侯国（县廷）列曹发送文书？侯

---

① [日]中村璋八：《五行大義校註》（增订版），汲古書院1998年版，第191页。
② 这类文书王素先生称为"关白"类文书，關尾史郎先生称为"白"文书，伊藤敏雄先生称为"叩头死罪白"文书，参读王素《长沙走马楼三国孙吴简牍三文书新探》，《文物》1999年第9期，第43—50页；[日]關尾史郎《魏晉簡牘のすがた——長沙吳簡を例として——》，《國立歷史民俗博物館研究報告》第194集，2015年，第211—236页；[日]伊藤敏雄《長沙吳簡中の「叩頭死罪白」文書木牘小考——文書木牘と竹簡との編綴を中心に——》，《歷史研究》51號，2014年3月，第29—48页；《长沙吴简中的〈叩头死罪白〉文书木牍》，楼劲主编《魏晋南北朝史的新探索：中国魏晋南北朝史学会第十一届年会暨国际学术研讨会论文集》，中国社会科学出版社2015年版，第624—644页。
③ 已刊"叩头死罪白"文书牍的详细情况，参照本书第一章第二节的集成。

·185·

旭东先生即认为，"诣某曹"即文书实际送达机构①。这涉及到县廷诸曹是否有独立的文书收发权问题。从里耶秦简所见秦迁陵县的情况看，诸曹无印绶，不属于独立机构，仅是县廷的组成部门②，由县诸曹制作的文书外发时，需加盖令、丞印，方可发出；而官、曹等县内各机构事务往来，文书需县经县丞，由县丞转发③。这是诸曹不可直接发文的例证。

如果说秦汉至三国，县廷的机构、属吏发生了大的变化，秦制不足以说明三国孙吴的情况；与吴简同出一地，反映东汉临湘县公文运转的五一广场简的记载则显示，当时当地的外部吏某部／乡劝农贼捕掾常接受县廷贼曹的指示，考实部内奸诈不法，并制作解书向贼曹汇报④，但上报文书的启封人常为县丞。如木两行是桑乡贼捕掾完成对女子陈谒的考实后向左贼曹汇报的记录，文书末尾有淡墨书写"五月廿二日丞开"，应为该汇报文书的签收、开启记录（CWJ1③：250、贰·五〇〇）；木两行记左部贼捕掾统所上解书（应同样"诣左贼"），亦由丞开启（CWJ1③：255、贰·五〇六）。具有文书开封权的丞，应为临湘县丞无疑。说明外部吏上报文书，虽书明"诣某曹"，但并不直接送至县内某曹，而应先汇集至县内某部门，并由相关长吏或属吏开封，做初步审查。这一部门，在三国孙吴，应是受侯国丞领导，主簿、主记史及各类书佐、录事工作的门下⑤。

但"叩头死罪白"文书中的"诣某曹"，并非没有实际意义。上文介绍，诸曹是临湘基层事务办理的第一道机构，外部吏上行文书送至县廷门下后，书佐等审查文书内容，有疑难、复杂事务，不排除将其上呈给侯国长吏处理（如牍·353号为中贼曹史陈旷被曹敕考实许迪案之后的汇报，

---

① 侯旭东：《湖南长沙走马楼三国吴简性质新探——从〈竹简（肆）〉涉米簿书的复原说起》，长沙简牍博物馆编：《长沙简帛研究国际学术研讨会论文集》，中西书局2017年版，第89页。
② 秦县诸曹的性质、职掌、工作方式，参孙闻博《秦县的列曹与诸官——从〈洪范五行传〉一则佚文说起》一文梳理。
③ 迁陵县内各机构往来文书，参照邹水杰《里耶秦简"敢告某主"文书格式再考》一文分析，《鲁东大学学报》2014年第5期，第75—83页。
④ 东汉长沙地方分部劝农贼捕掾与贼曹的业务联系，参徐畅《东汉至三国长沙临湘县的辖乡与分部——兼论县下分部的治理方式与县廷属吏构成》之梳理，待刊。
⑤ 严耕望对秦汉郡、县两级行政单位中的门下属吏进行了梳理，据所依凭材料，应最接近东汉基层行政的情况，参严耕望《中国地方行政制度史：秦汉地方行政制度》（上），上海古籍出版社2007年版，第124—129、226—229页。

明言"请以辞付本曹",但文书末尾却有长吏的画诺①);但通常情况下,应循惯例将文书转发给相关曹司,由各曹掾史自行处理。不少"叩头死罪白"文书牍中有"乞/愿曹列言府"语,仅举一例:

1 南乡劝农掾番琬叩头死罪白:被曹勑,摄召私学刘银将送诣廷言。
2 案文书:辄部岁伍李孙等录银。孙今关言:"银,本乡正户民,不为收散。"愿曹
3 列言府。琬诚惶诚恐,叩头死罪死罪。
4 　　　　诣　功　曹。
5 　　　　十一月廿四日庚戌白。(伍·3726①、牍·170)

文书显示外部吏南乡劝农掾番琬受功曹指派核实私学刘银的身份,决定是否摄召其诣县廷,若刘银符合举为私学的条件,可能会被发遣至临湘以外的地方;涉及郡级事务,故希望临湘功曹收到汇报后,能重新整理成文书,上言郡府。这说明,"诣某曹"文书虽由县门下接收,最终还是要转发至明了基层事务的诸曹,由诸曹进一步处理。

2. 侯国某曹草告/草记告诸吏文书流程

这一下行文书流程可与外部吏诣某曹的上行文书对照理解。外部吏的工作与侯国诸曹对接,通常情况下"被曹勑"②,外出办理某项具体事务。此处之勑,究竟是曹的口头指令,由某曹直接下达给外部吏;还是以文书的形式,由诸曹下发给外部吏(参上一流程分析,诸曹无独立发文权,"勑"文书下达中应经过门下,再由门下发出给外部吏)?

这涉及到对公文用语"勑"字的理解。《广雅·释诂一》"教,导,指,摛,勑,告,复,白,……语也"③,《说文·攴部》"勑,诫也"④,《释名·释书契》"勑,饬也,使自警饬不敢废慢也"⑤,"勑"字原意为由

---
① 限于篇幅,牍文内容不具引,释文据本书第一章第二节"叩头死罪白"类。
② 见上引"叩头死罪白"文书。
③ (清)王念孙:《广雅疏证》(附索引)卷一下《释诂》,中华书局2004年版,第32页上栏。
④ (东汉)许慎撰,(北宋)徐铉校定:《说文解字》,中华书局2013年版,叶62下。
⑤ (东汉)刘熙:《释名》,(清)毕沅疏证、(清)王先谦补:《释名疏证补》,中华书局2008年版,第209页。

上告下、通知，含有诫谕、饬正之义。到汉代，帝之下书四种中有诫敕，敕成为一种君主文书专用名称①。据祝总斌先生研究，敕文书在汉晋文书行政的实际情境中，亦是郡长官所下文书之一种，并不为君主所专；但无论是君主之敕，还是高昌郡长吏之敕，下行之前，皆经过门下机构（中央为门下省，高昌为校曹主簿）②。与此对照，我们以为孙吴"叩头死罪白"文书中的"曹敕"，亦非口头命令，而是以文书的形式表达；敕虽由诸曹掾史起草，却要经过侯国门下，由门下作为侯国下行文书统一封发。

沈刚及笔者在讨论"草言府"为主的草刺文书时，曾注意到，此类文书除以"草言府"开头外，还有"草白""草答""草告"等各种形式③，与这里讨论相关的是以"草告""草记告"开头的草刺，如：

草记告④典田掾蔡忠等出柏船……事　……（柒·1228）
草记告⑤乡吏……有入……☒（柒·1480）
草记告诸乡……船师诣柏所事
　　　　　十月廿日船曹掾潘椎白（柒·2896）
草记告⑥仓吏潘虑出米八十二斛贷吏陈旷等十七人为取头年四月食日食六升吏区单□（柒·4431）
草告府诸县仓吏壁阁所领杂摘起讫米事
　　　　　十一月十五日兼仓曹史□□白（柒·4496）

"记"在秦汉官文书中，上、下行皆用，上行为奏记，而下行与"教"形

---

① 《后汉书》卷一上《光武帝纪》"建武元年九月"诏曰注引《汉制度》曰："帝之下书有四：一曰策书，二曰制书，三曰诏书，四曰诫敕。"中华书局1965年版，第24页。
② 祝总斌：《高昌官府文书杂考》四《敕》，氏著《材不材斋史学丛稿》，中华书局2009年版，第429—436页。
③ 沈刚：《吴简所见孙吴县级草刺类文书处置问题考论》，《文史》2016年第1辑，第51—68页；徐畅：《三国孙吴基层文书行政研究——以长沙走马楼简牍为中心》，博士后研究报告，北京师范大学历史学院，2016年7月，第69—70页。
④ 原释文作"草乞告"，审图版，"乞"当改释为"记"。
⑤ 原释文作"草言告"，今据图版改。
⑥ 原释文作"草乞告"，审图版，"乞"当改释为"记"。

式相似，颜师古曰"若今之州县为符教也"①；"告"与"谓"皆为上级告示下级用语，《释名·释书契》："上敕下曰告。告，觉也，使觉悟知己意也。"② 这类表示行文关系的用语提示，行文对象较诸曹级别为低③，应即与诸曹有业务联系的外部吏，以及在县廷之仓、库、狱吏等。

"告""记告"文书由诸曹起草，与其他草刺文书一样，需经过侯国（县廷）门下整理汇总，并经长吏审核，核定无误后，再由门下以"某曹言""某曹告"的形式统一发至涉事属吏。如此看来，吴简草刺中以"草告""记告"开头的收文登记，对应的公文正是"叩头死罪白"文书中的某曹"敕"。

综上，仅从文书层面看，侯国诸吏与诸曹是直接对接的，外部吏诣某曹，曹敕外部吏；但落实到实际政务运转流程中，诸吏与诸曹的沟通，是经过侯国层面而进行的沟通。诸曹敕是作为侯国（县级）下行公文而生效，门下在其中扮演了关键角色。

3. 在县廷吏叩头死罪白/启文书流程

与其余"叩头死罪白"官文书牍相比较，围绕许迪割米案的四枚官文书牍的格式显得较为特殊，限于篇幅，不罗列文书全文（图版参本书附图1至4），今将其关键信息列表如下④：

表4-1　　　　　　　　　许迪割米案所涉官文书牍信息

上言人	上言用语、格式	接受上级命令情况	结束语	批示	编号（拍照号）	时间
录事掾潘琬	死罪白、关启	应府曹召	请敕（吏）考实，死罪死罪	然考人当如官法，不得妄加毒痛	224号	嘉禾五年五月七日
录事掾潘琬	死罪白	被敕	乞曹列言，诚惶诚恐，叩头死罪死罪，诣金曹	无	34号	五年十一月廿八日

---

① 《汉书》卷七六《张敞传》"受记考事"注，中华书局1962年版，第3224页。
② （东汉）刘熙：《释名》，（清）毕沅疏证，（清）王先谦补：《释名疏证补》，第208页。
③ 关于"记""告"的含义，代表的官文书类型，参考李均明之解析，氏著《秦汉简牍文书分类辑解》，文物出版社2009年版，第109—113页。
④ 四枚木牍释文信息据本书第一章第二节。

续表

上言人	上言用语、格式	接受上级命令情况	结束语	批示	编号（拍照号）	时间
录事掾潘琬	死罪白	被督邮勑	乞曹重列言府，傅前解，谨下启，诚惶诚恐，叩头死罪死罪	若	50号	六年二月十九日
中贼曹掾陈旷	叩头死罪白	被曹勑	请以辞付本曹，谨下启白，诚惶诚恐，叩头死罪死罪	若	353号	六年四月廿一日

这四件文书的上言人，录事掾潘琬、中贼曹掾陈旷，皆为在县廷办公之吏，而非乡劝农掾等外部吏；而致书对象，除34号明言诣金曹外，其余暧昧不明；除34号外，文书末均有长吏浓墨画诺或批示。

上言人的开头、结束语中，多次提及"启"。"启"为三国魏晋南北朝时代上行文书之一种，不仅仅为臣工致书君主、诸王所用；祝总斌先生注意到，吐鲁番文书中属吏致书高昌郡太守，亦可用启①。从孙吴长沙简牍官文书的情况看，在县廷属吏上言文书，亦称"启"，我们权且把在县廷吏上行的"叩头死罪白"文书称为启文书。这些启文书的致书对象，是我们理解这一上行文书流程的关键。现结合许迪案的审理流程，加以分析②：

许迪案初审由临湘侯国负责，考实结果是结其斩罪，但县级机构无死刑执行权，此案上报长沙郡，长沙督军行立义都尉复案；许迪惧罪重，翻供，不承认割用米的事实。翻供后，长沙郡太守、相关曹司介入，督促重考实，即牍224传达的信息，引全文如下：

  1 录事掾潘琬死罪白：关启：应府曹召，坐大男许迪见督军支辞，言不

---

① 对启文书的讨论，参祝总斌《高昌官府文书杂考》三《启》，氏著《材不材斋史学丛稿》，第425—428页。
② 对许迪案相关司法文书的集成、案情的梳理，参本书第三章第三节，第四章第四节。

第四章 三国孙吴临湘侯国的文书行政

2 割食所领盐贾米一百一十二斛六斗八升。郡曹启府君，执鞭录事掾

3 陈旷一百，杖琬卅，敕令更五毒考迪。请敕旷及主者掾石彭考实

4 迪，务得事实。琬死罪死罪。

5 　　然考人当如官法，不得妄加毒痛。

6 　　　　　　　　五月七日壬申白（牍·224）

注："然考人当如官法，不得妄加毒痛"为浓墨草书批语①。

郡曹请示长沙太守，对此案做出如下处理：鞭杖审案不力者，并敦促县吏陈旷、石彭，对许迪严加考问，务得事实。牍文末尾的浓墨批字"然考人当如官法，不得妄加毒痛"是理解这件公文收件人的关键。有学者以其为长沙郡太守批示。其实上，许迪案的初审由侯国（县）主持，重考实自然还应回到县，行文中郡曹敕令鞭杖陈旷、潘琬，"五毒考迪"，"请敕旷及主者掾石彭"，实际上隐去了行文、传达命令的中间一个层级，即临湘侯相。牍末批示，正是侯相对重考实掾属的指示。而353号中贼曹掾陈旷汇报许迪案重考实定案，请据科治罪的启文书，虽言"以辞付本曹"，但作为司法案件，行书对象实际上也是侯相，文书末尾有长吏画诺。50号录事掾潘琬启文书的情况近似。也即是说，在县廷吏（诸曹掾史、门下录事、书佐等）因事可向侯国（县廷）长吏发出"叩头死罪白/启"的上行文书。

草刺文书中还有一种以"草白"开头的上行文摘要，未言所白对象，沈刚以为即临湘侯国，因在县内流转而省略②。谨列举若干：

草白佃帅朱□□应□□□事　……部曲田曹史苍③揖白（柒·3157）

草白□三州仓米给贷贫民谢□□□事　三月十九日仓曹史□□白（柒·4470）

---

① 此处录文据本书第一章第二节。
② 参读沈刚《吴简所见孙吴县级草刺类文书处置问题考论》文。
③ 田曹史姓氏原缺释，据图版补。

草白理出叛吏五□子士子孖等三人付典田掾五陵□□□□事　四
月十八日兼中贼曹史象□白　　（柒·4471）注：前"五"下□右半残
缺，左半从"言"。又，"象"疑为"葛"之误，二字俗体较为近似。

草白差调诸乡出纸（？）四百枚□☒　　（柒·4670）

从上报事务看，涉及三州仓出米给贷贫民，出叛吏给付乡典田掾，差调属乡出纸等，确为县内事务，而上报人为各曹掾史（在县廷吏）。我们认为以许迪案审核为代表的"叩头死罪白/启"文书，正是草白类文书刺的完整文书形态。这类文书所涉事务，通常可以在县廷内部处理完毕，文书封存在侯国/县廷门下。

第二节　县与郡及其他机构文书往来

弄清临湘侯国内部官文书流传后，接下来关注侯国与外部更高级行政机构——长沙郡及督邮之间发生的文书联系，参图4-2，图示亦可离析为三项文书流程：

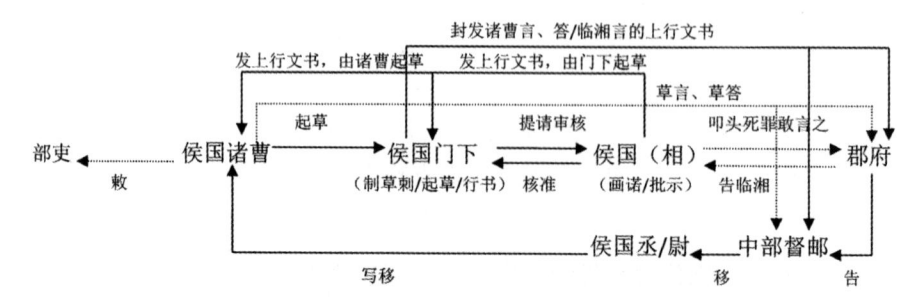

图4-2　临湘侯国官文书运转流程图（外部文书循环）
说明：图中虚线表示官文书字面流程，实线表示实际官文书运转流程。

1. 侯国某曹言/答府及督邮文书流程

诸曹是临湘侯国各项基层事务处理的第一道机构，有相当一部分事务，经由诸曹部署在外之吏办理，或由诸曹提请侯国长吏批示（皆需经门下），可在侯国（县廷）内部处理完毕。但临湘为长沙郡首县，并为长沙郡、中部督邮所在，郡仓、狱等机构均设于此，故而侯国基层政务常关涉到更高级别机构，如长沙郡中部督邮治所、潘濬军府、中央选曹等；这些事务由诸曹经手，如无法在侯国（县廷）内部完成，则需诸曹重新制作文书，将相关情况上报高级机构，如上引与许迪案相关"叩头死罪白"文书牍中的"乞曹列言府""愿曹列言府"等情况。

牍·34、50号揭示金曹曾参与许迪案的考实①，为录事掾潘琬的上言对象；而对应有金曹掾向郡府汇报许迪案结、行军法相关事宜的草刺文书，"草言府县不﹝枉﹞﹝考﹞入吏许迪﹝罪﹞﹝法﹞傅前解行□军法事　四月廿九日金曹掾□□白"（柒·4419），应为县门下书佐制作的金曹言事目录，性质同于本书第一部分复原的大量以"草言府"开头的某曹掾史白事草刺。说明诸曹不可自行发出上行文书致郡府或督邮，其起草致上级的文书，须先由侯国门下汇总，由小史、书佐、干等加以摘要整理，按日期制作草刺；随后提请侯国相审定画诺，确定所言事是否有必要继续上行；需上行的文书，不会交回诸曹，而是由侯国门下文书吏整理、统一登记、封发上行。由此产生的发文登记，即本书复原的以"某曹言"开头的行书刺。大部分行书刺并未记录诸曹致书对象，可稍事推测：

□曹言告﹝奉﹞醴陵邓﹝建﹞子弟程皎﹝诣﹞府事
　　　　嘉禾六年二月十﹝八﹞日书佐吕承封（伍·3367）
□□﹝言﹞草马二□部会﹝安﹞（？）明诣府逞简事
　　　　嘉禾六年六月五日书佐吕承封（伍·3368）

此两例简揭示嘉禾六年某曹经书佐吕承发出的文书，涉及敦促某种身份吏/民诣府事，则依常理推测，应为上言郡府文书。

侯国与上级行政单位的文书往来是双向的，侯国诸曹除因事务办理主动向上级郡府、督邮致书外，亦应承接上级之干支书/记指示，处理所涉事务，并就进展情况向上级汇报，称答府、答督邮。吴简草刺文书中有

---

① 50号木牍"乞曹列言府"虽未明言何曹，笔者推测牍文中的主者史李珠曾任县金曹史，此处应指金曹，参徐畅《走马楼简所见孙吴临湘县廷列曹设置及曹吏》，《吴简研究》第3辑，第339—342页。

"草言答""草答"一类，如：

  草答诏录郡吏邓步□家尺口传送诣官事　☑（捌·292）
  草言答府己壬记发遣故吏子弟邓梁程诣□□吏事　闰月九□□曹史□□□（陆·588）
  草言答癸丑书料核□□钱户人实□□数☑（陆·5818）
  草言答府癸亥记□……☑（陆·5833）

应即侯国诸曹掾史应上级之召，就相关情况予以说明、答复，先送至县廷门下审核而形成的草刺。

2. 临湘侯国上言府及督邮文书流程

  临湘县级行政单位发出的上行文书，除源于基层事务的汇报，由诸曹起草以"某曹言"的文书形式致书上级外，亦应有以临湘侯国的名义致书的情况。吴简草刺册中也可见到以"临湘言"开头的文书摘要，但很多发件人信息残缺，唯有两例相对完整：

  临湘言部吏□□□□□书问兰卒□□□子弟□□□□事
        四月十六日录事掾潘言□　（叁·7337）
  临湘言吴昌丞张圭具敬表言事
    嘉禾六（？）年六月廿三日录事书佐吕承封（伍·3118）

  两例皆为以"临湘言"开头的草刺，但格式不尽相同。伍·3118 简有纪年，由录事书佐吕承封发，应为行书刺；而贰·7337 简无纪年，由录事掾潘某上言，或为言事草刺。据此两例可推测属临湘侯国级别的上行文书，长吏通常交由门下（如录事掾）起草，由门下制作草刺后，提请长吏审核，确定无误后，再由门下封发上行；与上一流程中诸曹发出的上行文书的差别是，本上行文书由临湘侯国直接行文。

  值得一提的是，走马楼吴简官文书散简中，可捡拾到不少临湘侯相、丞"叩头死罪敢言之"的上行文书简，如：

  ☑□月四日临湘侯相君丞叩头死罪敢言之☑（肆·5442）

第四章　三国孙吴临湘侯国的文书行政

　　嘉禾四年十一月丙子朔□日临湘侯相君丞叩头死罪敢言之
（捌·4239）

　　嘉禾四年十一月丙子朔廿二日/丙申临湘侯相君丞叩头死罪敢言之
（捌·4248）

　　君叩头死罪死罪案文书辄考实迪辞本下隽县民少失父逊与母妾妻小子男奸让男（捌·4215）

前一例有关临湘侯国应太常府"丁卯书"隐核新占民事，后三例有关许迪割米案的考实，简文虽语义零落，但由于两件事务的办理程序已经学者复原①，可知侯相、丞致书对象应为长沙郡府。这种侯国长吏以私人名义发出的上行文书，是否就是由门下代为起草的临湘言文书？由于缺少相关信息，尚难遽断。

3. 郡府/督邮下行临湘文书流程

由于走马楼吴简官文书以临湘侯国为中心，要复原上级行政机构长沙郡下临湘的文书流程，有一定的难度。孙吴嘉禾年间，临湘侯国有一些政务的办理是承上级指令，而一些疑难案件的考实需上谳，由此必然产生一些高级机构下行本地的官文书，写于简册。惜编联遗失，已有学者对这些下行官文书册进行过初步复原。以下以嘉禾二年太常府隐核新占民"丁卯书"下达流程册、嘉禾四至六年朱表割米自首案册为例，讨论郡府指令下达至临湘本地的程序。每例先胪列简册复原结果，再分析文书流程：

"丁卯书"下达册②

---

① 参读凌文超《走马楼吴简隐核新占民簿整理与研究——兼论孙吴户籍的基本体例》，北京大学中国古代史研究中心编《田余庆先生九十华诞颂寿论文集》，中华书局2014年版，第174—201页；徐畅《新刊走马楼简牍与许迪割米案司法程序的复原》，《文物》2015年第12期，第71—83页，以及本书第四章第四节。

② 与隐核新占民相关的太常府"丁卯书"下达流程简，这里采纳凌文超的整理结果，其对简文的改释，正确的，则直接采纳，不再一一出注说明。参凌文超《走马楼吴简隐核新占民簿整理与研究——兼论孙吴户籍的基本体例》，《田余庆先生九十华诞颂寿论文集》，第174—201页。

·195·

1. ☐大常府丁卯书曰诸郡生子远授居比郡县者及方远客人（肆·4483）

2. ☐□著户籍□民□□□□为簿言（肆·4450）

3. ☐（蕲）春江夏南郡宜都大守承书从事亟各摄□□（肆·4487）

4. ☐部武陵长□零陵桂阳东西部行督都尉屯田□□☐（肆·4454）

5. ☐□书到亟促依书录著户籍与众民为例录☐（肆·4493）

6. ☐不得稽留言如府旁书科令（肆·4502）

7. 长沙太守丞掾下□陵县令长丞尉……仓……遵承（肆·3978）

8. ☐□□□□书谨□遵承奉行如府书科令☐（肆·4276）

9. ☐□书掾张记吴烈①谷能龙砀□□□令长侯相言□☐（肆·4486）

10. ☐□中部督邮书掾晃②督察移（肆·4498）

11. ☐（部）督军行立义都尉规督察告（肆·4499）

12. ☐十一月二日戊子部督军行□（立）义都尉规督察写移（肆·4638）

13. ☐丞右尉写移书到其亟☐（肆·5332）
14. ☐写部诸乡吏蔡忠区光郭宋文腾□（肆·4500）
15. ☐□□列家数如记（?）书书到言（肆·4470）

16. 都乡劝农掾郭宋叩头死罪白被曹敕条列乡界方远授居民占上户籍分别言（肆·4523①）

---

① 此处人名为"吴烈"，据图版改。
② 中部督邮书掾名"晃"，据图版，原释之"尤"，应为"晃"字之下半边。

第四章 三国孙吴临湘侯国的文书行政

1—6简显示，太常府将指示隐核新占民的"丁卯书"下达给蕲春、江夏、长沙诸郡，以及与郡平行的屯田系统；7—411简显示，长沙郡在接到太常府下达的文件后，将"丁卯书"连同本府命令（"府书科令"）下颁给郡所属县的长吏（"令长丞尉"）；但9—10简提示，郡太守命令非直接传达于县长吏，而经由郡属各部督邮书掾进行移送。

借助新刊资料"府告兼五部督邮书掾"的记录[1]，可知孙吴嘉禾年间长沙郡共分五部，而9简之张记、吴烈、谷能、龙砀、10简之"晃督察"，应分别为长沙五部督邮书掾[2]。由于临湘属中部，长沙郡的指令由中部督邮书掾晃督察及督军都尉蔡规移送给侯国长吏（丞与右尉）。据13—15简，似乎由丞、右尉部署诸乡吏，乡劝农掾蔡忠、区光、郭宋、文腾诸位，负责各自条列乡界内的方远客，但侯国长吏与外部吏直接发生文书、业务往来，似与上文总结的临湘侯国内部文书运转流程不符。16简是都乡劝农掾接受某曹指令隐核并条列本乡方远授居民，令其占上户籍，事毕后的汇报简，提示我们"丁卯书"下行中，还有侯国长吏写移相关曹司（从所办理事务来看，应为户曹），而该曹敕令乡劝农掾在部皆内遵照办理的环节。由此构成太常府、郡府指令下行至乡部吏的完整程序。

朱表割米案册[3]
长沙郡府告中部督邮书掾书

1. 府……　　告兼中部督邮书掾王伟临湘今写□（柒·4119）
2. □□如牒又表以文入没溺米事今年正月廿日诣县狱自系（柒·4118）
3. □遣吏张孟传表以二月四日付临湘录事史潘真以三月廿八

---

[1] 图版及释文参见宋少华主编《湖南长沙三国吴简（二）》，重庆出版社2010年版，第7页；后收入《竹简》〔伍〕，编号3207。
[2] 此处五部督邮书掾的信息，据凌文超《走马楼吴简隐核新占民簿整理与研究——兼论孙吴户籍的基本体例》，《田余庆先生九十华诞颂寿论文集》，第186页；并据原简有所修正。
[3] 众多学者都曾尝试对朱表案相关简册进行复原，参陈荣杰《走马楼吴简"朱表割米自首案"整理与研究》，《中华文史论丛》2017年第1辑，第219—260页；杨小亮《"表坐割匿用米行军法"案勾稽考校》，长沙简牍博物馆编《长沙简帛研究国际学术研讨会论文集》，第173—189页；孙东波、杨芬《走马楼三国吴简吴昌长朱表盗米案初探》，杨振红、邬文玲主编《简帛研究2016秋冬卷》，广西师范大学出版社2017年版，第248—263页。这里采用孙东波、杨芬的复原结果，对简文的改释，正确的，则直接采纳，不再一一出注说明。

· 197 ·

（柒·4121）

  4. □诏覆量中仓 杂 米 以四月六日毕讫□得（？）表（？）□□□用　（柒·4116）

  5. 米一百七十斛表后以四月九日有辞以米□昔所 遗 兵□□（柒·4098）

  6. 月十八日更复有辞以米给莽仁非自散用事既在真所觉□（柒·4097）

  7. □狱今临湘结斛 斗 □ 后 表自首状□唯□所用米事觉自首（柒·4120）

  8. 皆□真所觉白后罪明科正事当促竟记到伟□□□□（柒·4144）①

  9. 复 正罪法所应会日……主 簿……言 表……（柒·4115）

  10. ……嘉禾 六 年五月十七日起仓曹（柒·4114）

  11. □月十日□□长沙太守 兼 中 部 督 邮 书 掾 伟（？）督察移（柒·4117）

临湘丞掾写移

  12. 临 湘 丞 掾 写 □书□日丞促□□……（柒·4113）

  13. 收 四月九日 发 ②临湘吏□自首乞言以 廱 昔所遗兵觅到其自首□（柒·4104）

  14. 不 如状后吏实列 乃 米实已还偿表□先□ 记 自以文入没（柒·4105）

  15. 溺米事录事各毕愿乞依事觉后（？）自首科结罪□□□（柒·4102）

  16. 会日遣主簿□□□□不得稽留言如□记科令（柒·4101）

---

① 这枚简虽然散落在核心揭剥图之外，但其内容属朱表案无疑，且应是郡下中部督邮书掾文书的尾简部分。
② "收"字释可疑，或可释作"以"。"发"字或可释作"往"。

右尉写下

17. 右尉写下书到丞促依书谛更据科正譖罪法（柒·4084）
18. 府中部督邮移辛酉诏曰写下度辞如牒又表以文入没溺米事（柒·4087）
19. 以今年正月廿日诣县督系曹遣吏张孟传表以二月四日付临湘录（柒·4086）
20. 事史潘真以三月廿八日承诏覆量中仓杂米以四月二日毕讫觅（？）得表所割（柒·4083 正）
21. 解行表军法当遣主簿诣府白状县在治下吏役不得（柒·4082 正）

临湘侯相告核事掾文书

22. 正月十八日临湘侯相君告核事掾□记识……（柒·4095）
23. 以（？）表自首皆在真所觉（？）后（？）今闻□□讼愬□勉重罪者（柒·4093）
24. 不应为自首前已□□给□□罪自□□科正□□□□（柒·4094）
25. ……（柒·4090）

朱表割米后，于嘉禾六年正月到县自系，二月，吏张孟将其移送至临湘录事掾潘真处，潘真三月廿八日覆量中仓，确认了朱表割米一百七十斛的事实；但在四月六日、九日临湘侯国（县）的两次考实中，朱表更改供辞，案情复杂；五月，长沙郡府发文，敦促临湘侯国加紧考实，约定日期将考实结果由主簿送赴郡府。但这一针对临湘侯国的指令并未直接下达，而是通过中部督邮书掾王伟，由伟督察将相关指令移送临湘；据"临湘丞掾写移""右尉写下书到""府中部督邮移辛酉诏"等记载可知，中部督邮将郡指令移送侯国丞、右尉，而丞、右尉则依"府记科令"敦促相关属吏结正朱表罪法。22－25简是临湘侯相就朱表案复审下行核事掾的文书，推测中部督邮亦将府记科令移送给了侯相，由侯相具体部署此案的进一步

· 199 ·

工作。

统合两例观察，长沙郡府下行临湘地方的指令，除直接行文告临湘外（长沙五一广场东汉简中有"府告兼贼曹史汤、临湘"的合檄文书①），往往以中部督邮为中介，经由督邮移送。这与唐长孺先生据吐鲁番文书观察到高昌郡太守的指令下行路径，是一致的②。

第三节　临湘县级官文书的运转机制

上一部分以与诸曹相关的文书为中心，描绘了孙吴临湘侯国上、下行官文书的制作、收发、审定、签署、存档、勾校等一系列运转流程。经过梳理，我们发现，除长吏外，侯国的诸曹、门下在官文书流转、政务运行中，扮演了重要角色。

孙吴临湘侯国上郡府、下县乡属吏的官文书由侯国诸曹制作、运行，正可作为六朝中央、地方官文书运行机制的渊源，或许这也是孙吴国家机器从中央到基层各级单位皆遵行之行政准则。一方面，诸曹是基层官文书制作、运行的主要载体；而另一方面，诸曹并不具备独立的发文权，以诸曹名义发出的官文书，需经侯国长吏审批，并且是作为侯国（县）级官文书而发挥效力的。

由诸曹发出的上行文书，之所以以"草言府"的要目形式出现，说明诸曹并无直接发文权，必需先行起草，将草稿提请侯国长吏审核；侯国/县廷接收到诸曹上行文书草稿后，先由长吏的秘书班子，小史、书佐、干等对其加以整理摘要，制作每日查收之草稿目录，即草刺，然后提交长吏审定画诺；确定言事需上行后，文书也不会交回诸曹，而是由县廷负责文书工作的属吏整理，统一登记、封发上行。

而整个流程中，草刺的制作与上行文书的封发这两个环节，可称为官文书运转的关键环节（枢纽），在其中发挥重要作用的文书之吏，具有怎

---

① CWJ1③：258，原文长，不具引。收入《湖南长沙五一广场东汉简牍发掘简报》，《文物》2013年第6期，第22页。
② 唐长孺先生指出，高昌郡太守命令往往不直接达县、乡，而由督邮传达，参所撰《从吐鲁番出土文书中所见的高昌郡县行政制度》，《文物》1978年第6期，第15—21页。

样的身份，还需要进一步深究。笔者统计了目前已刊竹简中符合格式二草刺文书（即行书刺）形式的简例，现将负责封发者的不同身份列表如下：

表4–2　　　　　　　　　　官文书的封发者

发文单位	发文日期	发送人	简号
金曹	嘉禾三年正月十二日	书佐烝赞	叁·2263
仓曹	嘉禾六年二月二十六日	书佐吕承	柒·795
仓曹	？年三月七日	仓曹掾	柒·2603
金曹	嘉禾六年三月十三日	丞蔡南	柒·785
兵曹	？年三月三十日	领书佐番逢	柒·1428、4462
兵曹	？年？月二十日	书佐曹进	柒·4430
户曹	？年三月二十六日	领书佐鲁堂	柒·4433
户曹	嘉禾六年三月十三日	干蔡南	柒·4436
对（？）曹	嘉禾六年？月九日	书佐谢□	柒·2602
？曹	嘉禾六年五月二十日	史吴衡	柒·2639

注：由书佐烝赞与吕承发送之文书甚多，本表中仅各列举一例。

从承担发文者的身份来看，除一例为丞外，余皆掾、史、书佐、干之类主文书的小吏，郡县皆置①。本书第二章第三节曾以其中的书佐烝赞为例，探讨了这些封发小吏的行政级别，应属临湘侯国（县廷），但还需仔细辨明的是，他们属于侯国（县廷）的哪一部门。

注意到列表中有仓曹上言文书，系由仓曹掾封发，这是否意味着侯国（县）诸曹有文书自主权，可自行发出文书？要解决这一疑问，我们尝试以书佐吕承的封发工作为例，作进一步分析，吕承的职责范围并不拘于一曹：

　　兵曹言下户唐文□□□军吏不得 遣 □□ 事
　　　　嘉禾六年三月十二日 书 佐 吕 承 封 （柒·4515）

---

① 两汉郡府有书佐没有疑问，从目前材料看，东汉中后期县级政权亦有书佐，如《后汉书》卷七一《朱儁传》载其"以孝养致名，为县门下书佐"，第2308页。

· 201 ·

　　　　仓曹言大男□□被病事　　嘉禾六年二月廿六日书佐吕承封
（柒·795）
　　　　田曹言市……事　　　嘉禾五年四月十三日书佐吕承封（柒·
2570）
　　　　金曹言渚中租钱有入九万米卌斛事
　　　　　　　　　　嘉禾四年十一月廿□日书佐吕承封（柒·2562）
　　　　贼曹言□佑钱有入三万四千四百廿四钱事
　　　　　　　　　　嘉禾五年四月廿七日书佐吕承封（柒·1437）
　　　　部曲田曹言屯田民限米前后有入一万二千三百五十二斛就毕事
　　　　　　　　嘉禾□年十一月十四日书佐吕承封（柒·2565）
　　　　户曹言……有入五万五千六百悉毕事
　　　　　　　　　　嘉禾六年二月廿四日书佐吕承封（柒·4437）
　　　　□曹言州中仓米二百八斛□司马王□等卌五人事
　　　　　　　　　嘉禾六年十二月九日书佐吕承封（柒·2139）

以上兵、仓、田、金、贼、户等诸曹文书之经办，皆出吕承之手，若为列曹自发，则封、发人（为某曹掾、史、书佐）必当各不相同，不可能为一人。合理的解释是，吕承为县廷秘书机构门下之书佐，统一负责县级各部门文书之发送。封发文书中吕承的吏职为"书佐"，而据"☑□事　五月十日录事书佐吕承封"（肆·3254）可明晰其为录事书佐，录事书佐正是严耕望先生总结的郡县门下系统三类书佐之一①。

除上表外，《竹简》〔捌〕中出现了新的诸曹文书封发人，"□曹言行大男杜员已罚……事　五月四日门下小史吴衡封"（捌·4716），吴衡的身份正是县门下小史。竹简中亦有"门下书佐"，见"九月卅日门下书佐张乐言"（叁·207）②，这都印证了上述诸曹文书需经由侯国（县廷）

---

① 参读严耕望《中国地方行政制度史：秦汉地方行政制度》之郡府属吏部分，第125—128页。他指出门下系统之书佐有门下书佐、记室书佐、录事书佐之别。
② 原释文中"门"字未释出，此处参照王振华之意见。张乐，又见于人名年纪口食簿，"常迁里户人公乘张乐年廿五给县吏"（柒·5952），可证其为县门下书佐。观点详王振华所撰札记《关于书佐》，未刊稿。

·202·

门下系统汇总封发的判断。

此外,将诸曹言事文书进行提要,制作草刺以供县长吏初步处理的,亦应是这批门下主文书之吏。上行文书之外,即使是诸曹下行县内机构、乡吏的文书(以上所列以"草记告"等开头的草刺),也不可由诸曹直接下发、敕谕县乡,而皆需县门下系统处理,报长吏审定,再由门下书吏封发下行。

综上,诸曹上行县外高级机构、下行县内诸吏的文书,外部吏上行诸曹的文书,在县廷的诸曹掾史、仓、库、狱吏等上行相应曹或侯国长吏的文书,皆需送至门下;经门下系统相应书佐处理、制作收文登记(草刺),经长吏审定,需继续上、下行者,由书佐统一封发,并保留发文登记(行书刺);已解决完毕者,由书佐封存(保藏地点可能是记室)①。此外,由于门下是长吏的秘书机构,部分门下文书之吏还承担为长吏起草上行(或也包含下行)文书的任务,上行者或以"临湘言"的名义发出。可以说侯国(县廷)的秘书机构门下,是基层官文书运转的枢纽。

第四节　从官文书看行政过程

一　从简牍案册看许迪割米案司法程序

本书第三章曾对许迪割米案中的呈文(上、下行官文书简)进行了集成,除呈文外,《竹简》〔捌〕与此案相关的400余枚简中,还有大量辞状、解书等原始审讯记录,有些记录还残留审讯日期。许迪案的审理遵循汉魏间司法诉讼程序,残简间有明晰的逻辑关系,可作历时性考察。本部分将以简文残留信息为主要线索,结合揭剥图、外在形制等相关信息,先尝试将散简编联为若干竹简群,以竹简群提供的信息为基础,进行案件司法程序的复原工作。

---

① 侯旭东先生即以为走马楼吴简是临湘侯国主簿与主记史所保管的部分文书簿册,而保存地点是临湘侯国门下的记室,所撰《湖南长沙走马楼三国吴简性质新探——从〈竹简(肆)〉涉米簿书的复原说起》,长沙简牍博物馆编《长沙简帛研究国际学术研讨会论文集》,第59—97页。

（一）许迪的家庭与仕宦

已往研究对许迪的关注始于嘉禾四年割米案发，而许迪的身份，木牍中或称为"吏"，或称为"大男"，因而割米案被认定为职务犯罪。弄清许迪的身份、家庭情况，对于把握整个案情的性质至关重要。汉魏时案件审讯，嫌疑人的供辞须先交待"名县爵里年姓官除"①，许迪案亦不例外，《竹简》〔捌〕保留了许迪的若干套供辞，其中有一个较完整的开头：

> 十一月七日大男许迪辞本下隽县民少失父逊与母妾兄别々男弟冰迪妻小冰妻足别妻营子男让々男弟䉛俱居其县南乡秶丘佃作为业迪以建安廿一年（捌·4117+4106）

可知许迪原非临湘本地人，为下隽县民。据《续汉书·郡国志》，下隽，东汉为荆州长沙郡十三县之一，至建安末仍属长沙②，见于吴简有下隽师佐③。许迪全家居住在县南乡秶丘，靠佃田耕作而生存；其家庭成员，这则开头中已有交待，比较特别的是简捌·4215"君叩头死罪死罪案文书辄考实迪辞本下隽县民少失父逊与母妾妻小子男奸让男"的记载，各种"迪辞"及结案后对其家庭成员处理记录中都只提及许迪之两子，许让与许䉛，唯独此处出现了"子男奸"，核对图版，释文无误，非衍字；或许奸为许迪长子，早夭④，嘉禾案发时已去世多年，故陈辞中略去不表，连坐之家庭成员中自然亦无此人。将许迪家庭情况图示如下（详图4-3）。

依据"九千廿不与坐各出别门异居迪以建安廿一年中给吏到黄龙三年正月廿日受曹遣于溇口典受官盐到嘉禾二年领受盐一千四百卅七斛一斗一升其年募卖合售一千三百九十□斛四斗一合溢□"

---

① 语出简文"☒□市人等名县爵里年姓官除辞"（E. P. T52：155），甘肃省文物考古研究所、甘肃省博物馆、文化部古文献研究室、中国社会科学院历史研究所编：《居延新简——甲渠候官与第四燧》，文物出版社1990年版，第239页。
② 《后汉书》卷一一二《郡国志四》，第3484页。
③ 如竹简壹·5932、6683、6727等。
④ 王素、宋少华：《长沙吴简〈录事掾潘琬白为考实吏许迪割用余米事〉释文补正》，《文史》2015年第1辑，第279页注②。

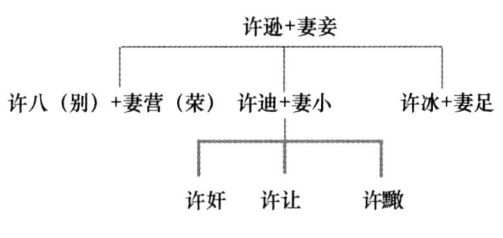

```
                    许逊+妻妾
                       |
        ┌──────────────┼──────────────┐
     许八(别)+妻营(荣)  许迪+妻小    许冰+妻足
                       |
                ┌──────┼──────┐
              许妍    许让    许瓥
```

图 4-3 许迪的家族世系

(捌·4243＋4097＋4096)，以及"出给县吏以吏次后不觉年中复给郡吏以黄龙三年正月廿日为曹所选为涺"(捌·4075)、"廿一年中出给吏到过黄龙三年正月廿日受曹遣于涺口典受官盐一千七百廿四斛九斗皆得"(捌·4177)，可梳理许迪仕宦经历：汉末建安廿一年(216)，作为平民的许迪出给县吏，若干年后，给郡吏，到黄龙三年(231)，身份已经是正式的吏了。简文显示，在这年正月廿日，他受差遣到涺口典卖官盐，此职事，4061、4082 号简称为"涺口典盐掾"，由于孙吴实施盐铁、酒专卖，此身份应相当于官方指定的经手及经销人①，属因事而设的郡掾之一。

那么此前许迪为何种郡吏？简文提示其"受曹遣"；东汉三国郡县两级机构中诸曹系统甚为发达②，而曹主要从事以文书为主的工作，具体外出巡行办理诸事务，不劳曹吏，而由部吏负责，典盐掾即属部吏。差遣许迪之"曹"，据"已列言乞傅前解诣司盐曹"(捌·4193)，应为郡之司盐曹，或系孙吴盐铁业专卖政策下基层为管理盐务所设，不见于严耕望梳理的汉郡府列曹。许迪此前或为长沙郡司盐曹吏。

(二) 许迪割用余米的经过

典盐掾许迪领取官盐后，工作是销售官盐，换取米(称盐贾米)、杂物、钱，然后纳入官仓、库。《竹简》〔捌〕保留了许迪本人及兼金曹史李珠在数次考实中陈述的典卖官盐、割用余米的经过，细节有所不同，统合梳理一下，至少有三个版本。第一种版本：

---

① 蒋福亚：《走马楼吴简所见盐铁官营和酒类专卖》，《史学月刊》2011 年第 12 期，第 12—20 页。
② 参读严耕望《中国地方行政制度史：秦汉地方行政制度》，第 73—146、216—244 页；徐畅《走马楼简所见孙吴临湘县廷列曹设置及曹吏》，《吴简研究》第 3 辑，第 287—352 页。

> 盐一千四百卅七斛一斗 一 升 收 酒七十五斛六斗四升五合通合一
> 千五百一十二斛七 斗 五升五合其一千 八 十六斛五升六勺 募 ☐ 卖得钱
> 米杂物料核相应余盐四百廿六斛一斗九升八合四勺合得米二千五百六
> 十一斛六斗九升迪举簿言郡但列二千四百卅九斛一升出付仓吏邓隆谢
> 靖等受余米一百一十二 斛 六斗八升迪先割用饮食不 复 列 廖咨所觉
> 米不 见 ☐ （捌·4102＋4113＋4012＋4008＋4005＋4002）

但这批简并未交待许迪卖官盐而换得钱、米、杂物的详情，以及"盐米量"（捌·4095）。王子今先生曾据牍·50记录的许迪卖盐、得米数，估算嘉禾五年盐米比价为1斗盐=6.01斗米，大致为6∶1[①]。在另一份辞状中，我们发现了对"盐米量"的详细交待：

> 千 四 百 卅七 斛 一 斗 一 升 收 酒 七 十 五 斛 六 斗 四 升
> 五 合 通 合 一 千 五 百 一 十 二 斛 七 斗 五 升 五 合 其 一 千
> 八 十六斛五升六勺 募 卖得钱米杂 物 料 核 相 应 余 盐 四 百廿六 斛
> 一 斗 九升八合四勺其四斛五斗七升为 七 量 四百廿一斛六斗二升八
> 合四勺为 六 量 ☐ 合为米二千五百六十一斛六斗九升 已 出 二千四百
> 卅九斛 一 升 ☐ （捌·4101＋4091＋4007＋4272）

现略作总结，许迪受官盐一千四百卅七斛一斗一升，并酒七十五斛六斗四升五合，盐酒总计一千五百一十二斛七斗五升五合，以其中一千八十六斛五升六勺的盐酒出卖，换取钱、米、杂物，剩下的四百廿六斛一斗九升八合四勺盐，纯用来兑换米。其中四斛五斗七升盐以1∶7的比例换米（4.57×7），而大部分，四百廿一斛六斗二升八合四勺盐以1∶6的比例兑换（421.6284×6），这样总共得到米二千五百六十一斛六斗九升。"☐为吏雷襟所收送付县为人所觉后已别以米补偿以过六月一日付仓吏黄瑛辄依

---

① 王子今：《走马楼许迪割米案文牍所见盐米比价及相关问题》，《吴简研究》第2辑，崇文书局2006年版，第99—100页。

·206·

第四章 三国孙吴临湘侯国的文书行政

条平"（捌·4018）似乎还提示，许迪曾将隐匿之米交付吏雷襍，令其送回家口所在之县。

许迪在复审中，又交待了其领受、典卖官盐的另一种版本：

口卖盐吏典卖官盐以嘉禾元年二年卖所领盐一千七百廿四斛九斗卖得绢九十□四二丈三尺绛十四匹二丈九尺緒八十一匹三丈七尺得行钱六十二万二千六百米九千六百七十斛一斗估钱廿四万三千□百□六钱□□结钱悉已出付仓吏谢靖张修黄瑛等受米已出九千五百五十七斛四斗一升余米一百一十二斛六斗八升瑛等已出迪所□□（捌·4094+4135+4134+4133）

另外"绢九十八匹二丈三尺绛十四匹二丈九尺緒八十一匹三丈七尺得行钱六十二万二千六百估佰钱□□万三千"（捌·4148）的内容可与上述对照。概括起来，许迪在嘉禾元年、二年共卖所领官盐一千七百廿四斛九斗，换得杂物包括绢九十八匹二丈三尺、绛十四匹二丈九尺、緒八十一匹三丈七尺，换得行钱六十二万二千六百、估钱廿四万三千□百□六，另有米九千六百七十斛一斗。此应即第一种版本所述"卖得钱米杂物"，但数字不相同。钱、物交库，米入仓，但许迪仅以九千五百五十七斛四斗一升米出给仓吏黄瑛，剩余一百一十二斛六斗八升为其自用。

即使是这种版本，许迪交待的数字亦有出入：

十一月十三日许迪后辞以黄龙三年正月廿日受曹遣于溇口受官盐一千七百廿四斛九斗卖得米九千七百八十二斛七斗八升已出九千六百七十斛一斗付仓吏邓隆谷荣黄瑛等受余米一百一十二斛六斗八升应当出付瑛等迪本受诸将（捌·4036+4038+4065）

这里许迪以盐一千七百廿四斛九斗换得的米为九千七百八十二斛七斗八升，而交付仓吏的为九千六百七十斛一斗，是上述得米之全数；这两个数字之差，恰好也是一百一十二斛六斗八升。

所以会出现这样的差异，版本一侧重讲述大批量盐兑换完毕后，一小

· 207 ·

部分盐与米的折纳,而版本二似乎涉及总帐目中的数字;许迪经手盐及物资、盐贾米数量巨大,而他又有所隐匿,在案发后还曾"令弟冰持草归家改定"(牍·353),伪造以米雇摘的记录,这都可能导致官盐簿及仓、库出入记录的混乱。但许迪盗用余米一百一十二斛六斗八升是不争的事实。

(三)割米案程序的复原

王彬曾提出将许迪的审判置于秦汉"告诉、告发—逮捕、拘禁、讯问—通知县乡—查封—审判、再审"的程序中去考察,这种做法有利于还原许迪案的司法语境①。但问题在于,细读《竹简》〔捌〕中存留的司法文书简,结合揣摩许迪案四枚木牍的程序与术语,我们发现,汉末三国时代的刑事诉讼程序、讯狱用语,较之秦汉已经发生了很大变化。秦简《封诊式》提示的讯狱过程:"凡讯狱,必先尽听其言而书之,各展其辞,虽智(知)其訑,勿庸辄诘。其辞已尽书而毋(无)解,乃以诘者诘之。诘之有(又)尽听书其解辞,有(又)视其它毋(无)解者以复诘之。诘之极而数訑,更言不服,其律当治(笞)谅(掠)者,乃治(笞)谅(掠)。治(笞)谅(掠)之必书曰:爰书:以某数更言,毋(无)解辞,治(笞)讯某。"②"展其辞""言不服"而笞掠的环节在许迪案考实中还存在,但告劾、传爰书、诘问、鞫、乞鞫、论当等秦汉时代审讯不同阶段的固有术语③,竟不见于整个考实过程中。

出土于临近地点,记录东汉晚期(光和六年)临湘县民事纠纷的东牌楼简《净田自相和从书》透露出的与司法、判案相关的语汇如"列""辞""辞如牒""自言""考问""实核""续解复言""弹处罪法"等④,倒与走马楼简许迪案的考实用语极为接近。我们有理由相信,汉末三国孙吴政权统治下,长沙郡县乡的基层法治具有独特性,未可简单以秦汉制度

---

① 王彬:《吴简许迪割米案相关文书所见孙吴临湘侯国的司法运作》,《文史》2014年第2辑,第74页。
② 睡虎地秦墓竹简整理小组编:《睡虎地秦墓竹简》,文物出版社1990年版,第148页。
③ 对秦汉诉讼程序的讨论,如李均明《简牍所反映的汉代诉讼关系》,《文史》2002年第3辑,第59—80页;[日]籾山明《中国古代诉讼制度研究》第二章《秦汉时代的刑事诉讼》,李力译,上海古籍出版社2009年版,第47—100页;张建国《汉简〈奏谳书〉和秦汉刑事诉讼程序初探》,《中外法学》1997年第2期,第48—57页;徐世虹《汉劾制管窥》,李学勤主编《简帛研究》第二辑,法律出版社1996年版,第312—324页等等。
④ 长沙文物考古研究所、中国文物研究所编:《长沙东牌楼东汉简牍》,文物出版社2006年版,第73—74页。

比附。这也就是王素先生特别提出的应该考虑吴简时代性的原因①。

为此,下面梳理许迪割米案的司法程序,一般不套用秦汉术语,而以吴简中的语汇勾勒全过程,必要时附加今语说明。

1. 事"觉"与"表上"(案发)

秦汉《律》关于仓储管理、查验,仓吏交接中的过失与处罚,已有细致规定。孙吴仓库中亦有严密的财务稽查制度,见于吴简中有大量仓米"料校不见前已列言更诡责负者"的记录②;据魏斌统计,仅黄武六年到黄龙元年诸简中"料校不见"的仓米,合计近两千斛,推测孙吴各级官吏挪用官物的情况十分严重③。据秦《效律》《仓律》,谷物储藏出现不足数或败坏,或交接时帐目不符,皆需由仓吏负责④;许迪案的发觉,据本书第三部分复原的廖咨上表,缘于孙吴中央上述机构对长沙郡"嘉禾二年官盐簿"的检校,发现典卖官盐记录中,由许迪经手的那笔,只列卖盐得米数,未列盐米量,故部署督军蔡规、功曹隐核,令许迪列盐米量,见"☐斗八升迪散用饮食后 廖 直 事及吏朱诉到料 校 米 不 见勅迪备入 即 ☐☐"(捌·4083),"匿 不列 见 后廖直事及吏朱诉到料校米不见勅迪备入☐☐"(捌·4054)。

又据简捌·4046、4062,直事廖咨,任官"从史位",从史位系郡县官员之散职,无固定职掌;"直事",当从《文选》左思《魏都赋》李善注"若今之当直也"解;新近整理的五一广场简中有"直符文书"⑤。从史位廖咨应上级指令,巡查仓库,在与吏朱诉一同料校仓米过程中(可能同时稽核帐目),发现帐目数与实存数不符,进一步追查至典盐掾许迪。

据牍·50,此后不久,六月一日,许迪私下将所割用之米一百一十二斛六斗八升交付给仓吏黄瑛,企图掩盖盗官物事实,现存仓出入米簿中,确能找到这笔帐目,"出郡吏许迪所领三年盐贾吴平斛米一百一十二斛六斗八升擿量 嘉禾四年六月一日关壄〔阁〕郭嵩付仓吏黄瑛受"(捌·

---

① 王素:《长沙走马楼三国吴简时代特征新论》,《文物》2015年第12期,第60—70页。
② 如《竹简》壹·3085、壹·6227、壹·8125等。
③ 魏斌:《走马楼出土孙吴"加臧米"简试论》,《魏晋南北朝隋唐史资料》第25辑,武汉大学文科学报编辑部2009年版,第19—31页。
④ 睡虎地秦墓竹简整理小组编:《睡虎地秦墓竹简》,第97、101页。
⑤ 李均明:《长沙五一广场出土东汉木牍"直符"文书解析》,《齐鲁学刊》2013年第4期,第35—37页。

4076）。大概孙吴检校稽查制度，一旦发现事故，需及时上报。两个月后，廖直事将相关事实列"表"、上奏，直接报送孙吴中央并移送郡县长吏，许迪案发，见本书第三章第三节复原的两份上表，首简如"嘉禾四年八月丁未朔十八日甲子从史位臣廖咨 顿 首 死 罪 上……"①（捌·4062），末简如"备入官米谨表上臣咨诚惶 诚 恐 顿 首 死 罪 死 罪"（捌·4034），又首简如"嘉禾四年八月丁未 朔 十八日 甲 子 从 史 位廖咨 顿 首 死 罪 上"②（捌·4046），末简如" 八 月 十 八 日 甲 子 从 史 位 咨 移"（捌·4179）。这个环节，相当于秦汉官吏依据职权所进行之"劾"。

2. 逮捕

进入诉讼程序后，先应拘禁嫌疑人，由于简册残缺较多，未见相关记载。但据"加诬言答（？）须（？）加捶杖实 不 枉加捶杖 狱 吏□□□"（捌·4287）中出现的"狱吏"推测，许迪被拘捕后，或被关押在长沙郡首县临湘的监狱中③。

3. 考实（初审）

治狱，吴简中多用"考实""考核""实核"一类词语指称。"考实"，即经考案而查实，多见于《后汉书》等传世文献，徐世虹已指出，吴简中系指嫌疑人被告发后，具有定罪量刑判决权的司法机构要求嫌疑人所在地的下级机构审讯、查实案件真相时所履行的程序④。依汉魏司法工作的责任层级，许迪案理应先由临湘侯国（县）负责审理，竹简中确实保留有临湘侯相君、侯丞考实、上报案情的记录，如" 君 叩 头 死罪死罪案文书辄考实迪辞本下隽县民少失父 逊 与 母妾妻 小 子 男 奸 让 男"（捌·4215），"嘉禾四年十一月丙子朔□日临湘侯相君丞 叩 头 死 罪 敢 言 之"（捌·4239）。但木牍与竹简又显示，长沙郡中部督邮一开始亦介入此案，如牍·50"被督邮勅，考实吏许迪"，这或许由于许迪非临湘本地

---

① "死罪"后原释为"十八"，今据图版改。
② "死罪"后原释一重文符号，据图版改。
③ 尹湾汉简显示，东海郡无监狱，人犯往往关押在郡首县监狱中。长沙郡亦同。宋杰有汉代郡国狱所置于各县的判断，见所著《汉代监狱制度研究》，中华书局2013年版，第180—185页。
④ 徐世虹：《对两件简牍法律文书的补考》，《中国古代法律文献研究》第2辑，中国政法大学出版社2004年版，第98—99页。

人,且身份为郡吏。简捌·4048、4171显示具体职责此案的是督邮书掾晃督察。

在县长吏与督邮参与下的第一轮考实于四年十一月七日开始,据木牍、竹简,临湘侯国部署录事掾潘琬,核事掾赵谭、这贵,都典掾烝若,主者掾石彭、主者史李珠,中贼曹掾陈旷等,共同考核此案。王彬以为类似于汉代高层司法中的杂治,其实汉魏基层普通案件审理中,亦有若干官员杂治的情况,如居延简诉讼文书"建始元年四月甲午朔乙未,临木候长宪敢言之:爰书,杂与=候史辅验问隧长忠等七人……"[1],案件由候长与候史共同验问。王彬所谓抽调相关官吏组成"专案组"的说法值得重视,上述吏员除赵谭、这贵本职不明,烝若本职看不出与此案有关外[2],录事掾潘琬当主要负责考实中文书工作,故我们见到的此案四件呈文(木牍),三件皆由潘琬书写上报;石彭、李珠分别为主者掾与主者史,李珠多见于相关简文,本职为县兼金曹史,正是由于许迪从事官盐贸易与金曹职掌相关,而考实中还曾向李珠问辞,他才成为本案"主者史";依据这个思路,石彭的本职很有可能是临湘县某曹掾,该曹事务与案情相关,或者是仓曹;中贼曹掾陈旷的参与,应涉及结案后罪罚等相关事项。

竹简恰好保留了第一轮考实中许迪的供辞:

十一月七日大男许迪辞本下隽县民少失父逊与母妾兄别々男弟冰迪妻小冰妻足别妻菅子男让々男弟𪗋俱居其县南乡秭丘佃作为业迪以建安廿一年……十一月七日发(?)(捌·4117+4106+4118)

可知考实开始后有被告人陈辞的环节。翌日,可见到掌控案件审理的中部督邮书掾将相关文书移送的记录,"十一月八日癸未长沙大守兼中部督邮书掾晃督察移 月囗日发(?)"(捌·4048)。汉制,审讯案件后要留下口供,审问一次后要"复问之",以验证前后口供,这中间的间隔,据《史记·酷吏列传》《集解》引张晏注"讯考三日复问

---

[1] E. P. T51:228,甘肃省文物考古研究所、甘肃省博物馆、文化部古文献研究室、中国社会科学院历史研究所编:《居延新简——甲渠候官与第四燧》,第192页。
[2] 烝若嘉禾三年至六年为模乡典田掾。

之"①，一般是三天，当时的实例，如建武三年十二月候粟君所责寇恩事册书中就有当月乙卯、戊辰日前后两次审讯的爰书②。而许迪案中，十一月九日又可见到核事掾赵谭、这贵的第二轮考实，见"嘉禾四年十一月丙子朔九日甲申核事掾赵谭这贵叩头死罪敢言之□被曹勅考核大男许迪坐割□盗用所典盐贾米一百一十二斛六斗八升……"（捌·4081+4238），"核事掾赵谭这贵言辄考实大男许迪坐割用所典盐贾米一百一十二斛六斗八升……"（捌·4196），"臧没入县官谨据言谭贵诚惶诚恐叩头死罪死罪敢言之"（捌·4208）。这中间间隔为两天，当为孙吴制度。

赵谭、这贵考实结束后，许迪似已服辞，承认割盗官米，而临湘县经过认定案情，查找与犯罪事实相应的法律条文，迅速完成了秦汉称之为"鞫"与"当"的阶段，简捌·4172、4307皆是临湘县廷就吏许迪结正罪法事进行期会的文书，时间在十一月十四日到十七日之间。许迪依吴"辛丑科"被结以斩罪。汉魏县级机构并无执行死刑的权力，据《二年律令·兴律》："县道官所治死罪及过失、戏而杀人，狱已具，勿庸论，上狱属所二千石官。二千石官令毋害都吏复案，问（闻）二千石官，二千石官丞谨掾，当论，乃告县道官以从事。彻侯邑上在所郡守。"（简396+397）③ 郡一级掌握对死刑案件的覆审权，必要的时候，还需奏请廷尉及皇帝亲自处理④，故临湘县将与本案相关的审讯文书"解书"上报长沙郡，见：

临湘言部核事掾赵谭考实吏许迪坐割盗所典盐米一百一十二斛六斗八升具服依科结正罪法尚解书诣府□□（捌·4199+4232）

---

① 《史记》卷一二二《酷吏列传·张汤》，中华书局1982年版，第3137页。
② 甘肃居延考古队简册整理小组：《"建武三年候粟君所责寇恩事"释文》，《文物》1978年第1期，第32—33页。
③ 张家山二四七号汉墓竹简整理小组：《张家山汉墓竹简〔二四七号墓〕》（释文修订本），第62页。
④ 相关制度参读［日］鹰取祐司《漢代の死刑奏請制度》，《史林》88卷5號，2005年；中译文李力译，收入中国政法大学法律史学研究院编《日本学者中国法论著选译》（上册），中国政法大学出版社2012年版，第102—123页。

第四章 三国孙吴临湘侯国的文书行政

又如：

应言君叩头々々死罪々々案文书被书辄部核事掾赵谭考实迪辞本下隽县民少失父与母妾兄八男弟冰迪妻小子男让男弟黻八妻营冰妻足俱居南乡㮔丘佃作为业八冰以过十一（捌·4014＋4015＋4020）

上报之时间，据"嘉禾四年十一月丙子朔廿一丙申日临湘侯相君丞叩头死罪敢言之"（捌·4248），应是在十一月下旬。汉代郡府负责复核死刑及处理乞鞫案件的是毋害都吏，据《汉书·文帝纪》元年三月诏："二千石遣都吏循行，不称者督之。"颜注引如淳曰："律说，都吏今督邮是也。闲惠晓事，即为文无害都吏。"① 一般以为毋（无）害都吏就是后来发展起来的督邮系统。许迪案初审结束后，自然先将相关材料、结果呈送上文提及的长沙郡中部督邮，但由于督邮从一开始就参与了此案的进程，对于最后的死刑判决，是否还有相当于上级的"复案权"？

从简文提示的情况看，此案上报后在督邮手中似乎滞留了近两个月时间，至转年（嘉禾五年），作为长沙太守兼中部督邮书掾的晃督察将此案移送至它处，见"正月十七日戊寅长沙大守兼中部劝农督邮书掾晃督察移"（捌·4308）②，与此相对应，嘉禾五年正月十七日，有录事（掾）所编许迪案文件，见"☐嘉禾五年正月十七日兼录事☐……☐……许迪军法草"（贰·7192）③。

4. 录见都尉（死刑上报、录囚、翻供）

负责复核许迪案、录见许迪的官员，中部督邮书掾移书的对象，牍·50、34皆表述为"都尉"。王素最早提出应为长沙郡中部都尉，典军事，其介入许迪案是因为该案所涉恐与军粮有关④；王彬最近提出四枚木牍中所见"都尉""督军"皆指督军粮都尉，为录囚工作的主持者⑤。督军粮

---

① 《汉书》卷四《文帝纪》，第113页。
② 本简下注文据干支将此条系于嘉禾二年正月。由于吴易东汉四分历为乾象历，诸历谱对于孙吴纪年历日的推算多与竹简所记有出入。具体到许迪案相关简牍，我们应尽量避免以干支来推算年份。
③ 按："草"原作"革"，据王素、宋少华《长沙走马楼三国吴简的新材料与旧问题——以邸阁、许迪案、私学身份为中心》文改正，《中华文史论丛》2009年第1辑，第1—26页。
④ 王素：《长沙走马楼三国孙吴简牍三文书新探》，《文物》1999年第9期，第43—50页。
⑤ 王彬：《吴简许迪割米案相关文书所见孙吴临湘侯国的司法运作》，第85页。

· 213 ·

都尉，经讨论，已明晰属于孙吴节度系统①，军粮调配工作由督军粮都尉下书地方仓库执行，如果说其省称为"都尉"尚可，似无省称为"督军"之可能。

那么录见许迪之"都尉"究竟是何种性质？在"都尉""督军"之外，简文中又出现有"督军都尉"的表述，如"言B□□见督军都尉下□米□行不见不割用狼见顷□"（肆·3567），又如"□长沙督军都尉郡大守丞掾写移书到勑郡□迪□□"（捌·4180）；细绎相关简文，发现此"督军都尉"应为省称，全称为"督军行立义都尉"，见"□三月廿三日丁未部督军行立义都尉规督察告"（壹·1134），"☑督军行义都尉规督察□告"（肆·4499），且又称为"规督察"，全名"蔡规"，见邓玮光复原的廖咨上表②：

尚书前言长沙郡所列嘉禾二年官盐簿溇口典盐掾许迪卖盐四百廿六斛一斗九升八合四勺得米二千四百卌九斛一升不列盐米量设移部督军蔡规功曹隐核别处（捌·4061+4078+4095）

这里有必要对督军都尉的性质加以讨论，以明了为何由此职录囚。三国孙吴虽然私兵、部曲有所壮大，地方军队应处于国家掌控，至少是监控之中，朝廷不断派出督军使者、督军御史对州郡兵进行监管③，从名称来看，这些督军主要来自中央御史台系统。戴卫红曾指出，三国有以御史出督军粮的情况④，则由御史台系统延伸出督军职责，也并不意外。这些官

---

① 罗新：《吴简中的"督军粮都尉"简》，《历史研究》2001年第4期，第168—170页；侯旭东：《吴简所见"折咸米"补释——兼论仓米的转运与吏的职务行为过失补偿》，《吴简研究》第2辑，崇文书局2006年版，第176—191页；戴卫红：《长沙走马楼吴简中军粮调配问题初探》，卜宪群、杨振红主编：《简帛研究2007》，广西师范大学出版社2010年版，第204—224页。
② 邓玮光：《试析孙吴嘉禾年间的财政危机——以走马楼吴简许迪割米案为中心》，第59—76页。
③ 孙吴中央对地方军队的掌控与监督参读何德章《三国孙吴兵制二题》，《魏晋南北朝隋唐史资料》第25辑，武汉大学文科学报编辑部2009年版，第37—47页。
④ 戴卫红：《长沙走马楼吴简中军粮调配问题初探》，卜宪群、杨振红主编：《简帛研究2007》，第204—224页。吴简中亦有督军粮御史，如"入□□□乡□里嘉禾元年税米□一觯ⅹ嘉禾元年十一月廿一日督军粮御（？）史劝□关邸阁郭据付仓吏黄讳番虑受"（贰·384）。

第四章 三国孙吴临湘侯国的文书行政

员被外派到地方驻军之处，行使督察职责，故亦可呼为"督察"；其从事军队工作，亦带有杂号军职，往往是都尉，如上所见"督军行立义都尉"，另有"九月二日戊子部督军[武]都尉□督[察]□□"（肆·4638），皆省称为督军都尉。《三国志》载陆凯弟陆胤曾任"衡阳督军都尉"，由于这种督军都尉常驻各郡（凡有驻军之郡），久之，其前直接冠以郡名，成为郡太守、丞之外的要职①，简捌·4180显示，许迪所见为"长沙督军都尉"。

录见的时间，大约在嘉禾五年二月。简捌·3497"二月廿六日下雋大男[许][迪]辞以嘉禾二年于湺口卖[余][盐]四百廿"似为许迪见督军时陈辞②。据连缀起来的三枚竹简"[死][罪]々々[案][文][书][规][郡]……辄实问[迪][辞][令][更][列][簿][其][盐][四][斛]五斗七升为七量[四][百][廿]一斛六斗二升[八][合][四][勺][为][六][量]通合为[米][二]千五百六十一斛六斗[九][升][钞]米有出郡[前][簿][一][百][一][十][二][斛][六][斗][八][升]"（捌·4165＋4167＋4175），"规"，即督军都尉细致地核对了案情，令许迪重新解释典卖官盐，换取钱米杂物的过程；尤其是，临湘县考实时许迪供辞"不列盐米量"，此次重列，交割清楚。

根据初审许迪快速招认服辞来推测，他似乎未料到结罪至于斩首弃市，因而，录见督军都尉给了他改辞翻供的机会，即牍·50叙述的"前录见都尉，知罪深重，诣言：不割用米"，牍·353所谓"县前结迪斩罪，惧怖罪重，支辞虚言，以米雇摘，令弟冰持革归家改定"。竹简中亦保留了许迪改辞的记录，"湺口[典][盐][掾][许][迪]前[依]□促考问不堪搒杖招言[割]用实不[割]"（捌·4066），"饮食尽前见都尉实怖死[诣][府][对][云]以[米][备][摘]"（捌·4003），即许迪对督军谎称未入之一百一十余斛六斗八升是他预留作为搬运、加工费的余米，自己并未据为私用，因为县吏使用刑讯，不堪拷打，才服言割用，为配合这些"虚言"，还指使弟许冰篡改相关帐目要簿。"[备]入米一百一十二斛六斗[八][升]付堅阁郭嵩[仓][吏]黄[瑛]交悉毕前怖猥死[为]都尉所见问[怖]□[对]都尉[怒]以[先][备]□府□□□□

---

① 参读［日］森本淳《長沙呉簡からみる孫呉の下級軍事制度考初編》，《長沙呉簡研究報告·2008年度特刊》，2009年3月，第70—74页。
② 这里二月廿六日不可能是嘉禾四年，而据后介绍，嘉禾五年底许迪已再次辞服，六年二月亦不可能陈辞，只能系于五年。

死□□"（捌·4041+4043），显示督军都尉闻许迪改辞，颇为恼怒，据"别函言勿失限会日如督军都尉旁书科令"（捌·4040），都尉下书（称旁书），令相关官员复案此狱，限定日期汇报结果。

5. 考实（复审）

由于许迪改辞，案情显得异常复杂，督军都尉之外，长沙郡府相关曹司、中部督邮（见捌·4053），乃至长沙太守、丞皆介入到审讯中来，部署对案件的复审。牍·224记录的正是嘉禾五年正月，临湘县录事掾潘琬应郡府所召，加紧考实许迪案的情况：

1 录事掾潘琬死罪白：关启：应府曹召，坐大男许迪见督军支辞，言不

2 割食所领盐贾米一百一十二斛六斗八升。郡曹启府君，执鞭录事掾

3 陈旷一百，杖琬卅，勑令更五毒考迪。请勑旷及主者掾石彭考实

4 迪，务得事实。琬死罪死罪。

5　　然考人当如官法，不得妄加毒痛。

6　　　　　　五月七日壬申白（牍·224）（附图1）

注："然考人当如官法，不得妄加毒痛"为浓墨草书批语①。

呈文显示，由于翻供，郡府责参与许迪案初审之县诸掾史考实不力，对录事掾陈旷、潘琬分别处以鞭一百，杖卅的体罚。对许迪，令"五毒"考问，"务得事实"。"五毒"，多见于后汉文献，徐世虹有讨论，指其为法外酷刑，不一定真对应着某五种刑②。临湘侯相、侯丞负责组织对此案之重考实，并指示勿使用刑讯逼供，此又见于若干简："临湘丞掾写移书到亟促部吏考核迪务得事实据"（捌·4049），"临湘丞掾写移书到亟促考核迪务得奸情据科弹正罪"（捌·4176）等。

复审应亦分为几轮考实，由"临湘侯相管皆叩头死罪白重部吏潘

---

① 最早由刘涛刊布，《中国书法史·魏晋南北朝卷》，江苏教育出版社2002年版，第67页，此处录文据本书第一章第二节。
② 徐世虹：《对两件简牍法律文书的补考》，《中国古代法律文献研究》第2辑，第100页。

·216·

第四章 三国孙吴临湘侯国的文书行政

琬核校陆口卖盐"（捌·4159），"临湘侯相管告叩头死罪白重部核事掾赵谭实核吏许迪"（捌·4139），"☐重（?）部吏陈旷实核吏许迪辞割食所领盐"（捌·4055）等简知分别由吏潘琬、赵谭、陈旷等主持。嘉禾五年十一月，有对此案的集中核实，"十一月十一日领长沙大守行立节校尉望丞羲省兼中部督邮书掾李"（捌·4195）、"嘉禾五年十一月己巳中部督邮行立节校尉望丞羲□兼中部督"（捌·4236）等简文显示长沙太守于望、郡丞羲及中部督邮书掾介入或指示这次考实。十一月十三日，许迪提供了其典卖官盐、割用余米的版本二，见上引简4036+4038+4065。而据"已毕乞可哀省如冰辞处罪当据□科文正冰□□"（捌·4235），为确认割用米事实，似提审过许迪之弟许冰。主掌重考实之录事掾潘琬为促使许迪招认，使用刑讯手段，据牍·50记"前后搒押迪凡百卅下，不加五毒"，而竹简捌·4206作"琬所列得以□□□一百押已列合四百五十迪不堪搒杖服言"，这两个数字并不吻合。十五天后，许迪终于再次承认割用米事实，前录见都尉所言为虚，为此录事掾潘琬再次呈文临湘侯国金曹，报告重考实并辞服情况，并连同许迪辞状一同呈上，此即牍·34揭示的内容：

 1 录事掾潘琬死罪白：被勑，重考实吏许迪坐割盗盐米意。状言：案文书，重实

 2 核，迪辞：卖余盐四百廿六斛一斗九升八合四勺，得米二千五百六十一斛六斗九升，前列草

 3 言郡，但列得米二千四百卌九斛一斗〔升〕，余米一百一十二斛六斗八升，迪割用饮食。前见

 4 都尉，虚言用备擿米，迪实割用米。审实。谨列迪辞状如牒，乞曹列言。琬

 5 诚惶诚恐，叩头死罪死罪。

 6 　　　　诣　金　曹。

7　　　　　　　　十一①月廿八日白（牍·34、附图2）②

竹简中尚残留着许迪服割用米之辞状，如"备入米付仓吏黄瑛悉毕前实怖猥死对都尉云以米备擿实如今辞□□"（捌·4004），"数备入米付仓吏黄瑛受入毕前实怖死诣对都尉云以米备擿□迪实散用饮食米实如今辞……"（捌·4257+4259）。为确保考实无误，避免造成冤屈，据"正月廿一日大男李珠辞前给县金曹史□□□吏许迪□典卖官"（捌·4219），似乎在嘉禾六年的正月，原任县兼金曹史之李珠还提供过证辞。

于是，在六年二月，案情终于水落石出，县级审讯完成，录事掾潘琬请求县金曹将复审结果上报郡府，此即牍·50的形成，录文如下：

1 录事掾潘琬叩头死罪白：过四年十一月七日，被督邮勅，考实吏许迪。辄与核事吏赵谭、

2 都典掾烝若、主者史李珠，前后穷核考问。迪辞：卖官余盐四百廿六斛一斗九升八合四勺，得米

3 二千五百六十一斛六斗九升，已二千四百卌九斛一升，付仓吏邓隆、谷荣等。余米一百一十二斛六斗八升，迪割

4 用饮食不见。为廖直事所觉后，迪以四年六月一日，备入所割用米毕，付仓吏黄瑛受。

5 前录见都尉，知罪深重，诣言：不割用米。重复实核，迪故下辞，服割用米。审。前后搒押迪凡百

6 卌下，不加五毒，据以迪今年服辞结罪，不枉考迪。乞曹重列言府。傅前解，谨下启。琬诚

7 惶诚恐，叩头死罪死罪。

8 若（浓墨草书）。　　　二月十九日戊戌白（牍·50、附图3）

这里的"乞曹重列言府"的"曹"应指金曹。与此相对应，我们果然找到了二个月后县金曹掾上报郡府许迪案结，行迪军法等相关事宜，先送至

---

① 此处月份，王彬、伊藤敏雄皆录为"三月"，审图版，应改录为"十一"。
② 此号木牍录文参本书第一章第二节。图版至今未见。征得宋少华先生同意，于本书附图刊布。

县，提请县长吏审查的草稿之目录①，即"草言府县不枉考入吏许迪罪法傅前解行□军法事　四月廿九日金曹掾□□白"（柒·4419），而"……嘉禾六年四月廿日金曹掾□□□□□都盐食□□，□盐贾□米一百一十二斛六斗八升军法草"（捌·4267），从书写体式看应为君教类文书后半部分，县廷就许迪案举行期会，审定上报内容，在四月廿七日，由临湘侯相君最后将复审情况上报，见"嘉禾六年四月丁卯朔廿七日癸巳□□□□临湘侯相君丞叩头死罪敢言之"（捌·4218）。大约会呈请中部督邮、督军都尉、长沙郡太守、郡丞最后审定。

6. 狱具，依科结罪

许迪案诉讼过程结束后，进入"结正迪罪""行迪军法"阶段，即援引法律条文对刑事案件的被告及相关责任人作出判决。这个环节，具体是由县道一级，即临湘侯国来执行的。简文可见中部督邮书掾晃敦促侯国（县廷）对许迪依科裁判，执行军法，如"审实是科正非记到晃亟摄县据科行迪军法乞严下隽"（捌·4211），"□已亥书到晃亟切县谛更据科正处迪罪法所□□"（捌·4304），而临湘丞掾再移书至相关官司，见"临湘丞掾写移书到亟促部吏据科正处迪罪法所应不得稽留言如府旁书科令"（捌·4024）。相关官司，从牍·353陈旷的呈文看，当指贼曹。两汉三国郡、县列曹中，贼曹主盗贼，共狱捕：

1 中贼曹掾陈旷叩头死罪白：被曹勑，考实大男许迪，知断用所卖官盐贾米一百一十二斛六斗

2 八升，与不言。案文书，被勑，辄考问。迪辞：所领盐贾米一百一十二斛六斗八升，迪自散用饮食尽。

3 县前结迪斩罪，惧怖罪重，支辞虚言，以米雇擿，令弟冰持草归家改定。迪手下辞，不以米

4 雇擿，自割食米。审实。谨列见辞状如牒，请以辞付本曹，据科治罪，谨下启白。旷诚惶诚

---

① 草刺类文书性质的讨论参本书第三章第二节。

5 恐，叩头死罪死罪。

6 若（浓墨草书）。　　　　　　四月廿一日白。（牍·353、附图4）

呈文中之"请以辞付本曹，据科治罪"，伊藤敏雄以为指功曹①，但由中贼曹掾上报，称"本曹"，应为贼曹无疑。

复审大概维持了原判，许迪盗用官盐贾米一百余斛，依科结斩罪，法律依据是"辛丑科"，见"☐……一千五百迪凡臧十六万九千廿案辛丑科罪"（捌·4245）。残简中还保留了辛丑科的相关科条，如"凡盐满一石米二石杂物直钱五千皆斩没入妻子科一条吏民坐臧入直应当死者恐獨受取一万诸盗官物直臧五万皆应"（捌·4021），"所载盐满一石米二斛杂物直五千皆斩没入妻子一条人年八十以上八岁以下不应罪坐如科迪见吏明知科行典受官宝却敢"（捌·4122+4016），陈述了盗官物应斩的数量上限，及宽宥老幼的相关规定。值得注意的是，与汉科不同，三国时代，魏、蜀、吴诸国，"科"成为律、令外具有普遍适用性的新法律集合体，且开始突破事项条目的原始形制，具有刑罚性质，与定罪正刑相联系②。从许迪案审结时屡屡强调"依科""案辞正科"来看，孙吴基层司法实践，多重视"科"的作用。

按辛丑科盗官物斩罪中还有"没入妻子"一项，可以推测孙吴仍实行家属连坐制。第一部分介绍过许迪家事，其家庭成员在此案中亦受牵连，现散存简中叙述对许迪一家的处置，亦至少有六段叙事相近，用语或简或繁的版本，或当属不同卷宗之末尾，现引述较完整一份：

妻小子男让々男弟瞅三人为生口迪母妾年八十五于科不坐迪兄八々男弟冰八妻荣冰妻足四人别门异居科文不载请行迪军法本臧已入

---

① ［日］伊藤敏雄：《長沙吳簡中の「叩頭死罪白」文書》，［日］伊藤敏雄、窪添慶文、關尾史郎編：《湖南出土簡牘とその社會》，東京汲古書院2015年版，第35—60頁。

② 对汉至三国"科"演变的讨论，参考张建国《"科"的变迁及其历史作用》，《北京大学学报》1987年第3期，第119—126页；张忠炜《秦汉律令法系研究初编》，社科文献出版社2012年版，第206—212页。以往研究者多以魏科、蜀科具备新法律集合体的性质，对吴科评价不高，"辛丑科"的出现，证明孙吴政权亦于律令之外行用临时法规。

· 220 ·

第四章 三国孙吴临湘侯国的文书行政

毕乞严下隽录小让黻为生口并隐核迪家中悉如辞与不诡责八冰为迪入加臧钱十六万九千廿案辞（捌·4023+4022+4213+4138）①

最后提及，由于许迪偷盗军粮，家人为其入加臧钱，魏斌曾判断加臧钱为科罪征赃的罚金，确是②。十六万九千廿的数目如何计定，简文中亦有相关信息：

□为吏雷谋所收送付县为人所觉后已别以米补偿以过六月一日付仓吏黄瑛辄依条平贾米斛直钱一千五百合直钱一十六万九千廿案辞正科罪迪具服辛丑科目今诸楼船都尉监运仓曹司马运盐米谷杂物当明检迪船师作子敢有草窃别佔者（捌·4018+4019+4037）

嘉禾六年，米价以斛一千五百计，许迪割用米一百一十二斛六斗八升，共折钱数正好为十六万九千廿。

据上引简文综述许迪案的处理，迪盗官物，罪应斩，于都市行军法；迪妻小、子男许让、许黻均没入为生口，由临湘知会原籍下隽县摄录没官；许迪兄许八（捌）、妻荣（营），弟许冰、妻足这两家，由于与许迪分家，"别门异居"，所以没有受到牵连，但许八、许冰两人为许迪凑足十六万九千廿的罚金交纳给官府；许迪的母亲妾，年已八十五，辛丑科特别规定"人年八十以上，八岁以下，不应罪坐"，在孙吴法律宽恤长者的精神下，亦未连坐。临湘侯国相关执法人员（中贼曹掾陈旷等）的态度颇为审慎，还曾至许迪家中听取家人供辞，隐核家人与许迪辞状是否一致，并借许迪案提示相关从事运输、监运的官员在今后工作中应加以警惕。

（四）从案件看三国孙吴的法治状况

中国古代法制史的研究自来与出土文献"一体两面"③，睡虎地秦简、

---

① 与此相近的段落尚有捌·4140+4247+4130，4010+4011+4244，4300+4560，4136+4209，4006+4188等等，兹不赘引。
② 魏斌：《走马楼吴简"加臧米"简试论》，《魏晋南北朝隋唐史资料》第25辑，第19—31页。
③ 语出徐世虹，见徐世虹、支强《秦汉法律研究百年（三）——1970年代中期至今：研究的繁荣期》，中国政法大学法律古籍整理研究所编《中国古代法律文献研究》第6辑，社科文献出版社2012年版，第164页。

张家山汉简、岳麓秦简以及近年来荆州胡家草场西汉简法律文书的整理与刊布①，共同推动了秦汉法律研究峰值的到来。与此相比，汉末、三国至西晋这一段时间，出土材料却明显稀少，可归诸法律文献的诸如东牌楼东汉《光和六年诤田自相和从书》②，甘肃临泽《西晋建兴元年田产争讼案件》③等寥寥数种，且以民事诉讼材料为主。职此之故，法史学者对这一承上启下时段法治的研究，多为依据传世史书所作的印象式描述。譬如将三国定位为一个重刑主义的时代，而魏蜀吴国对比中，又以立法成就最大者为曹魏，执法情况最好者为蜀汉，惟东吴立法既无建树，执法亦暴酷野蛮。

乔伟利用《吴书》之《吴主传》《黄盖传》《陆逊传》等相关资料，勾勒了以孙权、孙皓为代表的严刑峻法主张，与张昭、顾雍、阚泽、陆逊、陆凯等人的宽刑省罚之对立，总结了孙吴政权使用的刑罚及法外酷刑，以及与此相关的族刑、连坐、保质制度④。徐世虹更以吴简中屡见于户籍簿家口成员注记中的"刑"为刵刑意义上的新肉刑，推测吴大帝孙权重刑，已悄然恢复西汉以来废弃之肉刑，且孙吴平民中受刑者比例不会太低⑤。"严刑峻法"标签之外，孙吴的法治状况究竟如何？处在汉制向晋制

---

① 其中胡家草场西汉简新出，相关内容参考李志芳、蒋鲁敬《湖北荆州市胡家草场墓地 M12 发掘简报》，《湖北荆州市胡家草场西汉墓 M12 出土简牍概述》，并载《考古》2020 年第 2 期，第 3—20 页、21—33 页。

② 长沙文物考古研究所、中国文物研究所编：《长沙东牌楼东汉简牍》，第 73—74 页。对其相关讨论如邬文玲《长沙东牌楼东汉简牍〈光和六年自相和从书〉研究》，《南都学坛》2010 年第 3 期，第 10—18 页；庄小霞《东牌楼东汉简牍所见"督盗贼"补考》，《南都学坛》2010 年第 3 期，第 19—21 页；侯旭东《长沙东牌楼东汉简〈光和六年诤田自相和从书〉考释》，黎明钊主编《汉帝国的制度与社会秩序》，香港牛津大学出版社 2012 年版，第 247—275 页，修订版见"简帛网"，2014 年 2 月 21 日首发，等。

③ 相关研究参考贾小军《临泽出土〈田产争讼爰书〉释读及相关问题》，《鲁东大学学报》2012 年第 5 期，第 66—71 页；杨国誉、汤惠生《从〈临泽晋简〉再看西晋"占田课田制"研究中的几个问题》，《史学月刊》2013 年第 11 期，第 74—79 页；［日］町田隆吉《河西出土魏晋·五胡十六國時代漢語文獻の基礎の整理 補遺（一）》，《西北出土文獻研究》第 11 號，2013 年 12 月，第 53—54 页。对照图版较准确的录文参张荣强《甘肃临泽晋简中的家产继承与户籍制度——兼论两晋十六国户籍的著录内容》，《中国史研究》2017 年第 3 期，第 85—100 页。

④ 乔伟：《中国法制通史》第三卷《魏晋南北朝》，法律出版社 1999 年版，第 152—155 页。

⑤ 徐世虹：《走马楼三国吴简户籍所见刑事制裁记录》，李学勤、谢桂华主编：《简帛研究 2001》，广西师范大学出版社 2001 年版，第 523—529 页。关于吴简中"刑"字讨论颇多，意见分歧，王素总结出 8 种不同意见，但肉刑说已不被认同，参王素《中日长沙吴简研究述评》，《故宫学刊》总第 3 辑，紫禁城出版社 2006 年版，第 550 页。

第四章 三国孙吴临湘侯国的文书行政

过渡时期的地方政权,是否如已往的描述,无心创制,颇少建树?本书所论许迪案,正是大帝孙权嘉禾年间,东吴郡县基层司法执行情况的横切面,拟从两个角度切入讨论。

1."辛丑科"与孙吴的立法活动

既往研究中有孙吴袭汉律令,在立法上一无建树的成说。三国时代,曹魏是立法成就最大的政权,《三国志》卷一二《魏书·何夔传》:"是时太祖始制新科下州郡,又收租税绵绢。"①《晋书·刑法志》记魏武帝定甲子科,"又嫌汉律太重,故令依律论者听得科半,使从半减也。"即以新创立之科颁下州郡与汉之律令并行,推动"科"这一法律形式。曹魏的作法,系因当时汉祚未移,"难以藩国改汉朝之制"②,科以律令为根本,不悖汉制,同时又以其灵活多变之体式能适应地方实际需要,解决当下社会问题,因而成为汉魏之际最主要的法律形式。受其横向影响,据《三国志·蜀书·伊籍传》,蜀汉政权亦定立蜀科③,张建国先生推测在建安十九至二十四年④,相关学者对魏科、蜀科评价较高,以其成为治理两国主要的法律形式,或称"新法律集合体"⑤。虽然《吴书·吴主传》亦载孙吴黄武年间有科条,嘉禾三年,"年谷不丰,颇有盗贼,乃表定科令"⑥,嘉禾五年"设盗铸之科"⑦,但论者似并不以吴科与魏、蜀科有同等地位,不认可吴科已具丰满条目,上升到国家法律汇编的主体地位⑧。

许迪案中,不仅出现了吴科的具体名称"辛丑科",还有吴科的条文截取:

|所|载盐满一石米二|斛|杂物直五千皆斩|没|入妻子一|条|人年|八十|以上八岁以下不应罪坐如科迪见吏明知科行典受官宝却敢(捌·

---

① 《三国志》卷一二《魏书·何夔传》,中华书局1982年版,第380页。
② 《晋书》卷三〇《刑法志》,中华书局1974年版,第922页。
③ 《三国志》卷三八《蜀书·伊籍传》,第971页。
④ 张建国:《"科"的变迁及其历史作用》,《北京大学学报》1987年第3期,第125页。
⑤ 张忠炜:《从"如律令"到"如科令"》,《秦汉律令法系研究初编》,社科文献出版社2012年版,第210—212页。
⑥ 《三国志》卷五九《吴书·吴主五子传·孙登》,第1364页。
⑦ 《三国志》卷四七《吴书·吴主传》,第1140页。
⑧ 如张忠炜以魏、蜀科为成熟法典,唯独没有提及吴科地位,见《从"如律令"到"如科令"》,《秦汉律令法系研究初编》,第210—213页。

4122+4016）

　　凡盐满一石米二石杂物直钱五千皆斩没入妻子科一条吏民坐臧入直应当死[者][恐][獨]受取一万诸盗官物直臧五万皆应（捌·4021）

　　这些简记载的是审判人援引法律，据之对许迪罪状予以处理，相当于汉代治狱后"论当"的阶段①，说明在孙吴，科已取代律"定罪正刑"的功用，成为基层司法实践中活跃而具有实效的法律文本。案卷中的科条为简述，似涉及盗官物斩没入妻子和吏民坐臧入直两条，不过我们仍可窥见辛丑科的样貌，应为若干条科条汇编在一起，有类汉代将施行诏书"集类为篇"，定为令甲、令乙、令丙等令集。辛丑科作为科集，体量应不小，故有类似"科目"之说②，这都是吴科已成为法律集合体的明证。

　　以干支命名，所谓"辛丑"，让我们直接联想到汉代的干支令，但对于令之甲、乙、丙的含义及其编纂原则，法史学界众说纷纭，尚无可信之结论③，且令篇名仅有天干无地支，与我们要讨论的干支科尚有差距，此处不作对比；但紧接其后，两汉直至魏晋开始流行以干支命名的诏书，则与吴简中的干支科有着直接的关系。楼劲先生指出，诏书之干支为其下达之日期，两汉一直在以下达时间为序，统一编纂本朝施行诏书，称"法令"，作为当时立法依据，曹魏之"甲子科"，据《晋书·刑法志》"又嫌汉律太重，故令依律论者听得科半，使从半减也"④，亦是依据这种形式的"法令"删定修改编纂而成，故仍循原本命名习惯，若科之首条为"甲子诏书"（甲子日颁布诏书法令化为甲子令书），或颁行新科条集的诏书下于甲子日，新科即称甲子科。这是目前见到的对于三国时代"干支科"最可信从的解释⑤。吴之"辛丑科"，亦可作类似推测，科文所收首条为由辛丑日诏书、令书

---

① 形式为"律曰：……令曰……以此当某人"的含义及运用，可参考李均明的讨论，《简牍所反映的汉代诉讼关系》，氏著《简牍法制史论稿》，广西师范大学出版社2011年版，第70—73页。
② 见简捌·4019"贾米斛直钱一千五百合直钱一十六万九千廿案辞正科罪迪具服辛丑科目令"。
③ 关于汉代干支令的研究，参考徐世虹《秦汉法律研究百年（二）——1920—1970年代中期：律令体系研究的发展时期》一文之综述、梳理，《中国古代法律文献研究》第6辑，第83—85页。
④ 《晋书》卷三〇《刑法志》，第922页。
⑤ 楼劲：《魏晋时期的干支诏书及其编纂问题》，《中国魏晋南北朝史学会第十届年会暨国际学术研讨会论文集》，北岳文艺出版社2011年版，第3—16页。

演变来的相关规定，或颁行新科之诏下于辛丑日，故以是日干支名；又再次说明，吴科已成为科条集、科条汇编。孙吴官方亦有对颁行诏令整理、删定，以形成新的行用法律——吴科的立法作为。

还有一点需要特别说明，汉科虽已作为一种法律形式，但如"科谓事条，比谓类例"① 这样的概括，应理解为细则、事项条目，附属规定，补充律令之副法。与定罪正刑无任何关系。但从吴简相关内容看，吴科似脱去了最初事条的含义，与刑罚紧密联系，因而在孙吴刑事案件审理中，发挥类似于汉律之作用。除上引许迪案中辛丑科对于盗官物处罚规定外，竹简中屡见据科对吏民进行处罚的草刺文书，如：

草言故吏矇裕弟林□依科逐事　七月十六日兵曹史谢韶白（柒·655）

户曹言依科结正大男陈修罪名事

嘉禾六年三月十三日干蔡□封（柒·4436）

□依科结正故运书史许咨柂帅葛宜罪法事　嘉禾四年三月七日右金曹史赵野白（柒·4507）

所谓"依科结正"罪法，"依科逐"，强调了"科"的罪罚功用。三国时代之科是否普遍如此，还有待深究。

2. 孙吴基层的执法情况

《三国志·吴书·吴主传》在行文中确实强调当时"法令太稠，刑罚微重"，而孙权"性多嫌忌，果于杀戮，暨臻末年，弥以滋甚"，曾任用酷吏（典中书吕壹），在朝臣中滥施刑罚②，乔伟先生罗列的东吴法外酷刑有车裂、烧锯断头、刀环撞杀、拉条等多种，手段惨烈③。问题是，这幅面目，是史家之渲染重构，还是当时江东各级官府的司法实况？许迪案牵涉到孙吴郡、县两级行政单位，可作为窥探基层法治之窗。

首先，上古时代，"皋陶不为盗制死刑"④，窃盗传统罪不至死，而许

---

① 《后汉书》卷二八上《桓谭传》"校定科比"注，第959页。
② 《三国志》卷四七《吴书·吴主传》，第1226页。
③ 乔伟：《中国法制通史》第三卷《魏晋南北朝》，第154—155页。
④ 《后汉书》卷三五《曹褒传》，第1202页。

迪盗官米一百余斛，就被处以斩刑，妻、子连坐，处罚是否过重。对于这个问题，我们应当注意简文中如下表述："以考所市平贾直臧坐科一条诸犯臧应没者年八十以上八岁以下不没诸生口如科迪见吏明知科行典受官宝却敢"（捌·4085），其实说明了许迪案的性质，盗窃案发生时，许迪的身份是典盐掾，即"典受官宝"，他所割用的正是自己经手的盐贾米，属于汉律所谓"主守盗"，《唐律》称为"监临主守自盗"①，这种情况有别于一般窃盗，量刑自来较重；张家山汉简《奏谳书》中有西汉前期醴阳县令恢于任上盗县官米二百六十三石八斗的案例，引汉律"盗臧（赃）直（值）过六百六十钱，黥为城旦"②，属重刑；《汉书·陈咸传》"主守盗，受所监"条如淳曰"律，主守而盗直十金，弃市"，其引汉律条正可与吴辛丑科"凡盐满一石米二石杂物直钱五千皆斩"相对照，又据从重的精神，许迪被结斩罪，未可纯归咎于孙吴用法严酷，也是孙吴尊从刑罚传统的说明。

其次，牍·224中提及郡府敕令"五毒考迪"，并因翻供责罚执事不力之小吏，对录事掾陈旷、潘琬使用鞭杖，这是否意味着孙吴基层滥用刑罚？前文已有述及，汉魏时期，鞭扑、鞭杖是一种常见的长吏责罚下属的方式，即魏明帝诏所谓"鞭作官刑，所以纠慢怠也"③，《吴书》所见黄盖任石城令时，对于刁猾县吏惯常的处理方式亦为鞭杖④。许迪案初审掾史由于失刑而受体罚，不为特例。

再说对许迪的处理，不否认使用了刑讯手段，"前后搒押迪凡百卅下"，由于其前后供辞不一，态度狡黠，而郡府盛怒中亦声称欲"五毒考迪"，但实际上，以临湘侯相为首的县级司法审判是审慎的，复审开始时，侯相特别晓谕陈旷及石彭"然考人当如官法，不得妄加毒痛"，指示虽要加紧拷问，但不得使用法外酷刑，捌·4287简似为负责此案狱吏的报告，声明对许迪"不枉加捶杖"。所谓"前后搒押迪凡百卅下"，"榜"，《汉

---

① 《唐律》之《贼盗律》："诸监临主守自盗及盗所监临财物者，加凡盗二等，三十疋绞。"刘俊文点校：《唐律疏议》，中华书局1983年版，第358页。
② 张家山二四七号汉墓竹简整理小组：《张家山汉墓竹简〔二四七号墓〕》（释文修订本），第16页。
③ 《三国志》卷三《魏书·明帝纪》，第101页。
④ 《三国志》卷五五《吴书·黄盖传》，第1284页。

书·张耳陈余传》师古注"榜谓捶击之也,音彭。他皆类此。"① 而《后汉书·章帝纪》显示,榜是汉律许可的考问、刑讯方式,元和元年(84)秋七月丁未,诏曰:"律云'掠者唯得榜、笞、立。'"② 孙吴官方不允许使用五毒之类酷刑逼供。

再看许迪案的进程与结罪后的处理。此案有事觉告劾、逮捕、初审、死刑上报、录囚、复审、最终服辞结罪、行刑等一系列过程,可以说经历了汉魏诉讼程序中大多数能预想到的环节,揆诸《奏谳书》所录汉代疑难案例,堪与对举者,有"淮阳守行县掾新郪狱"一案③;在考实过程中,充分尊重了嫌疑人(被告人)的观点与意愿,为避免误判、失刑,长沙郡太守于望、督军行立义都尉蔡规或指示,或亲自参与录囚,再三申敕,具体负责考实的临湘侯国还成立了专案组,从立案到审结,历时三年。论者曾以孙吴大量使用族刑、连坐,还对军将家属实行保质④,从许迪案看,许迪被结斩罪后,其家属并未悉数连坐,除妻、子外,许迪的长兄、弟两个家庭,由于未与许迪家一起居住,"科文不载",免于从坐;而许迪之嫡母妾"年八十五于科不坐";"年八十以上八岁以下不应罪坐",乃至写入吴科,这正是汉代以来"赦幼弱老眊"法律传统⑤之延续。

上述环节透露出孙吴官方对生命的重视。仅就许迪一案观察,孙吴基层的各级官员执法时态度审慎而不失理性。可以说,孙吴的法治状况是较为井然有序的。

二 君教文书"掾某如曹"行政过程解

(一) 先行研究

近年来,长沙走马楼三国吴简中为数不多的竹木牍在《竹简》〔肆〕、

---

① 《汉书》卷三二《张耳陈余传》,第1840页。
② 《后汉书》卷三,第146页。
③ 张家山二四七号汉墓竹简整理小组:《张家山汉墓竹简〔二四七号墓〕》(释文修订本),第98—99页。此为郡二千石长官录囚而促成复审的案例。
④ 乔伟:《中国法制通史》第三卷《魏晋南北朝》,第152—155页。
⑤ 出《汉书》卷二三《刑法志》成帝鸿嘉元年(前20)定令后之案语,又据《刑法志》,西汉景帝、宣帝、成帝、平帝曾屡屡颁布在狱案中优恤年八十以上、(七)八岁以下人群,可勿坐的诏令。第1106页。

〔柒〕，新出书法图录和一些专题论文中陆续得到披露①，其中以许迪案四木牍为代表的临湘侯国（县）掾属上呈长吏的"叩头死罪白"类文书牍最为引人注目，其形制、公文程序，与竹简的编联等问题，都得到了相关学者的充分讨论②。与这种典型的上行文书相对应，吴简中还保存着由长沙郡、临湘县地方长官发出的下行文书，称为"教"。采集简中有以"府君教"起始的文书残简，如"府君教☐"（贰·3620）；但最常见的是以"君教"开头，以门下掾"校"，主簿/主记史"省"结束的审查期会类文书，书写在木质或竹质材料上，我们称之为"君教"文书牍③。

其实，走马楼吴简的整理者早在1999年的《发掘报告》中就刊布了一枚"君教"文书木牍的图版（J22-3-2625、牍·74）④，而伊藤敏雄也于2001年公布了一枚他在长沙参观时所见"君教"木牍的初步释文（经核实应为牍·359）⑤；2007、2008年陆续出版的《竹简》〔贰〕、〔叁〕中都有"君教"文书残简，其中有一枚完整书写在竹质材料（应为竹牍）上的"君教"文书：

---

① 关于走马楼吴简竹木牍的图版与释文发表情况，参看徐畅《走马楼吴简竹木牍的刊布及相关研究述评》一文之梳理，《魏晋南北朝隋唐史资料》第31辑，第25—74页。
② 对"叩头死罪白"文书木牍的研究如［日］伊藤敏雄《長沙吳簡中の生口売買と「估錢」徵収をめぐって——「白」文書木牘の一例として——》，《歷史研究》50號，2013年3月，第97—128頁；《長沙吳簡中の「叩頭死罪白」文書木牘小考——文書木牘と竹簡との編綴を中心に——》，《歷史研究》51號，2014年3月，第29—48頁。［日］關尾史郎《〈吳嘉禾六(二三七)年四月都市史唐玉白收送中外估具錢事〉試釋》，《東洋學報》第95卷1號，2013年6月，第33—57頁；凌文超《走马楼吴简中所见的生口买卖——兼谈魏晋封建论之奴客相混》，《史学集刊》2014年第4期，第73—81页等。其中单就许迪案四木牍，又有相当数量的研究，如王彬《吴简许迪割米案相关文书所见孙氏临湘侯国的司法运作》，《文史》2014年第2辑，第73—91页；王素、宋少华《长沙吴简〈录事掾潘琬白为考实吏许迪割用余米事〉释文补正》，《文史》2015年第1辑，第278—281页等等。
③ 随着竹木牍的刊布，分类工作提上日程，伊藤敏雄在依据形制、内容对木牍文书进行分类时，首先提出"君教"文书一类，氏著《長沙吳簡中の生口売買と「估錢」徵収をめぐって——「白」文書木牘の一例として——》，第97—128頁。關尾史郎則称为"教"文书，氏著《从出土史料看〈教〉——自长沙吴简到吐鲁番文书》，魏晋南北朝史研究的新探索——中国魏晋南北朝史学会第十一届年会暨国际学术研讨会论文，北京，2014年10月12—15日。
④ 长沙市文物考古研究所、中国文物研究所、北京大学历史学系走马楼简牍整理组：《长沙走马楼二十二号井发掘报告》，收入《长沙走马楼三国吴简·嘉禾吏民田家莂》，文物出版社1999年版，黑白图版六之五。
⑤ ［日］伊藤敏雄：《長沙走馬楼簡牘調查見聞記》，長沙吳简研究會編：《長沙吳简研究報告》第1集，東京，2001年7月，第108頁。

· 228 ·

第四章 三国孙吴临湘侯国的文书行政

　　君教。　　丞出给民种粮，掾烝□如曹，期会掾烝　、录事掾谷
水校。
　　　　主簿　省。　嘉禾三年五月十三日白，三州仓领杂米起　　（贰·257）①
　　　　　　　　　　嘉禾元年七月一日讫九月卅日一时簿。

但这类文书真正引起学界注意，是《竹简》〔肆〕、〔柒〕出版之后，又集中公布了五枚"君教"木牍②，并从体式特征出发将其定性为"小木牍"。据笔者统计，截止目前，各种渠道刊布的"君教"文书木牍共25枚，而已刊《竹简》诸册书中可收集到"君教"文书残简（多数为竹牍纵向断裂而成）约20枚③。

"教"是两汉官府间往来中一种常见的下行文书形式④，由于居延、敦煌汉简，汉碑等资料中常见"府君教"⑤，系郡太守晓谕下级僚属、单位的公文形式，一开始，高村武幸、谷口建速等学者倾向于从汉代的"府君教"出发来解释孙吴的"君教"文书牍，因而得出牍文中"君"为郡太守的结论⑥。实际上，两汉三国县令长均可向僚属出教，其例诸如居延简

---

① 此处释文及标点据本书第一章第二节。
② 出版号分别为肆·4850①、柒·2124①、柒·3197①、柒·4236①、柒·4379①。
③ 详情参本书第一章第二节"君教"类文书集成。
④ 汪桂海列举汉代基层官府文书的类型包括1. 奏记，2. 记（下行）、教，3. 举书，4. 檄，5. 传，6. 除书与遗书；参照氏著《汉代官文书制度》，广西教育出版社1999年版，第47—87页。佐藤達郎对于汉魏间"教"文书的性格、形式、发令过程等有系统讨论，参所撰《漢六朝期の地方の教令について》，《東洋史研究》第68卷4號，2010年3月，第575—600页；《魏晉南北朝時代における地方長官の発令「教」について》，[日]冨谷至編《東アジアにおける儀禮と刑罰》，日本學術振興會科學研究費基盤研究（S）"東アジアにおける儀禮と刑罰"研究組織，2011年3月，第21—55页；《关于汉魏时代的"教"》，曾宪义主编《法律文化研究》6辑，中国人民大学出版社2011年版，第358—365页。
⑤ 具有代表性的资料如《张景碑》中的"会廿四，府君教，大守丞印"，收入高文《汉碑集释》，河南大学出版社1997年版，第235页；《邛都安斯乡石表》："言到日，见草，行丞事常如掾，主簿司马追省，府君教诺。"收入[日]永田英正编《漢代石刻集成[圖版·釋文篇]》之一一九，京都同朋舍1994年版，第230—232页。
⑥ 观点分别见[日]高村武幸《秦漢地方行政制度と長沙走馬樓吳簡》，日本長沙吳簡研究会報告，東京お茶の水女子大学文教育学部棟8階演習室，2002年10月26日；[日]谷口建速《長沙走馬樓吳簡にみえる「貸米」と「種糧」——孫吳政權初期における穀物貸與——》，《史觀》第162號，2010年，第43—60页。

屯戍行政文书中的"君教"①，《三国志·黄盖传》中任石城守长的黄盖所下之"教"②。汉晋间州、郡、县三级长吏分别习称使君、府君（明府）、君（明廷），吴简中的"君教"为县长吏所出无疑。

笔者曾考察过《竹简》〔柒〕所收审核田曹史苾揭所白簿书的君教木牍（柒·3197①），指出其中的主簿、丞皆为县级，"君教"上的浓墨勾勒，应为长吏（临湘侯相）之批示③。而凌文超、王振华则尝试对这类木牍中的官吏署位进行全面解析。凌氏以《竹简》〔肆〕刊布的私学期会木牍4850①为例，指出，君指临湘侯相，名郭君，丞琰全名丁琰，为临湘侯丞；期会掾烝若、录事掾陈旷皆为负责核查文书的县吏，而兼主簿刘恒的本职为县功曹史，从而确定君教文书展现的是临湘侯国期会的行政过程。他还对"君教"后通常连写，并有自署的"丞某如掾掾某如曹"进行了解释："如"为往、去之意，"掾"作动词办理、处理解④。王振华认为如果"如""掾"皆为动词，按此类推"掾如曹"之"曹"亦属动词，似解释不通，他提出"如"为会同之意，"丞如掾"是丞会同掾一起处理相关事务，"掾如曹"即掾会同曹处理相关事务；君教简是县政务处理完毕后的记录，作为摘要呈侯相批示⑤。

日本学者侧重于对君教文书牍进行形制考察和集成、分类。關尾史郎依据长沙简牍博物馆的实地考察与测量，指出君教文书的载体有木牍、竹牍两种，皆有上、下两道刻线，但无编痕；由于竹质脆弱，又在中间划以刻线，极易造成竹牍的纵向断裂，由一枚完整的君教文书断为若干残简，鉴于此，關尾氏对竹简中"君教"残简进行了集成，共收集到11例⑥。而角谷常子提出刻线将牍面分为上、中、下三段，最上段中央书写"君教"

---

① 如"君教晓崔尉史令月廿五日所来上官所有归者愿●君复＝召之凵第十牵甲卒破橄封请辟行罚言状习叩头死罪死罪（下略）"（E. P. T44：4B），甘肃省文物考古研究所、甘肃省博物馆、文化部古文献研究室、中国社会科学院历史研究所编：《居延新简——甲渠候官与第四燧》，第124页。
② 《三国志》卷五五《吴书·黄盖传》记黄盖任石城县长，检摄诸曹，下教曰："两掾所署，事入诸出，若有奸欺，终不加以鞭杖，宜各尽心，无为众先。"第1284页。
③ 观点详徐畅《走马楼简所见孙吴临湘县廷列曹设置及曹吏》，《吴简研究》第3辑，第310页。
④ 凌文超：《走马楼吴简举私学簿整理与研究——兼论孙吴的占募》，《文史》2014年第2辑，第37—71页。
⑤ 王振华：《孙吴临湘侯国主记史研究》，北京吴简研讨班讨论稿。
⑥ ［日］關尾史郎：《从出土史料看〈教〉——自长沙吴简到吐鲁番文书》，魏晋南北朝研究的新探索——中国魏晋南北朝学会第十一届年会暨国际学术研讨会论文。

二字，中下段分别写丞、掾、主簿的署名，最后左下角的双行小字为"白"。等于认为刻线的功能在于分栏书写①。

關尾氏最大的贡献是逐一分析了已刊君教文书牍左下侧小字书写的"白"文，即（侯国）县廷期会需要审查的内容，包括：由仓曹掾向县廷提出的州中（三州）仓领杂米一时簿、杂米旦簿，由田户曹掾、史向县廷提出的（诸乡）田顷亩收米斛数草、粢租已入未毕簿，由库曹掾向县廷提出的库领品市布、杂钱一时簿等等；關尾史郎、沈刚都注意到这里的双行小字仅相当于上报簿书的表题简，或者说是摘要②。理论上，所白之"一时簿"等应作为状，附于君教木牍之后，但由于未见编缀痕，不能确定其是否编联在一起③。關尾氏同意"君教"为县级文书的级别判断，将此类公文描述为"县廷日常业务的记录"；还将"教"的使用下拉，以吴简"君教"对比分析五凉吐鲁番文书中所见的"教""符"，指出二者行用对象的差别："教"为长官行直属僚属文书，再进一步转达给下级单位（吏、民个人）的第二对象用"符"，简言之，符是传递教的文书④。

《长沙走马楼三国吴简》第十一卷《竹木牍》拟收入"君教"文书木牍 78 枚，相关竹牍的数量待排查⑤。从目前的情况看，"君教"文书展示的是临湘侯国期会的行政过程；但涉及期会文书的程序，期会过程中参与的官吏及其在文书中的署位，期会审查内容及其在牍左下角的表述，牍文中的日期与期会日期等等诸多问题，由于资料刊布有限，尚未得到完满的解释。不过有一些具体问题，如牍文书紧接"君教"之下的"丞某如掾掾某如曹"的含义、指代，仅借助现有信息，完全可以有一个相对深入的思考。

（二）君教文书的程序·丞如掾、掾如曹

笔者于 2015 年 6 月 12 至 14 日在长沙简牍博物馆调阅了 13 枚"君教"

---

① 观点详角谷常子：《木簡使用の変遷と意味》，收入 [日] 角谷常子编《東アジアの木簡學のために》，汲古書院，2014 年 4 月，第 21—24 页。
② 参读沈刚《吴简所见孙吴县级草刺类文书处置问题考论》，《文史》2016 年第 1 辑，第 51—68 页。
③ 上述關尾史郎观点详氏著《魏晉簡牘のすがた——長沙吴簡を例として——》，[日] 小倉慈司编《國立歷史民俗博物館研究報告》第 194 集，2015 年，第 211—236 页。
④ [日] 關尾史郎：《从出土史料看〈教〉——自长沙吴简到吐鲁番文书》，魏晋南北朝史研究的新探索——中国魏晋南北朝史学会第十一届年会暨国际学术研讨会论文。
⑤ 《长沙走马楼三国吴简》第十一卷《竹木牍》特辑，待版。

文书牍的原件并进行观察、测量①，结果显示，这类木牍长23-24厘米，宽3-4厘米，厚0.35-0.6厘米不等，据《发掘简报》介绍，吴简中与赋税内容相关的木牍及官文书木牍，宽幅大约在6-9厘米②，相比之下"君教"木牍普遍较窄，故称"小木牍"③。牍正面上下两道刻线明晰，若干牍背面亦有刻线，据测量，两道刻线间距在7.95-8.75厘米不等，约相当于牍长的1/3④，也就是说，理想状态下，两道刻线将木牍从上到下均分为三栏，相关内容分栏书写⑤。

上栏顶头正中为"君教"二字，而覆盖其上或下方往往有浓墨勾勒，或有一些批字如"已出""已校""已核""重核已出"等（少数为朱笔）。中栏分为两行书写，右行通常写丞某（名字）如掾/不在署之活动事由，掾某某（姓名，0—3人不等）如曹；左行写主簿/主记史某某（姓名）省（姓与名间有较大空格）。下栏亦分两行书写，右行通常为期会掾某某（一些情况下为典田掾或都典掾某某）、录事掾某某（姓名）校；左行通常紧接"省"字下，又分双行小字，写明年、月、日，所白事由等，而还有少数情况仅单行写明"某月某日干支白"。值得注意的是，各县吏之姓为书手提前过录好，而其名必为签署（有一部分竹木牍上无署名）。现尝试复原一个理想的"君教"文书牍样式，详图4-4：

其中中栏右行的"丞某如掾掾某如曹"只是一种通行程序表述，并不是每枚君教文书牍中皆有。实际上，目前已刊此类文书反映丞大多数情况下不在署，而因一些原因离开侯国官衙，如"丞厌⑥固还宫"（牍·182、173），"丞他坐"（柒·4236①、柒·4379①、牍·90），或被外派处理具体政务，如"丞出给民种粮"（贰·257、牍·192、359、191、165等）；以此反观此前有争议的"丞如掾"，当从凌文超解，丞前往处理之意。

---

① 感谢故宫博物院王素先生，长沙简牍博物馆宋少华、蒋维先生的帮助！
② 长沙市文物工作队、长沙市文物考古研究所：《长沙走马楼J22发掘简报》，《文物》1999年第5期，第16—20页。
③ "小木牍"的说法来自《竹简》〔柒〕。
④ 需要说明的是，以上数据为个人测量所得，长沙简牍博物馆的精确数据将反映在《竹木牍》卷中，当以后者为准。
⑤ 王素先生2015年7月12日来函，表示不同意两道刻线将牍面三等分，便于分栏书写的说法，提出正背刻线是为了固定编绳。然而据木牍实物观察，目前还没有发现编缀痕迹。此备一说。
⑥ 原字写作"庆"，"庆"通"疢"，"固"通"痼"，"疢痼"即积久难治之症。见凌文超《走马楼吴简举私学簿整理与研究——兼论孙吴的占募》，第57页。

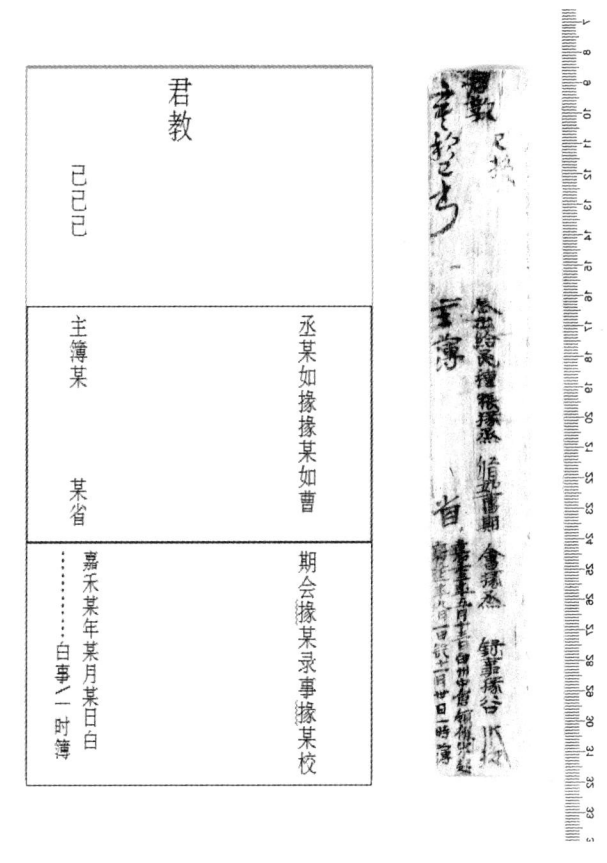

图4-4　左侧为"君教"文书牍书写样式示意，右侧为牍·192君教文书红外图版

说明：图版取自骆黄海《长沙走马楼吴简草书形态初探》，《中国书法》2014年第10期，第114页。

"如"字作"往""去"解，是极其常见的意项。

而王振华则提出，掾某"如曹"是掾会同相关曹吏一起处理事务，此处之"掾"在丞之下，在曹吏之上，地位较高，应非诸曹掾，他联想到嘉禾元年临湘侯国长吏上言的几件文书简：

嘉禾元年五月丙寅朔十一日丙子临湘侯相□叩头死罪敢言之

（壹·4371正）

掾　石　彭

（壹·4371背）

· 233 ·

☒禾元年五月丙寅朔十二日丁丑①临湘侯相□丞祁叩头死罪敢言
之　　　　　　　　　　　　　　　　　　　　　　（壹·4392正）
　☒　掾　石　彭　　　　　　　　　　　　　　　（壹·4392背）
☒禾元年九月乙丑朔廿日甲戌临湘侯相靖丞祁叩头死罪敢言之
　　　　　　　　　　　　　　　　　　　　　　　（壹·4396正）
　☒　掾　石　彭　　　　　　　　　　　　　　　（壹·4396背）

掾石彭在侯国相、丞上言简的背面署名，地位非同一般，略相当于《三国志·吴书·黄盖传》中"检摄诸曹，事入诺出"的两掾②，或许就是君教文书牍中紧接丞之下署名之掾③。

先说王振华对"如曹"的解释，"如"字确可用作表示并列关系的连词，如《仪礼·乡饮酒礼》"公如大夫入"④，但相比之下作动词是更常见的用法。"曹"，《汉语大词典》解释为古代分科办事的官署或部门，常见于两汉文献，如《汉书·薛宣传》："（薛宣为左冯翊）及日至休吏，贼曹掾张扶独不肯休，坐曹治事。"⑤《曹全碑》"廊广听事官舍，廷曹廊合"，⑥概指官方之机构舍宇；据相关学者研究，曹的本义是保存文书的宇舍，秦及西汉初，曹无固定办公人员，郡国县道常以史类属吏直曹，至西汉中后期，郡之卒史被派出固定地署某曹，充任某曹长官，如尹湾汉简所见汉成帝时东海郡卒史师饶先后署法曹、功曹，这构成了诸曹掾史的原型⑦。走马楼简反映的三国孙吴临湘侯国列曹名目繁多，职能专门化，事务繁剧，

---

① "丁丑"，原未释出，据简壹·4371正推知。
② 《三国志》卷五五《吴书·黄盖传》，第1284页。
③ 以上王振华观点详所撰《孙吴临湘侯国主记史研究》，北京吴简讨班讨论稿。
④ （东汉）郑玄注，（唐）贾公彦疏：《仪礼注疏》，《十三经注疏》，阮校影印本，中华书局1980年版，第985页。
⑤ 《汉书》卷八三《薛宣传》，第3390页。
⑥ 高文：《汉碑集释》，河南大学出版社1997年版，第489页。
⑦ 由令史直曹到卒史署曹的变化，以及列曹机构自秦至西汉、东汉的发展等问题，有不少学者论及，参读严耕望《中国地方行政制度史：秦汉地方行政制度》第二章《郡府组织》，第109—138页；蔡万进《尹湾简牍所反映的汉代卒史署曹制度》，李学勤、谢桂华主编《简帛研究2002、2003》，第270—274页；郭洪伯《稗官与诸曹——秦汉基层机构的部门设置》，卜宪群、杨振红主编《简帛研究2013》，第101—127页；孙闻博《秦县的列曹与诸官——从〈洪范五行传〉一则佚文说起》，"简帛网"，2014年9月17日首发。

成为侯国/县廷的重要组成部门①。可见"曹"字无指代在曹办公之人——曹吏的可能。"如曹"只能理解为前去本曹舍办公。

再说"如曹"之"掾",王说有启示意义。此处之掾与侯国相、丞、主簿,门下系统之期会掾、录事掾一起期会,审查日常税收、行政运转中产生的帐簿,或就某一项具体行政事务提供意见,地位较高;所谓"如曹",似提示其有统摄侯国下辖诸曹的身份,颇相当于严耕望列为纲纪的"署功曹及诸曹事"的五官掾(在县为廷掾)②,或"以小府为府,与四曹计议,小府亦与四府筹用"③,职统诸曹之功曹④。關尾史郎也曾怀疑"君教"木牍中的如曹之掾就是廷掾⑤;长沙五一广场东汉简中有类似的"君教"文书,显示参与县级事务合议的确有廷掾(如 CWJ1③:16、壹·三三〇),唐俊峰就据此做出君教木牍中紧贴县丞后的"掾"为廷掾的判断⑥;但问题在于东汉后期到三国,县之廷掾已演变为外部之吏,据《续汉书·百官志》县道官"各署诸曹掾史"条本注:"诸曹略如郡员,五官为廷掾,监乡五部,春夏为劝农掾,秋冬为制度掾。"⑦ 县下辖乡分为数部,将廷掾按部外派,依时节分别办理劝农、缉捕盗贼等具体事务⑧。见于吴简,作为廷掾之劝农掾⑨由于时常驻乡,又被称为"乡吏""乡劝农

---

① 徐畅:《走马楼简所见孙吴临湘县廷列曹设置及曹吏》所列《列曹设置对照表》,《吴简研究》第 3 辑,第 347—349 页。
② 《续汉书·百官志》"(诸郡)皆置诸曹掾史"本注曰:"诸曹略如公府曹,无东西曹。有功曹史,主选署功劳。有五官掾,署功曹及诸曹事。"《后汉书》志二八《百官五》,第 3621 页。
③ (隋)萧吉:《五行大义》之"论诸官"引翼奉语,[日]中村璋八:《五行大義校註》(增订版),汲古书院 1998 年版,第 190—193 页。
④ 严耕望:《中国地方行政制度史:秦汉地方行政制度》第二章《郡府组织》,第 119—124 页。
⑤ 關尾史郎在解析君教文书行政程序时说,"白"文书由县录事掾与期会掾点校,最后结果由掾(廷掾)承认,侯国丞认可,主簿总览,侯相以"教"的形式发布。见氏著《魏晉簡牘のすがた——長沙吳簡を例として——》,《國立歷史民俗博物館研究報告》第 194 集,第 211—236 页。
⑥ 唐俊峰:《东汉早中期临湘县的行政决策过程——以五一广场东汉简牍为中心》,黎明钊、马增荣、唐俊峰编:《东汉的法律、行政与社会:长沙五一广场东汉简牍探索》,三联书店(香港)有限公司 2019 年版,第 131—187 页。
⑦ 《后汉书》志二八《百官五》,第 3621—3622 页。
⑧ 廷掾于春夏农忙时劝农,秋冬农事已毕,多挂以贼捕掾、兵马掾、邮亭掾等名目,统称"制度掾"。劝农掾与制度掾的关系,可参读徐畅:《〈续汉书·百官志〉所记"制度掾"小考》,《史学史研究》2015 年第 4 期,第 119—122 页。
⑨ 如乡劝农掾区光的身份,又表述为"廷掾区光年册"(叁·4905)。

掾"，需接受侯国/县廷诸曹的部署，处理乡部内不定期事务；孙吴的情况与汉碑揭示的廷掾作为纲纪职统诸曹，权逾于丞之尊显，以及两汉县廷中令长—丞—功曹—廷掾—诸曹掾史—乡啬夫的职官序列①，已经大不相同。孙吴的廷掾是不可能直接参与到县廷重大事务决策及相关的文书运转流程中来的，"如曹"之"掾"当另有所指。

（三）"掾某如曹"试解

幸运的是，已刊"君教"文书牍中有一些保留了"如曹"之掾本人的姓及署名，为我们以人名为线索，判定该掾的性质，提供了最为直接的有用信息。關尾史郎先生曾提示，此类文书中参与期会人员的微小调整，诸如有无"掾某如曹"，"如曹"之掾的人数，参与"校"簿书的掾吏组合期会掾、录事掾或都典掾、典田掾，可能皆取决于期会所处理事务的性质，直观体现在牍左下角"白"的小字内容②。所以我们先依期会所检校内容之不同，将记有"掾某如曹"的君教竹木牍分为以下四组：

（1）君教。 重校 丞 琰如掾，掾烝循如曹， 期会掾烝若校。
　　　　　　已核。
　　　　　　　　主记史陈 嗣省。 嘉禾三年正月十五日白，嘉禾二年起
　　　　　　　　　　　　　　　　　四月一日讫闰月卅日杂米旦簿草。
　　　　　　　　　　　　　　　　　　　　　　　　　　　　（柒·2124①）

（2）君教。 丞出给民种粮，掾烝□③如曹，期会掾烝 、录事掾谷水校。
　　　　　主簿　省。 嘉禾三年五月十三日白，三州仓领杂米起 （贰·257）
　　　　　　　　　　嘉禾元年七月一日讫九月卅日一时簿。

　　　　　　已校。
　　君教。　已[校]。　丞出给民种粮，掾烝循如曹，期会掾烝　、录事掾谷　水校。
　　　　　重核 已出。主簿　省。 嘉禾三年五月十三日白，州中仓领杂米起 （牍·192）
　　　　　　　　　　　　　　　　嘉禾二年九月一日讫十一月卅日一时簿。

---

① 秦汉县级属吏的地位和迁转序列可参考严耕望的大致梳理，见《中国地方行政制度史：秦汉地方行政制度》第五章《县廷组织》，第217—237页。
② ［日］關尾史郎：《魏晋簡牘のすがた——長沙吳簡を例として——》，《國立歷史民俗博物館研究報告》第194集，第211—236页。
③ 此处署名不可辨识，据相关简例，应为烝循。

第四章 三国孙吴临湘侯国的文书行政

　　　　　　已校。

　　君教。　已出。　丞出给民种粮，掾悉　循如曹，期会掾悉、录事掾谷水校。

　　　　　　已核。主簿　　省。嘉禾三年五月十三日白，州中仓领杂米起嘉禾二年十二月一日讫卅日一时簿。

（牍·191）

　　（3）君教。　已核　已校。　丞　如掾，掾悉循如曹，期会掾悉若、录事掾谷水校。

　　　　　　已出。　主簿　省。嘉禾三年七月卅日白，嘉禾元年租税杂限米已入未毕白事。

（牍·205）

　　（4）君教。　若。丞庆固还官，掾悉循、潘栋如曹，都典掾悉若、录事掾潘琬校。

　　　　　　已。主簿尹　　桓省。嘉禾四年五月廿八日乙巳白。

（牍·182）①

　　牍文中出现了两个如曹的掾吏之名，悉循与潘栋。本书第二章第三节初步统计过已刊简牍中侯国诸曹掾吏的多重身份与迁转情况，相关信息汇总至表2-1。由表可知，二人身份皆为"县吏"，潘（番）栋曾任（兼）兵曹史，而悉循曾在侯国金、虞、仓、田诸曹转任。

　　上述君教文书牍的时间都比较明确：（1）组期会举行时间在嘉禾三年正月，（2）组期会时间在嘉禾三年五月，（3）组期会时间在嘉禾三年七月，（4）组期会时间在嘉禾四年五月；若知这几个时间点中悉循、番栋的任职情况，就可确定其为"掾"的性质，"掾如曹"的含义可迎刃而解。可惜的是竹简内容残断，提供的二人任职信息较少在上述时间之内（详表2-1），仅能依据现有材料做些推测：番（潘）栋作为兵曹掾多出现在《竹简》〔柒〕的草刺文书中，其中有一条兵曹掾言府草刺"言府三品调吏民出铜一万四百斤事　七月廿七日兵曹掾番栋白"（柒·3164），恰好可以找到对应的县廷门下书佐制作的行书刺，"兵曹言部吏壬□□□户品限吏民上中下品出铜斤数要簿事　嘉禾四年七月廿一日书佐吕承封"（柒·2579）。发

---

① 191、205、182号木牍的图版或录文均已刊发，此处录文参本书第一章第二节。

文时间明确记为嘉禾四年七月廿一日，两条记录反映的是侯国兵曹接受长沙郡府的命令，部署相关吏员统计辖下吏民按上、中、下三品出铜的数目，汇总列簿并再次上报的行政过程。番栋嘉禾四年七月在兵曹掾职上，当无疑问，这个时间与（4）组文书的期会日期极为接近，或可推测，参与嘉禾四年五月临湘侯国期会的有兵曹掾潘栋。但这次期会所为何事不明，无从做进一步解释。

我们只能再从前三组掾烝循参与的期会切入。第（1）组嘉禾三年正月十五日期会的目的是校阅嘉禾二年四、五、闰五3个月的杂米旦簿①，笔者在长沙简牍博物馆工作时见到与此紧密相关的另一枚君教木牍：

　　君教。　　丞送新兵到沤口，掾烝循如曹，期会掾烝　若校。
　　　主簿刘　　　恒省。嘉禾三年二月三日白，州中仓吏黄讳所列
　　　　　　　　　　　　嘉禾元年四月一日讫六月卅日米旦簿草。

（牍・100）②

对照可知，嘉禾三年正月检校的杂米旦簿，或亦应是州中（三州）仓的米旦簿，由州中仓吏黄讳（三州仓吏郑黑）所列③。关于州中、三州仓月旦簿的性质，已有不少学者进行过讨论，近来又有邓玮光对中仓黄龙三年十月、十一月旦簿的复原工作④，使我们对其制作、书写程序开始有了较为明朗的认知。（月）旦簿的统计周期不仅有一月，亦有半月、三个月（季）、四个半月等各种情况⑤，期会审核的是按季结算的旦簿。谷口建速

---

① 据陈垣《魏蜀吴朔闰异同表》，嘉禾二年闰五月。《二十史朔闰表》，中华书局1962年版，第45页。
② 《长沙走马楼三国吴简》第十一卷《竹木牍》特辑，待版。
③ 据伊藤敏雄统计，嘉禾三年任州中仓仓吏者为黄讳、潘虑，三州仓仓吏为郑黑，参读氏著《長沙吳簡中の邸閣・倉吏とその關係》之表1《邸閣・倉吏・庫吏擔當者一覽（三訂版）》，《歷史研究》第49号，2012年3月，第24页。
④ 邓玮光：《对中仓黄龙三年十月旦簿的复原尝试》，楼劲主编：《魏晋南北朝史的新探索：中国魏晋南北朝史学会第十一届年会暨国际学术研讨会论文集》，第645—677页；《对中仓黄龙三年十一月旦簿的复原尝试》，杨振红、邬文玲主编：《简帛研究2015秋冬卷》，广西师范大学出版社2015年版，第182—214页。
⑤ 这里参考了王素对吴简月旦簿的介绍，详所撰《长沙吴简中的"月旦簿"与"四时簿"》，《文物》2010年第2期，第63—68页。

对于复原这类旦簿颇有心得,他曾拼合了州中仓嘉禾元年的两枚"月旦簿":

  右仓曹史烝堂白　州中仓吏黄讳潘虑列起嘉禾元年正月一日讫三月卅日旦簿（壹·2039+1773）

  ☑仓曹史烝堂白州中仓吏黄讳潘虑列起嘉禾元年四月一日讫六月卅日旦簿☐承三月余杂领吴平斛米三万（壹·2243+2364）①

其中第二枚的统计时段与牍·100完全重合,也提示我们,州中（三州）仓的谷物簿由仓吏定期制作,然后上呈仓曹,由右仓曹将众期仓米簿统一上报"白"给临湘侯国（县廷）,在县廷存档。在期会的日子里,长吏会同属吏,将此前一定时期内的仓米簿进行审核、校阅,参与校阅的县吏,除主簿、门下掾之外,最有可能的就是负责呈报仓米簿,主管各仓事务、物资出纳,与三州、州中仓有密切业务往来的仓曹掾了。

当然参与期会的仓曹掾并非上报嘉禾元年、二年旦簿的仓曹掾、史,而名烝循,再翻找吏烝循的迁转情况,果然有任职仓曹的经历,据"元年十二月奉其年十二月廿七日付右仓曹掾烝循②"（柒·4191）可知其曾为右仓曹掾,大约嘉禾元年？左右在任上,又据：

  右仓曹列言入五年乡杂米起正月九日讫十六日合六千二百一十三斛二斗八升与前刺通合四万六千五百卌斛八斗二升
   其☐千斛六斗九升付州中仓吏张曼张钦☐
   其☐千二百一十二斛五斗九升付吏孙义
       嘉禾六年正月十九日从掾位烝循白（肆·1402）

可知直至嘉禾六年,烝循已转任散吏从掾位,仍代表仓曹负责嘉禾五年谷物簿的统计工作。

  再来看第（2）组文书,期会的目的是校阅州中（三州）仓领杂米一

---

① ［日］谷口建速：《長沙走馬樓呉簡における穀倉関係簿初探》,《民衆史研究》第72号,2006年11月,第45—61页。
② 原释作"修",今统一改释为"循"。

时簿,这种"一时簿",王素先生已做过解析,约相当于西北汉简中的"四时簿","一时"为"一季"之意。《国语·周语上》:"三时务农,而一时讲武。"韦昭注:"三时,春夏秋;一时,冬也。"① 《淮南子·天文训》:"三月而为一时,三十日为一月。"② 此簿的特点是按季结算,与第(1)组中按季结算的旦簿大概没有本质区别,皆是由仓吏列,按季条列,由仓曹掾上报侯国(县廷)。从此组诸例看,参与仓米一时簿校阅、期会活动的"如曹"之掾,无一例外是仓曹掾烝循。

关于"一时簿"的结算周期,尚有一点需要说明。王素先生基本肯定它是按季结算,但又因一条简文的记载有所疑虑,见"☐嘉禾二年十二月一日迄卅日一时簿☐"(壹·5742),以为其反映一时簿也存在按月结算的情况,长沙简中帐簿性质较复杂,似不能简单论定③。实际上,之所以存在以十二月一个月为一时簿的情况,只是一种特例,这种特例发生在有闰月的嘉禾二年。从本组文书中的牍·191、192,再结合第(1)组文书(柒·2124①),我们可以整理出嘉禾二年一时簿的结算周期:正月、二月、三月;四月、五月、闰五月;六月、七月、八月;九月、十月、十一月;十二月。这与本组第一件文书反映的嘉禾元年季簿周期中的七、八、九三月为一期情况不同,也就是说,一时簿原则上都是三月(一季)一结,但由于嘉禾二年闰五月,导致原本作为冬季的结算周期十、十一、十二月中,前两月已与九月合并结算,单出十二月只能作为补充结算,亦称"一时簿",其按季结算的性质并不因此改变。

第(3)组文书,期会的目的是校阅嘉禾六年租税杂限米已入未毕簿,我们知道,州中仓在临湘本地负责受纳临湘县下诸乡的租税杂限米④,应由州中仓负责相关帐簿的条列,反映租税杂限米领受、已入、未毕的情况,这些簿书亦需要经仓曹上报给侯国,有竹简内容可证:

---

① (吴)韦昭注,明洁辑评:《国语》,上海古籍出版社2008年版,第8页。
② 刘文典撰,冯逸、乔华点校:《淮南鸿烈集解》,新编诸子集成本,中华书局2013年版,第117页。
③ 上述王素观点统见所撰《长沙吴简中的"月旦簿"与"四时簿"》,《文物》2010年第2期,第63—68页。
④ 关于吴简所见州中、三州仓各自受纳米、运出米的情况,戴卫红有较全面的条理,详所撰《长沙走马楼吴简所见孙吴时期的仓》,《史学月刊》2014年第11期,第93—106页。

第四章 三国孙吴临湘侯国的文书行政

　　　　右仓田曹史烝堂白　嘉禾二年领租税杂限 吴 平 斛米合八万一千
（壹·1641）
　　　　□□□有入五年余逋租 税 米三千三百一十三斛二斗八升　　正
月十八日仓曹掾□□ 白 （肆·1441）

相关事务由仓（田）曹掾经手，在随后为校核相关簿书进行的期会中，仓曹掾亦应参与，对应这组文书中的"掾烝循"如曹。

　　需要说明的是，有两枚"君教"文书残简（或为竹牍断裂后的一部分）中似出现了另一名如曹之掾，名"烝潘"，见：

　　　　　　已核。
　　　　君教。　　丞出给民种粻，掾　烝　潘　如　曹，期　会　掾
　　　　烝　、录事掾谷　校。（贰·6871+6921）

　　　　君① 教 。已核 　 丞出给民种粻，掾烝　潘　如曹，□☑（参·
已校
2056）

审查图版，竹简中"君教"二大字下，右起一行"丞出给民种粻"之后，掾"烝""潘"二字间，"潘"字之后皆有较大空格，应是先录出两位掾吏的姓，在姓后预留空间，供吏本人署名之用，这两处之烝潘应即第四组文书中的掾烝循、潘栋。

　　笔者在长沙简牍博物馆工作时，还曾见到由三位掾"如曹"联署的一枚君教木牍，收入《竹简》〔陆〕，兹移录释文如下：

　　　　君教。　若。　丞灰固还官，掾烝循、潘栋、谷水如曹，都典掾
烝　若、录事掾潘　琬校。
　　　　　　已已。　主簿尹　　　　桓省。　嘉禾四年五月廿七日乙巳白。
（陆·625①、牍·180）

---

① 起首一字原录作"仓"，据图版改。

这枚木牍反映的期会时间与第（4）组文书木牍相差一日，期会事由亦不明。谷水，笔者亦曾据已刊简牍梳理过其迁转，并详表2-1。由上述四组君教文书牍可共同推知，嘉禾三年五至七月，谷水在录事掾任上，而在本枚木牍中署名的录事掾为潘琬，说明至嘉禾四年五月谷水已卸任，转为如曹之掾。特别注意到谷水亦有任（兼）仓曹掾的经历，见"草言府大男监□被病物故事　七月八日兼仓曹掾谷永（水）白"（柒·582），此简又是《竹简》〔柒〕中集中出现的草刺文书简，此类草刺不记具体年份，但据上文与兵曹掾番栋有关的两种草刺简的对照，我们有理由相信，这批草刺简的制作日期大致都在嘉禾四年前后。由此或可推测，谷水从县录事掾卸任后，嘉禾四年，转任仓曹掾，本年五月，亦参与到县廷校阅簿书的期会活动中来，与掾烝循、潘栋联署，处理相关文书。

　　至此，我们应当可以对吴简"君教"文书牍中"掾某如曹"的含义做一总结。"曹"指临湘侯国直属组成部门——列曹的曹舍，诸曹掾史的办公场所；"如曹"即到曹办公之意；"掾"为临湘侯国（县廷）某曹之掾吏，以文书案牍工作为办公方式。三国孙吴基层已有精密的仓、库出入米、钱、物统计、造册、汇报、审核制度，参与其中的除仓吏、库吏外，往往还包括职掌与此相关的仓曹、金曹、田曹等郡县曹；从已刊君教文书来看，侯国举办期会的目的之一，正是会合长吏、属吏对此前一定时期内的仓米、库钱、库布、库皮簿、草刺等进行审核，期会的参加者除侯相、丞、主簿（主记史）、期会掾、录事掾，还应当包括与本次期会所处理事务、校阅文书密切相关的曹司的负责人；曹吏列席集体会议，并随时处理集议过程中关涉到本曹的事项，这应就是所谓"掾某如曹"的行政演绎[①]。由此亦可知，三国孙吴郡、县级政权中列曹地位较为重要，有赴期会，参与基层重大事务讨论、决策的权力。

　　目前已经公布的"君教"文书牍数量有限，围绕官文书的相关研究也才刚刚起步，本书所做的工作非常初步。凑巧的是，笔者于湖南省文物考古研究所库房参观益阳兔子山简时，从计算机中所存6号井（时代在东汉

[①] 孙闻博在利用里耶秦简梳理县廷机构列曹与诸官的关系时，就曾地指出列曹可通过期会等出席县廷会议，参与讨论，见所撰《秦县的列曹与诸官——从〈洪范五行传〉一则佚文说起》一文。

晚期以后）出土文书红外照片中，也发现了书写"君教"二字的官文书木简①。我们期待着更多"君教"文书资料的早日公布，为描绘汉晋间基层文书行政之图景提供素材与推助。

---

① 2015年6月17日王素先生与笔者曾到访湖南省文物考古研究所长沙铜官窑基地，承蒙张春龙先生见示兔子山简的相关内容。

结　　语

一　孙吴基层官文书运转机制的源与流

在20世纪后半期简纸官文书档案大量发现之前，学术界关注汉唐间官文书样态、从事文书行政的研究，可依凭的史料仅蔡邕《独断》、《宋书·礼志》所载刘宋太子监国仪注、《唐六典》及唐《公式令》等寥寥数种，而无一例外指向以王言为中心的中央官文书制度。

1970至90年代，唐长孺先生主持的吐鲁番出土文书整理小组[①]及柳洪亮先生陆续披露了相当数量的高昌郡与麹氏高昌国的官文书[②]；学者们据之讨论了十六国时期高昌郡，高昌国郡、县官文书体式与运作程序，发现其文书制度远承两汉，近出于晋，与中原相关制度有着惊人的一致性[③]。

[①] 整理小组的最终成果参唐长孺主编《吐鲁番出土文书》（图录本）1—4册，文物出版社1992—1996年版。其中前两册内容以高昌郡、高昌国文书为主。
[②] 1980—90年代考古新获吐鲁番文书资料，大部分收入柳洪亮《新出吐鲁番文书及其研究》一书，新疆人民出版社1997年版。
[③] 代表性研究如祝总斌《高昌官府文书杂考》，北京大学中国中古史研究中心编《敦煌吐鲁番文献研究论集》第2辑，北京大学出版社1983年版，第465—501页。［日］白須淨眞：《麹氏高昌國における上奏文書試釈——民部、兵部、都官、屯田等諸官司上奏文書の檢討》，《東洋史苑》23號，1984年，第13—66頁；《麹氏高昌國における王令とその伝達——下行文書「符」とその書式を中心として》，《東洋史研究》56卷3號，1997年，第141—170頁。［日］小田義久著：《麹氏高昌官府文書小考》，胡宝华译，《中国敦煌吐鲁番学会研究通讯》，1985年第3期，第25—28页。［日］本間寬之：《麹氏高昌国の文書行政——主として辭をめぐって》，《史滴》19號，1997年，第2—13頁。孟宪实：《略论高昌上奏文书》，《西域研究》2003年第4期，第26—37页；《论高昌国的下行文书——符》，《西域研究》2004年第2期，第17—26页等等。

结 语

这些讨论开启了汉唐间基层官文书制度研究的先河。但五凉政权统辖下的高昌郡县、军府行政制度与汉唐郡县制不能说完全相同,因孤悬河西、杂糅异俗而具有非典型性。很长一段时间内,学界都未找到一个典型而集中的汉唐基层官文书行政史料群。从这个意义上来说,借助10万余枚走马楼三国吴简对孙吴县级公文运转机制的全面把握,是激动人心的。需要进一步思考的是,东吴早期的基层官文书制度,是承接秦汉旧制,还是三国时期割据政权的独特创制?如何在汉唐文书行政的版图中定位吴制?

与三国孙吴临湘县级官文书可兹对比的是秦初洞庭郡迁陵县级官文书。21世纪初新发现的近38000枚里耶秦简的主要内容是秦代迁陵县官署档案,其中政府之间往来文书(原件及副本)占了相当大比例[①]。中外学者以此为基础,对秦郡县官文书制作、书写、流转、传递、存档等相关话题展开了热烈讨论,揭示出秦代基础的情报传递与政务运作面貌[②]。一般以为秦迁陵县列曹与诸官并立,曹非独立机构,由县廷派出令史直曹、署理文书形成;而诸官则是县廷的职能部门,全面负责户口、赋税、司法、治安、物资的获取制造等各项县级事务的办理;除此外,县令、丞及秘书

[①] 由湖南省文物考古研究所主持发掘并整理,计划分四册出版,目前已出版的是湖南省文物考古研究所编《里耶秦简〔壹〕》,文物出版社2012年版;《里耶秦简〔贰〕》,文物出版社2017年版。

[②] 相关研究参读邢义田《湖南龙山里耶J1(8)157和J1(9)1—12号秦牍的文书构成、笔迹和原档存放形式》(一)、(二),"简帛网",2005年11月4日、11月14日首发;[日]藤田胜久《里耶秦簡の文書形態と情報伝達》,《愛媛大學法文學部論集·人文學科編》第21,2006年;《里耶秦简所见秦代郡县的文书传递》,《简帛》第八辑,上海古籍出版社2013年版,第179—194页;陈治国《从里耶秦简看秦的公文制度》,《中国历史文物》2007年第1期,第61—69页;陈伟《里耶秦简中公文传递记录的初步分析》,《历史地理学研究的新探索与新动向——庆贺朱士光教授七十华秩暨荣休论文集》,三秦出版社2008年版;胡平生《里耶简所见秦朝行政文书的製作與伝達》,《資料學の方法を探る——情報発信と受容の視點から》,愛媛大學「資料學」研究會,2009年3月;吕静、王成伟《关于秦代公文形态与运作流程的考察——以里耶秦牍的分析为基础》,《传统中国研究集刊》第8辑,上海人民出版社2011年版,第57—77页;单育辰《里耶秦公文流转研究》,《简帛》第九辑,上海古籍出版社2014年版,第199—210页;赵炳清《秦代地方行政文书运作形态之考察——以里耶秦简为中心》,《史学月刊》2015年第4期,第5—16页;沈刚《秦代县级档案文书的处理周期——以迁陵县为中心》,中国文化遗产研究院编《出土文献研究》(第十五辑),中西书局2016年版,第127—144页;单印飞《秦代封检题署新探——以里耶秦简为中心》,《出土文献研究》(第十六辑),中西书局2017年版,第175—190页;唐俊峰《秦代迁陵县行政信息传递效率初探》,《简帛》第十六辑,上海古籍出版社2018年版,第196—205页。

· 245 ·

型办事人员在内，似亦未形成完整机构①，上述三种部门/人员的职能分工大致可与孙吴临湘侯国/县诸曹、外部吏、门下的分工相对应。在此前提下，有几点观察特别值得注意。

藤田胜久先生曾对迁陵县的邮书传递记录进行统计②，今补充《里耶秦简》〔贰〕的新资料，列表如下：

表结-1　　　　　　　　　迁陵县的邮书传递记录

制作机构	用印	诣（收件方）	收文记录及简号
狱东曹书一封	丞印	诣无阳	·九月己亥水下三刻□□以来☑（5-22）
	□印	一泰守府一成固	ノ九月己亥……☑（5-23）
狱东曹书一封		洞庭泰守府	廿八年二月甲午日入时牢人佁以来（8-273+8-520）
		一辰陽一朐忍	☑廿八年九月辛丑走起以來ノ（8-373）
司空曹书一封	丞印	诣零阳	七月壬申□□☑（8-375）
		一诣苍梧尉府、一南郑	·□□☑（8-376）
尉曹书三封	令印	一诣销、一丹阳、一□陵	廿八年九月庚子水下二刻走禄以来（8-453）
书一封	迁陵丞印	诣启陵□	卅五年六月甲子隶妾孙行（8-475+8-610）
□封	迁陵印	□	……卯水下四刻（8-540）
狱南曹书二封	迁陵印	一洞庭泰守府、一洞庭尉府	·九月己亥舖时牢人误以来（8-728+8-1474）
狱东曹书一封	令印	诣洞庭守府	·九月戊戌水下二刻走佁以来（8-959+8-1291）

---

① 迁陵县廷组织机构的研究，参孙闻博《秦县的列曹与诸官——从〈洪范五行传〉一则佚文说起》一文梳理，"简帛网"，2014年9月17日首发。
② ［日］藤田胜久：《里耶秦简所见秦代郡县的文书传递》所绘《迁陵县的邮书记录》表，《简帛》第八辑，第189—190页。

结　语

续表

制作机构	用印	诣（收件方）	收文记录及简号
……书三封	令印	二守府、一成纪	·九月甲寅水下七刻走怡以来（8－1119）
狱东曹书一封	丞印	诣泰守府	廿八年九月己亥水下四刻隶臣申以来（8－1155）
尉曹书二封	迁陵印	一封诣洞庭泰守府、一封诣洞庭尉府	九月辛丑水下二刻走□以来（8－1225）
狱东书一封	丞印	诣兢（竞）陵	丿卅五年□人籥以来（8－1467）
户曹书四封	迁陵印	一咸阳、一高陵、一阴密、一竞陵	廿七年五月戊辰水下五刻走荼以来（8－1533）
尉曹书一封		诣洞庭主司空	丿□（8－1616）
狱南书一封	丞印	诣洞庭尉府	卅三年十一月癸酉夕□（8－1823）
		洞庭泰守府	二月乙未水下八刻走怡以来（8－1829）
狱南曹书三封	丞印	二诣西阳、一零阳	丿卅年九月丙子旦食时隶臣罗以来（8－1886）
□曹书□封	迁陵丞印	诣定□	卒……昭行□（8－2028）
尉曹书二封	丞印	一封诣零阳、一封诣昆阳邑	九月己亥水下八走印（？）以□（16－3）
金布书一封	丞印	诣洞庭泰守府	卅五年五月壬戌水十一刻（刻）下三守府快以来（9－1594）
令曹书一封	丞印	诣西阳	十一月丙辰水下七刻守□（9－593）
吏曹书一封	丞印	未知	未知（9－905）
令曹书一封	丞印	诣西阳，□	未知（9－2003）

资料来源：湖南省文物考古研究所编：《里耶秦简〔壹〕》，文物出版社2012年版；《里耶秦简〔贰〕》，文物出版社2017年版。

由列表可见，迁陵县狱曹、司空曹、尉曹、金布等机构向洞庭郡及其他郡发出上行文书，或向西阳、零阳等县发出平行文书，皆经县令或丞用印；说明县级文书由诸曹制作，但诸曹不能向县外发送文书，需将文书统一交至县廷，加封迁陵令、丞印①。令、丞所在的县官府是文书集散的中心。这是迁陵县外部文书的发送。

而位于里耶一号井第 8 层有一组县属各机构往来文书，仅举两例：

廿七年三月丙午朔己酉，库后敢言之：兵当输内史，在贰春□□□□五石一钧七斤，度用船六丈以上者四榜（艘）。谒令司空遣吏、船、徒取。敢言之。☒

三月辛亥，迁陵守丞敦狐告司空主：以律令从事。/……昭行。

三月己酉水下下九，佐赵以来。/扣半。（8－1510）

卅四年七月甲子朔癸酉，启陵乡守意敢言之：廷下仓守庆书，言令佐赣载粟启陵乡。今已载粟六十二石，为付券一上。谒令仓守。敢言之。●七月甲子朔乙亥，迁陵守丞巸告仓主：下券，以律令从事。/壬手。/七月乙亥旦，守府印行。

七月乙亥旦，□□以来。/壬发。恬手。（8－1525）②

第一例是库上报，因出物需司空遣吏、船、徒合作的文书，文书并未直接送至司空，而是报迁陵守丞签发，并由守丞告司空主配合执行。第二例是启陵乡向仓守说明出仓粟载至启陵乡情况的文书，同样先报至迁陵守丞，由守丞告仓主。两例说明，于迁陵县而言，不仅外发文书需于县廷集散，县属司空、仓、库、乡等机构之间亦不可直接以文书为媒介进行事务往来，而应先将文书集中于县廷，由丞审核后，将文书转发给涉事机构。

秦迁陵县文书行政的情况，与本书复原的三国孙吴临湘侯国（县廷）上、下行官文书运转流程：外部吏"诣某曹"，某曹掾史言府、督邮，某曹掾史"记告"诸乡、外部吏的各种文书，皆须先送至门下，经长吏审核，方可发出，并作为县级官文书而生效的情境，具有极大的相似性。说明孙吴官文书制度，显然处于秦汉官文书制度的延长线上，承袭秦制而来。

---

① 相关研究亦可参张琦《里耶秦简题署考略》，《中國出土資料研究》24號，中國出土資料學會2020 年，第 82—111 页。
② 陈伟主编：《里耶秦简牍校释》（第一卷），武汉大学出版社 2012 年版，第 341、349 页。

结　语

孙吴官文书制度也是六朝官文书运转机制的渊源。上文提及孙吴临湘侯国对外发出上行文书，对内发出下行文书，大多数是由诸曹起草，并以诸曹的名义发出，但作为县级官文书生效。这种情况与六朝隋唐中央尚书台（省）和尚书诸曹之间的行文关系极其类似。《宋书·礼志》所收《刘宋太子监国仪注》，据张雨研究，共包含五组九种文书式（笺仪、关事仪、符仪、令书仪 A/B、令书板文、尚书下令书板文、拜诏令书、除刺史二千石诫文及辞阙板文）①，谨举上行、下行仪注各一②：

1　某曹关：某事云云。被令（命）仪（议），宜如是，请为笺如左。谨关。
2　右署众官如常仪。
3　尚书仆射、尚书左右丞某甲，死罪死罪。某事云云。参议以为宜如是。事诺奉行。某死罪死罪。
4　年月日。某曹上。
5　右笺仪，准于启事，年月〔日〕右方〔下〕，关门下位及尚书官署。其言选事者，依旧不经它官。

6　太常主者：寺押。某署令某甲辞，言某事云云，求告报如所称。详检相应，今听如所上处。事诺，明详旨申勒，依承不得有亏。符到奉行。
7　年月日。起尚书某曹。
8　右符仪。

1—5 行为笺仪，包含尚书郎曹关尚书上省，尚书上省笺书经仆射、左右丞参议后、过门下、笺于监国太子两部分，注意第 4 行"某曹上"的记载；6—8 行为符仪，太常上言经尚书台详检，监国太子批准画诺后，再由尚书台颁下给太常主者，申摄奉行，注意"年月日。起尚书某曹"的记载。两例共同说明，尚书台通过门下上太子的呈文，是由各曹行文，尚书台下行

---

① 张雨：《南朝宋皇太子监国有司仪注的文书学与制度史考察》，《中华文史论丛》2015 年第 2 辑，第 31—50 页。
② 张雨曾对《宋书·礼志》所收《刘宋太子监国仪注》进行校订，此处采纳其修订后的文本，参所撰《南朝宋皇太子监国有司仪注的文书学与制度史考察》，第 34—36 页。

符文也由各曹拟稿下行；但行文是作为尚书台的官文书，而不是诸曹官文书生效的。各曹公文不能越过中枢机构而上呈下达。

《仪注》提供的虽然是高层官文书式，但汉唐中央与地方行政框架具有同构性，因而县级官文书运转的机制，很大程度上亦应为中央官文书机制的模仿。

通过以上分析，我们可以看出，三国孙吴基层官文书及相关制度，上承秦汉帝国"以文书御天下"之有序面貌[1]，下启六朝江左文书繁衍流布之局。本书对走马楼吴简所揭示的三国时期江南区荆南地方官文书运转机制研究，虽具有地域性，若置于汉唐间官文书制度发展之长线观察，亦足以溯源见流，推动汉晋之际基层文书行政蓝图之勾画。

二 吴简文书行政研究展望

有学者曾将吴简研究二十年来的主要工作领域概括为：（1）吴简考古学，（2）吴简文书学，（3）孙吴临湘县行政运作与吏民社会研究[2]。时至今日，前两个领域皆取得了令人瞩目的进展，而唯独基层行政与官文书制度，虽然在二十多年间时有学者问津，如收集临湘侯相、丞的相关资料，讨论长沙郡的督邮制度，研究临湘县廷列曹的设置、职掌，关注吴简中出现的乡吏、乡劝农掾、典田掾等[3]，但结论零散，并未从总体上取得实质性突破。

而本书，正是以长沙走马楼所出三国孙吴简牍中的官文书为整理与研究对象，先对吴简官文书进行文书学意义上的整合，综合利用考古信息、简牍遗存信息、文书制作程序、政务运行程序等各种具有提示意义的资源，对散乱的官文书进行编联和复原，集成为简册；再讨论东汉三国交替期孙吴政权统治下的基层文书制度，同时，吸取近年来唐宋史学界走向"活"的制度史的研究理路，发掘孙吴基层文书制度更为深层次的内涵，

---

[1] （东汉）王充：《论衡》卷一三《别通》，黄晖：《论衡校释》（附刘盼遂集解），中华书局1990年版，第591页。

[2] 观点详凌文超《吴简考古学与吴简文书学》，首都师范大学史学沙龙第36期"古文献复原与整理"专场提交。

[3] 最新研究参看［日］安部聪一郎《典田掾・勸農掾の職掌と郷——長沙吳簡中所見「户品出錢」簡よりみる——》，《湖南出土簡牘とその社会》，汲古書院2015年版，第117—142页；徐畅《走马楼简所见孙吴"乡劝农掾"的再研究——对汉晋之际乡级政权的再思考》，《文史》2016年第1辑，第23—50页。

复原当时临湘侯国的政务处理流程，还原制度运作现场。

走马楼三国吴简的发现已逾二十年，简牍保护、整理工作虽已临近尾声，但研究工作，尤其是围绕其中刊布较晚的官文书的整理、研究，还任重而道远。本书的努力，只是在"吴简文书行政"这一研究领域，走出了第一步。

在本书工作基础上，文书行政这一研究领域，还有众多话题可以发掘，仅举两例：

（一）长时段观察三国孙吴官文书制度及流转形态

东汉三国交替期是秦汉至隋唐八百年社会发展中较为重要的变革时段，从古代基层文书行政发展的脉络来看亦是重要的转轨时期。欲考察这一时期的文书行政，至少应尝试放入秦至六朝这一长时段。例如，走马楼吴简中的"叩头死罪白"文书木牍，为县吏向上级汇报的文书，以"叩头死罪白"开始，以"诚惶诚恐，（叩头）死罪死罪""白"结束[1]，与居延、敦煌汉简、五一广场简所见西汉、东汉基层官吏"叩头死罪敢言之"的上行文书之间有着密切的联系，但将"敢言之"的常用上行语替换为书信中常出现的"白"，而又与吐鲁番所出高昌郡、国时期的"关白"类上行文书一线相承；已有众多学者关联起东汉至三国时期长沙本地官文书（五一广场简和吴简）讨论此类文书，或以"白"式文书仅为县级内部使用的一种上呈文书，县外上行文书仍用"敢言之"。

欲清理"叩头死罪白"文书的体式、用语及适用范围，以及文书末尾长官勾勒（画诺）的性质[2]，恐怕需要放宽视野，通观两汉时代基层上行

---

[1] 伊藤敏雄对此类文书体式进行了总结，对吴简中的相关木牍作了集成研究，见所撰《長沙吳简中の「叩頭死罪白」文書木牘小考——文書木牘と竹簡との編綴を中心に——》，《歷史研究》51號，2014年3月，第29—48頁；《长沙吴简中的〈叩头死罪白〉文书木牍》，楼劲主编《魏晋南北朝史的新探索：中国魏晋南北朝史学会第十一届年会暨国际学术研讨会论文集》，中国社科出版社2015年版，第624—644页。

[2] 吴简中文书"画诺"的争论，围绕许迪案木牍末尾的浓墨勾勒展开，讨论如胡平生《长沙走马楼三国孙吴简牍三文书考证》，《文物》1999年第5期，第45—52页；《读长沙走马楼简牍札记（二）》，《光明日报》2000年4月7日第3版《历史周刊》；《读长沙走马楼简牍札记（三）》，《光明日报》2000年4月21日第3版《历史周刊》。王素：《长沙走马楼三国孙吴简牍三文书新探》，《文物》1999年第9期，第43—50页；《"若"即"诺"可以作为定论——长沙走马楼简牍研究辨误（三）》，《光明日报》2000年8月25日第3版等，而今其性质为临湘侯相批语之"诺"，当无疑义，参读王素《"画诺"问题纵横谈——以长沙汉吴简牍为中心》，《中华文史论丛》2017年第1辑，第121—136页。

公文，以及楼兰、吐鲁番出土文书中边塞郡县上行公文的情况，审核、签署制度，揭示官文书制度的源头、发展与流变。

又比如，走马楼吴简中有以"君教"开头的侯国长吏、属吏合议文书。"教"在西北汉简中常见，似作为"府告……记到……有教"这样类似"如诏书""如律令"的官文书结尾常用语，而到孙吴时代，似已经明确为长吏下行指示，与高昌郡、国下行文书中的"符""令"有渊源关系①；只有放入长时段观察，才可明了"教"文书的性质与功用。

（二）还原三国孙吴临湘侯国行政体制，长时段观察地方行政结构的演变

由于正史中对地方行政记载之阙如（《汉书·百官公卿表》《续汉书·百官志》《晋书·职官志》《宋书·百官志》② 对汉晋间郡县属吏情况的介绍，笔墨不多，仅为名目之罗列）；秦汉地方行政的研究，到严耕望写作《中国地方行政制度史》的 1940 年代，仍为"材料丰富，草莱未辟之园地"③。

严耕望在对秦汉地方行政制度研究中，依属吏职掌、工作性质，将郡县组织分为纲纪、门下、列曹、监察等并立的几部分，并利用传世文献、汉碑等材料最大限度复原了郡国与县属吏④；此后陈梦家借助居延汉简资料，将汉郡府属吏分为阁下、列曹⑤，而安作璋、熊铁基仍沿袭严说⑥。

严氏的分类工作，不能说尽善尽美，他虽然注意到《洪范五行传》以

---

① 参照關尾史郎对"君教"类木牍的系统研究，他指出吐鲁番文书中常出现"教付曹"的固定文句，应是高昌郡太守的下达文书，而吴简中的"教"广泛运用在郡、县下达文书中；吐鲁番下行文书还有"符"，简言之，"符"是传达"教"的文书，见所撰《从出土史料看〈教〉——自长沙吴简到吐鲁番文书》，魏晋南北朝史研究的新探索——中国魏晋南北朝史学会第十一届年会暨国际学术研讨会论文，北京，2014 年 10 月 12—15 日。
② 《汉书》卷一九《百官公卿表上》，中华书局 1962 年版，第 742—743 页；《后汉书》志二八《百官五》，中华书局 1965 年版，第 3621—3622 页；《晋书》卷二四《职官》，中华书局 1974 年版，第 746—747 页；《宋书》卷四〇《百官下》，中华书局 1974 年版，第 1256—1260 页。
③ 严氏《前言》称对秦汉地方行政度的研究始于 40 年代，《中国地方行政制度史：秦汉地方行政制度》，《序言》，上海古籍出版社 2007 年版，第 1—2 页。
④ 严耕望：《中国地方行政制度史：秦汉地方行政制度》第二章"郡府组织"及第五章"县廷组织"，第 216—244、73—146 页。
⑤ 陈梦家：《汉简所见太守、都尉二府属吏》，《汉简缀述》，中华书局 1980 年版，第 97—120 页。
⑥ 安作璋、熊铁基：《秦汉官制史稿》，齐鲁书社 1984 年版，第 608 页。

结　语

十干配诸曹，以十二支配诸官的材料[①]，但在郡、县列曹划分中，仍然将需外出奔走，分部、分区从事操作性较强具体事务的掾史与主要从事文书案牍工作的列曹并列，如户曹与祠祀掾史，田曹与劝农掾史，水曹与都水、监渠掾，金曹与市掾，兵曹与兵马掾、监军掾，塞曹与督烽掾，贼曹与贼捕掾等。这部分掾史明显应独立出来，但究竟应归于何类？渊源何在？

新刊布的里耶秦简揭示出秦迁陵县廷列曹与诸官分立的格局，配合《洪范五行传》的记载，使学者认识到，战国、秦、西汉，郡县行政中以官啬夫为主管者的机构"官"异常活跃，具体负责主管某项专门事务，有学者将此对应为《二年律令》中的"稗官"[②]。而曹最初只是保存某类文书的办公场所，令史、尉史等史类属吏被分派直曹（所谓卒史署曹），成为后来某曹掾史的原型。诸曹分立，各掌文书，管理政务的格局是逐渐形成的，从东汉的传世文献、简牍记载看，列曹已较成熟定型，但诸官却渐消失，官啬夫类属吏地位下降，亦淡出视野[③]，代之出现的正是上述分部、分区奔走的专职掾史，有学者称之为"都吏"[④]，有学者称之为"部吏"[⑤]。

东汉之后县级行政设置怎样，走马楼吴简中的临湘侯国提供了制度的切面。县廷列曹设置十分发达，事剧之曹有左、右，乃至左、中、右之分，每曹下置掾、史，以文书行政，处理职掌内相关事务[⑥]；与此同时，还存在出部诸乡或分区域，在列曹指示下处理具体事务的诸种掾史，如劝农掾、典田掾、都市掾、屯田掾、监运掾、仓掾、库掾、狱掾等等；这正

[①] ［日］中村璋八：《五行大义校註》（增订版），汲古书院1998年版，第190—191页。严耕望：《中国地方行政制度史：秦汉地方行政制度》，第235—236页。
[②] 郭洪伯：《稗官与诸曹——秦汉基层机构的部门设置》，卜宪群、杨振红主编：《简帛研究2013》，广西师范大学出版社2014年版，第101—127页。
[③] 李迎春、郭洪伯皆注意到这一趋势，参李迎春《秦汉郡县属吏制度演变考》，博士学位论文，北京师范大学历史学院，2009年，第163—164页，郭洪伯《稗官与诸曹——秦汉基层机构的部门设置》文。
[④] 李迎春：《秦汉郡县属吏制度演变考》，第72—78页。
[⑤] 如侯旭东《长沙走马楼吴简所见"乡"与"乡吏"》，《吴简研究》第1辑，崇文书局2004年版，第87—113页。孙闻博《秦汉三国乡吏与乡政研究》，硕士学位论文，北京师范大学历史学院，2009年，第41—49页；《走马楼吴简所见"乡"的再研究》，《江汉考古》2009年第2期，第113—118页。
[⑥] 详参徐畅《走马楼简所见孙吴临湘县廷列曹设置及曹吏》，《吴简研究》第3辑，中华书局2011年版，第347—350页。

是上述取代官啬夫等职,从东汉发展而来的部吏,在临湘县称为"廷掾"①。据《续汉书》记载,廷掾系因时因事而设②,吴简还揭示了这些廷掾由于长期分派巡乡,几成某乡专职吏员,被呼为"乡吏",而取代原有的乡啬夫、乡佐、史等乡官系统的情况③。

在对吴简官文书进行复原、类型化研究基础上,有望还原三国孙吴临湘侯国的行政体制,长吏、属吏设置,而将这一案例前与秦汉简牍官文书,后与吐鲁番所出高昌郡官文书及它们揭示的地方行政场景相辉映,有助于从这一较长时段内,察知基层行政与属吏的变化,明了相关制度变迁的来龙去脉,沟通汉型与唐型地方政治模式。

---

① 如牍·57显示"区光"为"广成乡劝农掾",而竹简《叁》中称为"廷掾区光年卌☐"(叁·4905)。
② 《续汉书·百官五》记:"凡县……各署诸曹掾史。本注曰:诸曹略如郡员,五官为廷掾,监乡五部,春夏为劝农掾,秋冬为制度掾。"《后汉书》志二八,第3623页。
③ 吴简中仅有一例乡啬夫,"☐☐都乡啬夫☐……"(叁·6982),释文亦不够确定。而乡劝农掾、典田掾等径称乡吏,如"东乡劝农掾番琬叩头死罪白:被曹敕,发遣吏陈晶所举私学番倚诣廷言"木牍(J22-2695、牍·375),与竹简"府前言部乡吏番琬发遣待事史陈晶所举私学潘奇诣☐"(叁·3828)可对照。

参考文献

传世文献

《八家后汉书辑注》，周天游辑注，上海古籍出版社 1986 年版。
《东观汉记校注》，（东汉）刘珍等撰，吴树平校注，中华书局 2008 年版。
《东汉会要》，（南宋）徐天麟撰，中华书局 1955 年版。
《汉官六种》，（清）孙星衍等辑，周天游点校，中华书局 1990 年版。
《汉纪》，（东汉）荀悦撰，张烈点校《两汉纪》上，中华书局 2002 年版。
《汉书》，（东汉）班固撰，中华书局 1962 年版。
《汉书补注》，（清）王先谦撰，中华书局 1983 年版。
《后汉纪》，（东晋）袁宏撰，张烈点校《两汉纪》下，中华书局 2002 年版。
《后汉书》，（南朝宋）范晔撰，中华书局 1965 年版。
《后汉书集解》，（清）王先谦撰，中华书局 1984 年版。
《后汉书三国志补表三十种》，（南宋）熊方等，祜仁点校，中华书局 1984 年版。
《晋书》，（唐）房玄龄等撰，中华书局 1974 年版。
《论衡校释》（附刘盼遂集解），（东汉）王充著，黄晖校释，中华书局 1990 年版。
《廿二史考异》，（清）钱大昕撰，凤凰出版社 2008 年版。
《廿二史札记校证》，（清）赵翼著，王树民校证，中华书局 1984 年版。
《潜夫论笺校正》，（东汉）王符著，（清）汪继培笺，彭铎校正，中华书局 1985 年版。
《秦会要订补》，（清）孙楷撰，徐复订补，中华书局 1959 年版。
《全汉文》，（清）严可均辑，任雪芳审订，商务印书馆 1999 年版。

《全后汉文》，（清）严可均辑，许振生审订，商务印书馆 1999 年版。
《全上古三代秦汉三国六朝文》，（清）严可均辑，中华书局 1985 年版。
《日知录集释》，（清）顾炎武著，（清）黄汝成集释，上海古籍出版社 2006 年版。
《容斋随笔》，（南宋）洪迈撰，中华书局 2005 年版。
《三国会要》，（清）杨晨撰，中华书局 1956 年版。
《三国志》，（西晋）陈寿撰，中华书局 1982 年版。
《三国志集解》，卢弼撰，中华书局 1982 年版。
《十七史商榷》，（清）王鸣盛撰，中国书店 1987 年版。
《十三经注疏》，（清）阮元校刻，中华书局影印本 1980 年版。
《史记》，（西汉）司马迁撰，中华书局 1982 年 2 版。
《史记》，（西汉）司马迁撰，点校本二十四史修订本，中华书局 2013 年版。
《水经注疏》，（清）杨守敬、熊会贞疏，江苏古籍出版社 1989 年版。
《说文解字》，（东汉）许慎撰，（北宋）徐铉校订，中华书局影印本 1963 年。
《说文解字注》，（东汉）许慎撰，（清）段玉裁注，上海古籍出版社影印本 1988 年。
《宋书》，（南朝梁）沈约撰，中华书局 1974 年版。
《唐六典》，（唐）李林甫撰，陈仲夫点校，中华书局 1992 年版。
《天一阁藏明钞本天圣令校证（附唐令复原研究）》，天一阁博物馆、中国社会科学院历史所天圣令整理课题组校证，中华书局 2006 年版。
《通典》，（唐）杜佑撰，中华书局 1988 年版。
《通志》，（南宋）郑樵撰，中华书局 1987 年版。
《文献通考》，（元）马端临撰，中华书局 1986 年版。
《五行大義校註》（增订版），（隋）萧吉撰，［日］中村璋八校註，汲古书院 1998 年版。
《西汉会要》，（南宋）徐天麟撰，中华书局 1955 年版。
《新书校注》，（西汉）贾谊撰，阎振益、钟夏校注，中华书局 2000 年版。
《新序校释》，（西汉）刘向编著，石光瑛校释，陈新整理，中华书局 2001 年版。
《政论校注　昌言校注》，（东汉）崔寔、仲长统撰，孙启治校注，中华书局 2012 年版。
《周礼正义》，（清）孙诒让撰，王文锦、陈玉霞点校，中华书局 1987 年版。
《资治通鉴》，（北宋）司马光撰，（元）胡三省音注，中华书局 1956 年版。

考古文物资料

长沙市文物考古研究所、中国文物研究所编：《长沙东牌楼东汉简牍》，文物出版社 2006 年版。

长沙市文物考古研究所、中国文物研究所、北京大学历史学系：走马楼简牍整理组：《长沙走马楼三国吴简·嘉禾吏民田家莂》，文物出版社 1999 年版。

长沙市文物考古研究所、中国文物研究所、北京大学历史学系：走马楼简牍整理组：《长沙走马楼三国吴简·竹简〔壹〕》，文物出版社 2003 年版。

长沙简牍博物馆、中国文物研究所、北京大学历史学系：走马楼简牍整理组：《长沙走马楼三国吴简·竹简〔贰〕》，文物出版社 2007 年版。

长沙简牍博物馆、中国文物研究所、北京大学历史学系：走马楼简牍整理组：《长沙走马楼三国吴简·竹简〔叁〕》，文物出版社 2008 年版。

长沙简牍博物馆、中国文化遗产研究院、北京大学历史学系：走马楼简牍整理组：《长沙走马楼三国吴简·竹简〔肆〕》，文物出版社 2012 年版。

长沙简牍博物馆、中国文化遗产研究院、北京大学历史学系：走马楼简牍整理组：《长沙走马楼三国吴简·竹简〔伍〕》，文物出版社 2018 年版。

长沙简牍博物馆、中国文化遗产研究院、北京大学历史学系：走马楼简牍整理组：《长沙走马楼三国吴简·竹简〔陆〕》，文物出版社 2017 年版。

长沙简牍博物馆、中国文化遗产研究院、北京大学历史学系、故宫研究院古文献研究所：走马楼简牍整理组：《长沙走马楼三国吴简·竹简〔柒〕》，文物出版社 2013 年版。

长沙简牍博物馆、中国文化遗产研究院、北京大学历史学系、故宫研究院古文献研究所：走马楼简牍整理组：《长沙走马楼三国吴简·竹简〔捌〕》，文物出版社 2015 年版。

长沙简牍博物馆、中国文化遗产研究院、北京大学历史学系、故宫研究院古文献研究所：走马楼简牍整理组：《长沙走马楼三国吴简·竹简〔玖〕》，文物出版社2019年版。

长沙简牍博物馆、中国文化遗产研究院、北京大学历史学系、故宫研究院古文献研究所：走马楼简牍整理组：《长沙走马楼三国吴简·竹木牍》特辑，待版。

长沙简牍博物馆编：《嘉禾一井传天下：走马楼吴简的发现保护整理研究与利用》，岳麓书社2016年版。

长沙简牍博物馆编著：《长沙简牍博物馆藏长沙走马楼吴简书法研究》，西泠印社出版社2019年版。

长沙东牌楼东汉简牍研读班：《〈长沙东牌楼东汉简牍〉释文校订稿》，卜宪群、杨振红：《简帛研究2005》，广西师范大学出版社2008年版，第145—165页。

长沙市文物考古研究所：《湖南长沙五一广场东汉简牍发掘简报》，《文物》2013年第6期，第4—26页。

长沙市文物考古研究所、清华大学出土文献研究与保护中心、中国文化遗产研究院、湖南大学岳麓书院编：《长沙五一广场东汉简牍选释》，中西书局2015年版。

长沙市文物考古研究所、清华大学出土文献研究与保护中心、中国文化遗产研究院、湖南大学岳麓书院编：《长沙五一广场东汉简牍》〔壹〕，中西书局2018年版。

长沙市文物考古研究所、清华大学出土文献研究与保护中心、中国文化遗产研究院、湖南大学岳麓书院编：《长沙五一广场东汉简牍》〔贰〕，中西书局2018年版。

长沙市文物考古研究所、清华大学出土文献研究与保护中心、中国文化遗产研究院、湖南大学岳麓书院编：《长沙五一广场东汉简牍》〔叁〕，中西书局2019年版。

长沙市文物考古研究所、清华大学出土文献研究与保护中心、中国文化遗产研究院、湖南大学岳麓书院编：《长沙五一广场东汉简牍》〔肆〕，中西书局2019年版。

长沙市文物考古研究所编：《长沙尚德街东汉简牍》，岳麓书社2016年版。

陈伟主编：《里耶秦简牍校释（第一卷）》，武汉大学出版社2012年版。

陈伟主编：《里耶秦简牍校释（第二卷）》，武汉大学出版社2018年版。

［日］冨古至编：《江陵張家山二四七號墓出土漢律令の研究 訳注篇・論考篇》，朋友書店2006年版。

甘肃省文物考古研究所、甘肃省博物馆、文化部古文献研究室、中国社会科学院历史研究所编：《居延新简——甲渠候官与第四燧》，文物出版社1990年版。

甘肃省文物考古研究所等编：《居延新简——甲渠候官》，中华书局1994年版。

高文：《汉碑集释》，河南大学出版社1997年版。

（宋）洪适：《隶释 隶续》，中华书局1986年版。

侯灿、杨代欣主编：《楼兰汉文简纸文书集成》，天地出版社1999年版。

胡平生、张德芳：《敦煌悬泉汉简释粹》，上海古籍出版社2001年版。

黄朴华主编：《长沙古城址考古发现与研究》，岳麓书社2016年版。

湖南省文物考古研究所：《里耶发掘报告》，岳麓书社2007年版。

湖南省文物考古研究所编：《里耶秦简〔壹〕》，文物出版社2012年版。

湖南省文物考古研究所编：《里耶秦简〔贰〕》，文物出版社2017年版。

湖南省文物考古研究所、益阳市文物处：《湖南益阳兔子山遗址九号井发掘简报》，《文物》2016年第5期，第32—48页。

李均明、何双全编：《散见简牍合辑》，文物出版社1990年版。

连云港市博物馆、东海县博物馆、中国文物研究所、中国社会科学院简帛研究中心编：《尹湾汉墓简牍》，中华书局1997年版。

林梅村、李均明编：《疏勒河流域出土汉简》，文物出版社1984年版。

刘刚：《湖湘历代书法选集》（四）《综合卷》，湖南美术出版社2012年版。

罗福颐：《秦汉南北朝官印征存》，文物出版社1987年版。

毛远明校注：《汉魏六朝碑刻校注》，线装书局2008年版。

彭浩、陈伟、［日］工藤元男主编：《二年律令与奏谳书——张家山二四七号汉墓出土法律文献释读》，上海古籍出版社2007年版。

青岛市文物保护考古研究所、黄岛区博物馆：《山东青岛土山屯墓群四号封土与墓葬的发掘》，《考古学报》2019年第3期，第405—438页。

史语所简牍整理小组：《居延汉简补编》，《"中央研究院"历史语言研究所专刊》之99，1998年。

睡虎地秦墓竹简整理小组编：《睡虎地秦墓竹简》，文物出版社 1990 年版。
宋少华主编：《湖南长沙三国吴简》（一）至（六），重庆出版社 2010 年版。
（清）王昶：《金石萃编》，中国书店 1985 年版。
魏坚主编：《额济纳汉简》，广西师范大学出版社 2005 年版。
（清）翁方纲：《两汉金石记》，《石刻史料新编》第 1 辑第 10 册，台北新文丰出版公司 1982 年版。
［日］西林昭一、陈松长编：《新中国出土书迹》，文物出版社 2009 年版。
谢桂华、李均明、朱国炤：《居延汉简释文合校》，文物出版社 1987 年版。
［日］永田英正编：《漢代石刻集成［圖版・釋文篇］》，京都同朋舍 1994 年版。
张春龙、宋少华、郑曙斌编：《湖湘简牍书法选集》，湖南美术出版社 2012 年版。
张家山二四七号汉墓竹简整理小组：《张家山汉墓竹简〔二四七号墓〕》，文物出版社 2001 年版。
张家山二四七号汉墓竹简整理小组：《张家山汉墓竹简〔二四七号墓〕》（释文修订本），文物出版社 2006 年版。
郑曙斌、张春龙、宋少华、黄朴华编：《湖南出土简牍选编》，岳麓书社 2013 年版。
中国社会科学院考古研究所：《中国考古学・秦汉卷》，中国社会科学出版社 2010 年版。
中国文物研究所、新疆博物馆、武汉大学历史系编：《吐鲁番出土文书》图录本［壹］、［贰］、［叁］、［肆］，文物出版社 1992、1994、1996 年版。
周晓陆、路东之：《秦封泥集》，三秦出版社 2000 年版。

今人论著

安作璋、熊铁基：《秦汉官制史稿》，齐鲁书社 2007 年版。
［日］安部聪一郎：《典田掾・勧農掾の職掌と郷——長沙呉簡中所見「户品出錢」簡よりみる——》，［日］伊藤敏雄、窪添慶文、關尾史郎编：《湖南出土簡牘とその社会》，汲古書院 2015 年版，第 117—142 页。

参考文献

［日］安部聪一郎：《走馬楼呉簡からみる三国呉の郷村把握システム》，［日］窪添慶文編：《魏晋南北朝史のいま》，《アジア遊学》213，勉誠出版 2017 年版。

［日］白須淨眞：《麴氏高昌國における上奏文書試釈——民部、兵部、都官、屯田等諸官司上奏文書の檢討》，《東洋史苑》23 號，1984 年，第 13—66 頁。

［日］白須淨眞：《麴氏高昌國における王令とその伝達——下行文書「符」とその書式を中心として》，《東洋史研究》56 卷 3 號，1997 年，第 141—170 頁。

北京吴简研讨班：《吴简研究》第 1 辑，崇文书局 2004 年版。

卜宪群：《秦汉公文文书与官僚行政管理》，《历史研究》1997 年第 4 期，第 35—51 页。

卜宪群：《西汉东海郡吏员设置考述》，《中国史研究》1998 年第 1 期，第 62—70 页。

卜宪群：《也谈〈尹湾汉墓简牍〉的性质》，《史学月刊》2000 年第 5 期，第 32—36 页。

卜宪群：《秦汉官僚制度》，社会科学文献出版社 2002 年版。

卜宪群：《秦汉之际乡里吏员杂考——以里耶秦简为中心的探讨》，《南都学坛》2006 年第 1 期，第 1—6 页。

卜宪群：《从简帛看秦汉乡里的文书问题》，《文史哲》2007 年第 6 期，第 48—53 页。

蔡万进：《尹湾简牍所反映的汉代卒史署曹制度》，李学勤、谢桂华主编：《简帛研究 2002、2003》，广西师范大学出版社 2005 年版，270—274 页。

长沙简牍博物馆、北京吴简研讨班：《吴简研究》第 2 辑，崇文书局 2006 年版。

长沙简牍博物馆、北京大学中国古代史研究中心、北京吴简研讨班：《吴简研究》第 3 辑，中华书局 2011 年版。

长沙简牍博物馆编：《长沙简帛研究国际学术研讨会论文集》，中西书局 2017 年版。

长沙市文物考古研究所：《长沙三国吴简暨百年来简帛发现与研究国际学术研讨会论文集》，中华书局 2005 年版。

陈健梅：《孙吴政区地理研究》，岳麓书社 2008 年版。

陈梦家：《汉简缀述》，中华书局 1980 年版。

陈槃：《汉晋遗简识小七种》，《"中央研究院"历史语言研究所专刊》之 63，1975 年，据上海古籍出版社 2009 年版。

陈松长、周海锋：《"君教诺"考论》，长沙市文物考古研究所等编：《长沙五一广场东汉简牍选释》，中西书局 2015 年版，第 325—330 页。

陈直：《汉书新证》，中华书局 2008 年版。

陈直：《居延汉简研究》，天津古籍出版社 1986 年版。

陈治国：《从里耶秦简看秦的公文制度》，《中国历史文物》2007 年第 1 期，第 61—69 页。

程树德：《九朝律考》，中华书局 2003 年版。

［日］大庭脩：《汉代的啬夫》，原刊《東洋史研究》第 14 卷第 1、2 號，1955 年，收入《简牍研究译丛》第一辑，姜镇庆译，中国社会科学出版社 1983 年版，第 171—196 页。

［日］东晋次：《后汉的选举与地方社会》，原刊《東洋史研究》第 46 卷第 2 號，1987 年，收入刘俊文主编《日本中青年学者论中国史·上古秦汉卷》，徐世虹译，上海古籍出版社 1995 年版，第 572—601 页。

［日］冨谷至：《秦汉刑罚制度研究》，柴生芳、朱恒晔译，广西师范大学出版社 2006 年版。

［日］髙村武幸：《長沙走馬樓吳簡にみえる鄉》，長沙吳簡研究會：《長沙吳簡研究報告》第 2 集，2004 年 7 月，第 24—38 页。

［日］髙村武幸：《里耶秦簡第八層出土簡牘の基礎的研究》，《三重大史學》第 14 卷，2014 年 3 月，第 30—36 页。

高恒：《秦汉简牍中法制文书辑考》，社会科学文献出版社 2008 年版。

高敏：《三国兵志杂考》，《河南大学学报》1990 年第 1 期，第 21—32 页。

高敏：《秦汉魏晋南北朝史论考》，中国社会科学出版社 2004 年版。

高荣：《论汉代的督邮》，《中山大学学报》1999 年第 3 期，第 96—103 页。

贡绍海：《略论汉代督邮》，《山东师大学报》1988 年第 4 期，第 43—47 页。

［日］關尾史郎：《トウファン出土「五胡」文書よりみた長沙吳簡》，東京お茶の水女子大學長沙吳簡研究会 2002 年 12 月 14 日例会發表稿。

［日］關尾史郎：《高昌郡時代の上行文書とその行方》，［日］藤田勝久、松原弘宣編：《古代東アジアの情報伝達》，汲古書院2008年版，第75—89页。

［日］關尾史郎：《〈吳嘉禾六（二三七）年四月都市史唐玉白收送中外估具錢事〉試釈》，《東洋學報》第95卷第1號，2013年6月，第33—57页。

［日］關尾史郎：《破莂·別莂考——長沙吳簡を例として》，［日］藤田勝久編：《東アジアの資料學と情報伝達》，汲古書院，2013年11月，第109—132页。

［日］關尾史郎：《穀物の貸与と還納をめぐる文書行政システム一斑——東アジア古文書學の起点としての長沙吳簡》，［日］角谷常子編《東アジアの木簡學のために》，汲古書院，2014年4月，第99—124页。

［日］關尾史郎：《从出土史料看〈教〉——自长沙吴简到吐鲁番文书》，魏晋南北朝史研究的新探索——中国魏晋南北朝史学会第十一届年会暨国际学术研讨会论文，北京，2014年10月12—15日。

［日］關尾史郎：《三国志の考古学：出土資料からみた三国志と三国時代》，東方書店2019年版。

郭洪伯：《稗官与诸曹——秦汉基层机构的部门设置》，卜宪群、杨振红主编：《简帛研究2013》，广西师范大学出版社2014年版，第101—127页。

郭俊然：《出土资料所见的汉代侯国官制——以东汉郡属侯国为中心》，《渭南师范学院学报》2014年第2期，第87—90页。

何佳：《长沙走马楼吴简所见仓、库及仓吏、库吏的研究》，西北师范大学历史系、甘肃省文物考古研究所编：《简牍学研究》第4辑，甘肃人民出版社2004年版，第119—131页。

何旭红：《长沙汉"临湘故城"及其"宫署"位置考析》，《南方文物》1998年第1期，第96—100页。

何兹全：《"质任"解》，《何兹全文集》第一卷《中国社会史论》，中华书局2006年版，第90—94页。

侯灿：《麹氏高昌王国官制研究》，《文史》第22辑，中华书局1984年版；收入氏著《高昌楼兰研究论集》，新疆人民出版社1990年版，第1—72页。

侯旭东：《三国吴简两文书初探》，《历史研究》2001年第4期，第172—174页。

侯旭东：《长沙走马楼三国吴简所见"乡"与"乡吏"》，北京吴简研讨班：《吴简研究》第1辑，崇文书局2004年版，第87—113页。

侯旭东：《长沙走马楼吴简〈竹简〉[贰]"吏民人名年纪口食簿"复原的初步研究》，《中华文史论丛》2009年第1辑，第57—93页

侯旭东：《长沙走马楼吴简"嘉禾六年（广成乡）弦里吏民人名年纪口食簿"集成研究：三世纪初江南乡里管理一瞥》，邢义田、刘增贵主编：《第四届国际汉学会议论文集：古代庶民社会》，台北，"中央研究院"，2013年12月，第103—147页。

侯旭东：《长沙东牌楼东汉简〈光和六年浄田自相和从书〉考释》，"简帛网"，2014年2月21日首发。

侯旭东：《湖南长沙五一广场东汉简J1③：264—294考释》，北京大学中国古代史研究中心编：《田余庆先生九十华诞颂寿论文集》，中华书局2014年版，第113—119页。

侯旭东：《湖南长沙走马楼三国吴简性质新探——从〈竹简（肆）〉涉米簿书的复原说起》，长沙简牍博物馆编：《长沙简帛研究国际学术研讨会论文集》，中西书局2017年版，第59—97页。

胡平生、李天虹：《长江流域出土简牍与研究》，湖北教育出版社2004年版。

胡平生：《长沙走马楼三国孙吴简牍三文书考证》，《文物》1999年第5期，第45—52页。

黄留珠：《秦汉仕进制度》，西北大学出版社1985年版。

黄留珠：《汉碑所见"道桥掾"考》，《文博》1988年第6期，第51—53页。

劳榦：《从汉简所见之边郡制度》，《"中央研究院"历史语言研究所集刊》第8本第2分，1939年，第159—180页。

劳榦：《从汉简中的啬夫令史候史和士吏论汉代郡县吏的职务和地位》，《"中央研究院"历史语言研究所集刊》第55本1分，1984年，第9—22页。

雷闻：《关文与唐代地方政府内部的行政运作——以新获吐鲁番文书为中心》，《中华文史论丛》2007年第4辑，第123—154页。

李方：《唐西州行政体制考论》，黑龙江教育出版社2002年版。
李均明、刘军：《简牍文书学》，广西教育出版社1999年版。
李均明：《走马楼吴简"草刺"考校》，《史学月刊》2008年第6期，第86—89页。
李均明：《秦汉简牍文书分类辑解》，文物出版社2009年版。
李均明：《简牍法制论稿》，广西师范大学出版社2011年版。
李天虹：《居延汉简簿籍分类研究》，科学出版社2003年版。
李学勤：《〈奏谳书〉与秦汉铭文中的职官省称》，中国政法大学法律古籍研究所编：《中国古代法律文献研究》第1辑，巴蜀书社1999年版，第61—63页。
李志生：《唐开元年间西州抄目三件考释》，北京大学中国中古史研究中心编：《敦煌吐鲁番文献研究论集》第5辑，北京大学出版社1990年版，第471—502页。
连云港市博物馆、中国文物研究所编：《尹湾汉墓简牍综论》，科学出版社1999年版。
黎明钊：《汉代地方官僚结构：郡功曹之职掌与尹湾汉墓简牍之关系》，《中国文化研究所学报》新8辑，1999年，第337—364页。
黎明钊、马增荣、唐俊峰编：《东汉的法律、行政与社会：长沙五一广场东汉简牍探索》，三联书店（香港）有限公司2019年版。
廖伯源：《汉初县吏之秩阶及其任命——张家山汉简研究之一》，《社会科学战线》2003年第3期，第100—107页。
廖伯源：《汉代县丞尉掌杂考》，长沙市文物考古研究所编：《长沙三国吴简暨百年来简帛发现与研究国际学术研讨会论文集》，中华书局2005年版，第438—448页。
廖伯源：《简牍与制度——尹湾汉墓简牍官文书考证》（增订版），广西师范大学出版社2005年版。
凌文超：《走马楼吴简两套作部工师簿比对复原整理与研究》，卜宪群、杨振红主编：《简帛研究2009》，广西师范大学出版社2011年版，第162—237页。
凌文超：《走马楼吴简簿书复原整理刍议》，《历史学评论》第1辑，社会科学文献出版社2013年版，第250—262页。
凌文超：《走马楼吴简举私学簿整理与研究——兼论孙吴的占募》，《文史》

2014年第2辑,第37—71页。

凌文超:《走马楼吴简隐核新占民簿整理与研究——兼论孙吴户籍的基本体例》,《田余庆先生九十华诞颂寿论文集》,中华书局2014年版,第174—201页。

凌文超:《走马楼吴简采集簿书整理与研究》,广西师范大学出版社2015年版。

凌文超:《长沙走马楼孙吴"保质"简考释》,《文物》2015年第6期,第52—54页。

凌文超:《吴简与吴制》,北京大学出版社2019年版。

刘军:《两汉督邮新论》,《长春师范学院学报》2006年第5期,第47—49页。

刘俊文主编:《日本学者研究中国史论著选译·上古秦汉》,中华书局1993年版。

刘俊文主编:《日本中青年学者论中国史·上古秦汉》,上海古籍出版社1995年版。

罗福颐:《芗他君石祠堂题字解释》,《故宫博物院院刊》1960年第2期,第178—181页。

罗庆康:《长沙国研究》,湖南人民出版社1998年版。

罗新:《吴简所见之督邮制度》,北京吴简研讨班:《吴简研究》第1辑,第309—316页。

罗振玉、王国维:《流沙坠简》,中华书局1993年版。

吕静、王成伟:《关于秦代文书形态与运作流程的考察——以里耶秦牍的分析为基础》,《传统中国研究集刊》第8辑,上海人民出版社2011年版,第57—77页。

马孟龙:《西汉侯国地理》,上海古籍出版社2013年版。

[英]迈克尔·鲁惟一著:《汉代行政记录》,于振波、车今花译,广西师范大学出版社2005年版。

孟宪实、宣红:《试论麴氏高昌中央诸曹职掌》,《西域研究》1995年第2期,第16—25页。

孟宪实:《关于麴氏高昌王朝地方制度的几个问题》,《西域研究》1993年第2期,第24—30页。

孟宪实:《略论高昌上奏文书》,《西域研究》2003年第4期,第26—

37页。

孟宪实:《论高昌国的下行文书——符》,《西域研究》2004年第2期,第17—26页。

牟发松:《十六国时期地方行政机构的军镇化》,《晋阳学刊》1985年第6期,第39—47页。

秦晖:《传统中华帝国的乡村基层控制:汉唐间的乡村组织》,《农民中国:历史反思与现实选择》,河北人民出版社2003年版,第219—252页。

裘锡圭:《啬夫初探》,中华书局编辑部编:《云梦秦简研究》,中华书局1981年版,第226—301页。

沈刚:《居延汉简语词汇释》,科学出版社2008年版。

沈刚:《试论长沙走马楼吴简中的乡吏》,《湖南省博物馆馆刊》(第七辑),岳麓书社2011年版,第383—391页。

沈刚:《吴简所见孙吴县级草刺类文书处置问题考论》,《文史》2016年第1辑,第51—68页。

沈刚:《长沙走马楼三国吴简语词汇释》,中国社会科学出版社2017年版。

(清)沈家本撰《历代刑法考》(附寄簃文存),邓经元、骈宇骞点校,中华书局1985年版。

苏俊林:《孙吴基层社会身份秩序研究——以走马楼吴简为中心》,博士学位论文,湖南大学岳麓书院,2015年。

宋一夫:《从汉碑考郡县属吏》,硕士学位论文,北京大学历史学系,1992年。

宋一夫:《汉代功曹、五官掾考》,《历史研究》1994年第5期,第167—171页。

宋一夫:《汉代"属吏"、"曹"、"掾史"考》,《文史》第46辑,中华书局1998年版,第311—315页。

孙闻博:《说东牌楼汉简〈桂阳大守行丞事南平丞印缄〉》,《文物》2010年第10期,第84—87页。

孙闻博:《秦县的列曹与诸官——从〈洪范五行传〉一则佚文说起》,"简帛网",2014年9月17日首发。

唐长孺:《从吐鲁番出土文书中所见的高昌郡县行政制度》,《文物》1978年第6期,第15—21页;氏著《山居存稿》,中华书局1989年版,第344—361页。

唐长孺：《吐鲁番出土文书中所见的高昌郡军事制度》，《社会科学战线》1982年第3期，第154—163页；氏著《山居存稿》，第362—287页。

唐长孺：《读史释词》，氏著《魏晋南北朝史论拾遗》，中华书局1983年版，第249—279页。

唐长孺：《孙吴建国及汉末江南的宗部与山越》，氏著《唐长孺文集·魏晋南北朝史论丛》，中华书局2011年版，第1—23页。

[日]藤田胜久：《里耶秦简所见秦代郡县的文书传递》，武汉大学简帛研究中心主编：《简帛》第八辑，上海古籍出版社2013年版，第179—194页。

[日]藤田胜久：《东汉三国吴的长沙郡与文书行政》，楼劲、陈伟编：《秦汉魏晋南北朝史国际学术研讨会论文集》，中国社会科学出版社2018年版，第140—164页。

[日]藤枝晃：《汉简职官表》，孙言诚译，中国社会科学院历史研究所战国秦汉史研究室编：《简牍研究译丛》第一辑，中国社会科学出版社1983年版，第129—170页。

田余庆：《暨艳案及相关问题——再论孙吴政权的江东化》，《中国文化》第4期，1991年，第75—86页；氏著《秦汉魏晋史探微》（重订本），中华书局2011年版，第298—319页。

田余庆：《孙吴建国的道路——论孙吴政权的江东化》，《历史研究》1992年第1期，第70—89页；氏著《秦汉魏晋史探微》（重订本），第264—292页。

汪桂海：《汉代官文书制度》，广西教育出版社1999年版。

王彬：《吴简许迪割米案相关文书所见孙吴临湘侯国的司法运作》，《文史》2014年第2辑，第73—91页。

王彬：《长沙走马楼吴简"许迪割米案"相关文书的集成研究：三国时期基层司法制度管窥之一》，《姜伯勤教授八秩华诞颂寿史学论文集》，广东人民出版社2019年版，第63—85页。

王俊梅：《秦汉郡县属吏研究》，博士学位论文，中国人民大学历史学院，2008年。

王素、宋少华：《长沙走马楼三国吴简的新材料与旧问题——以邸阁、许迪案、私学、身份为中心》，《中华文史论丛》2009年第1辑，第1—26页。

王素、宋少华：《长沙走马楼吴简书法综论》，《中国书法》2014年第5

期，第 51—83 页。

王素、宋少华：《长沙吴简〈录事掾潘琬白为考实吏许迪割用余米事〉释文补正》，《文史》2015 年第 1 辑，第 278—282、218 页。

王素：《长沙走马楼三国孙吴简牍三文书新探》，《文物》1999 年第 9 期，第 43—50 页。

王素：《"若"即"诺"可以作为定论——长沙走马楼简牍研究辨误（三）》，《光明日报》2000 年 8 月 25 日第 3 版。

王素：《吐鲁番出土北凉"画可"文书》，《华学》第 4 辑，紫禁城出版社 2000 年版，第 127—130 页。

王素：《长沙东牌楼东汉简牍选释》，《文物》2005 年第 12 期，第 69—75 页。

王素：《中日长沙吴简研究述评》，《故宫学刊》总第 3 辑，紫禁城出版社 2006 年版，第 528—560 页。

王素：《高昌郡时期县廷官制研究》，《华学》第九、十辑（三），上海古籍出版社 2008 年版，第 1081—1086 页。

王素：《长沙吴简劝农掾条列军州吏等人名年纪三文书新探》，武汉大学中国三至九世纪研究所编：《魏晋南北朝隋唐史资料》第 25 辑，武汉大学文科学报编辑部 2009 年版，第 1—18 页。

王素：《长沙走马楼三国吴简时代特征新论》，《文物》2015 年第 12 期，第 60—70 页。

王素：《"画诺"问题纵横谈——以长沙汉吴简牍为中心》，《中华文史论丛》2017 年第 1 辑，第 121—136 页。

王勇：《秦汉地方农官建置考述》，《中国农史》2008 年第 3 期，第 16—23 页。

王振华：《孙吴临湘侯国主记史研究》，吴简研究班讨论稿。

王振华：《孙吴"君教"文书与侯国行政过程研究》，博士学位论文，清华大学历史系，2017 年。

王子今：《走马楼简许迪剐米事文牍释读商榷》，《郑州大学学报》2001 年第 4 期，第 109—111 页。

王子今：《走马楼简牍所见"吏"在城乡联系中的特殊作用》，《浙江社会科学》2005 年第 5 期，第 155—160 + 121 页。

王子今：《走马楼许迪割米案文牍所见盐米比价及相关问题》，《吴简研究》第2辑，2006年，第99—106页。

王子今：《长沙五一广场出土待事掾王纯白事木牍考议》，《简帛》第九辑，上海古籍出版社2014年版，第293—300页。

王子今：《长沙简牍研究》，中国社会科学出版社2017年版。

吴礽骧：《说"都吏"》，《简牍学研究》第4辑，甘肃人民出版社2004年版，第219—225页。

吴震：《北凉高昌郡府文书中的"校曹"》，《西域研究》1997年第3期，第10—21页。

［日］西川利文：《漢代における郡県の構造について——尹灣漢墓簡牘手がかりとして——》，《仏教大學文學部文學論集》第81號，1997年，第1—17頁。

［日］西林昭一總合監修：《湖南省出土古代文物展：古代中國の文字と至寶》，每日新聞社、（財）每日書道會，2004年9月。

［日］小嶋茂稔：《後漢孫吳交替期における臨湘県の統治機構と在地社会——走馬楼簡牘と東牌楼簡牘の記述の比較を通して—》，長沙吳簡研究會：《長沙吳簡研究報告》第3集，東京，2007年3月，第12—26頁。

［日］小田義久：《麹氏高昌官府文书小考》，胡宝华译，《中国敦煌吐鲁番学会研究通讯》1985年第3期，第25—28页。

谢桂华：《尹湾汉墓简牍和西汉地方行政制度》，《文物》1997年第1期，第42—48页。

谢桂华：《尹湾汉墓新出〈集簿〉考述》，《中国史研究》1997年第2期，第29—37页。

谢桂华：《中国出土魏晋以后汉文简纸文书概述》，李学勤、谢桂华主编：《简帛研究2001》，广西师范大学出版社2001年版，第546—559页。

邢义田：《汉代简牍的体积、重量和使用——以中研院史语所藏居延汉简为例》，《古今论衡》第17期，2007年，第65—100页，修订见氏著《地不爱宝：汉代的简牍》，中华书局2011年版，第1—50页。

邢义田：《湖南龙山里耶J1（8）157和J1（9）1-12号秦牍的文书构成、笔迹和原档存放形式》，《简帛》第一辑，上海古籍出版社2006年版，第275—296页。

邢义田：《汉晋公文书上的"君教诺"——读〈长沙五一广场东汉简牍选

释〉札记之一》,"简帛网",2016年9月26日首发。

徐畅:《走马楼简所见孙吴临湘县廷列曹设置及曹吏》,《吴简研究》第3辑,中华书局2011年版,第287—352页。

徐畅:《走马楼吴简竹木牍的刊布及相关研究述评》,《魏晋南北朝隋唐史资料》第31辑,上海古籍出版社2015年版,第25—74页。

徐畅:《〈续汉书·百官志〉所记"制度掾"小考》,《史学史研究》2015年第4期,第119—122页。

徐畅:《走马楼简所见孙吴"乡劝农掾"的再研究——对汉晋之际乡级政权的再思考》,《文史》2016年第1辑,第23—50页。

徐畅:《长沙出土简牍中的"丞掾"》,《文物》2017年第12期,第70—78页。

徐畅:《长沙吴简所见"科"与"辛丑科"考论——对孙吴及三国时代"科"性质的再检讨》,《中国史研究》2020年第3期,第72—89页。

徐世虹:《走马楼三国吴简户籍所见刑事制裁记录》,李学勤、谢桂华主编:《简帛研究2001》,广西师范大学出版社2001年版,第523—529页。

徐世虹:《对两件简牍法律文书的补考》,中国政法大学法律古籍研究所编:《中国古代法律文献研究》第2辑,中国政法大学出版社2004年版,第86—104页。

严耕望:《两汉刺史太守表》,《"中央研究院"历史语言研究所专刊》之30,1947年,此据"严耕望史学著作集"系列,上海古籍出版社2007年版。

严耕望:《中国地方行政制度史:秦汉地方行政制度》,《"中央研究院"历史语言研究所专刊》之45A,1961年,此据上海古籍出版社2007年版。

严耕望:《中国地方行政制度史:魏晋南北朝地方行政制度》,《"中央研究院"历史语言研究所专刊》之45B,1963年,此据上海古籍出版社2007年版。

阎步克:《品位与职位——秦汉魏晋南北朝官阶制度研究》,中华书局2002年版。

阎步克:《从〈秩律〉论战国秦汉间禄秩序列的纵向伸展》,《历史研究》2003年第5期,第86—99页。

杨鸿年：《汉魏制度丛考》，武汉大学出版社2005年版。
杨宽：《战国秦汉的监察和视察地方制度》，《社会科学战线》1982年第2期，第111—120页。
杨树达：《汉书窥管》，上海古籍出版社1984年版。
杨振红：《长沙吴简所见临湘侯国属乡的数量与名称》，卜宪群，杨振红编：《简帛研究2010》，广西师范大学出版社2012年版，第139—144页。
［日］伊藤敏雄：《長沙吳簡中の生口売買と「估錢」徵收をめぐって——「白」文書木牘の一例として——》，《歷史研究》50號，2013年3月，第97—128页。
［日］伊藤敏雄：《長沙吳簡中の「叩頭死罪白」文書木牘小考——文書木牘と竹簡との編綴を中心に——》，《歷史研究》51號，2014年3月，第29—48页。
［日］伊藤敏雄：《长沙吴简中的〈叩头死罪白〉文书木牍》，楼劲主编：《魏晋南北朝史的新探索：中国魏晋南北朝史学会第十一届年会暨国际学术研讨会论文集》，中国社科出版社2015年版，第624—644页。
［日］伊藤敏雄、窪添慶文、關尾史郎編：《湖南出土簡牘とその社會》，汲古書院2015年版。
［日］伊藤敏雄、關尾史郎編：《後漢・魏晋簡牘の世界》，汲古書院2019年版。
［日］永田英正：《居延汉简研究》，张学锋译，广西师范大学出版社2007年版。
余行迈：《汉代以"部"为称诸官概说——多部位的地方监察、警察制度》，中国秦汉史研究会编：《秦汉史论丛》第5辑，法律出版社1992年版，第214—227页。
臧知非：《简牍所见汉代乡部的建制与职能》，《史学月刊》2006年第5期，第23—30页。
张金光：《秦乡官制度与乡、亭、里关系》，《历史研究》1997年第6期，第22—39页。
张金光：《秦制研究》，上海古籍出版社2004年版。
张荣强：《孙吴"嘉禾吏民田家莂"中的几个问题》，《中国史研究》2001年第3期，第39—48页。

张荣强：《汉唐籍帐制度研究》，商务印书馆 2010 年版。

张荣强：《简纸更替与中国古代基层统治重心的上移》，《中国社会科学》2019 年第 9 期，第 180—203 页。

［日］纸屋正和：《前汉时期县长吏任用形态的变迁》，原刊《福冈大学人文論叢》第 18 卷第 1 號，1986 年，中译文收入刘俊文主编：《日本中青年学者论中国史·上古秦汉》，上海古籍出版社 1995 年版，第 505—535 页。

［日］纸屋正和：《漢時代における郡県制の展開》，京都朋友书店 2009 年版，中译本《汉代郡县制的展开》，朱海滨译，复旦大学出版社 2016 年版。

［日］中村裕一：《唐代官文書研究》，中文出版社 1991 年版。

中华书局编辑部：《云梦秦简研究》，中华书局 1981 年版。

［日］仲山茂：《秦漢時代の「官」と「曹」——県の部局組織》，《東洋學報》第 82 卷第 4 號，2001 年，第 35—65 页。

周长山：《汉代地方政治史论》，中国社会科学出版社 2006 年版。

周振鹤：《从汉代"部"的概念释县乡亭里制度》，《历史研究》1995 年第 5 期，第 36—43 页。

周振鹤：《西汉政区地理》，人民出版社 1987 年版。

周振鹤：《中国地方行政制度史》，上海人民出版社 2005 年版。

祝总斌：《高昌官府文书杂考》，北京大学中国中古史研究中心编：《敦煌吐鲁番文献研究论集》第 2 辑，北京大学出版社 1983 年版，第 465—501 页。

邹水杰：《简牍所见秦汉县属吏设置及演变》，《中国史研究》2007 年第 3 期，第 3—21 页。

邹水杰：《两汉县行政研究》，湖南人民出版社 2008 年版。

邹水杰：《里耶秦简"敢告某主"文书格式再考》，《鲁东大学学报》2014 年第 5 期，第 75—83 页。

附 图

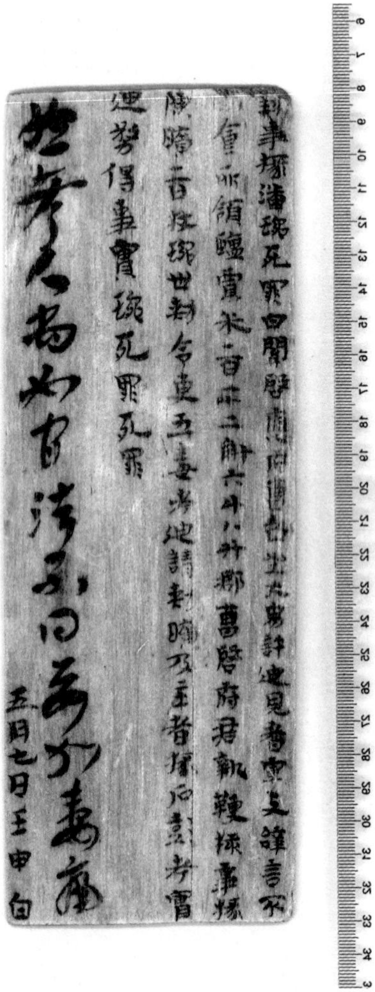

附图1 牍·224 红外扫描图

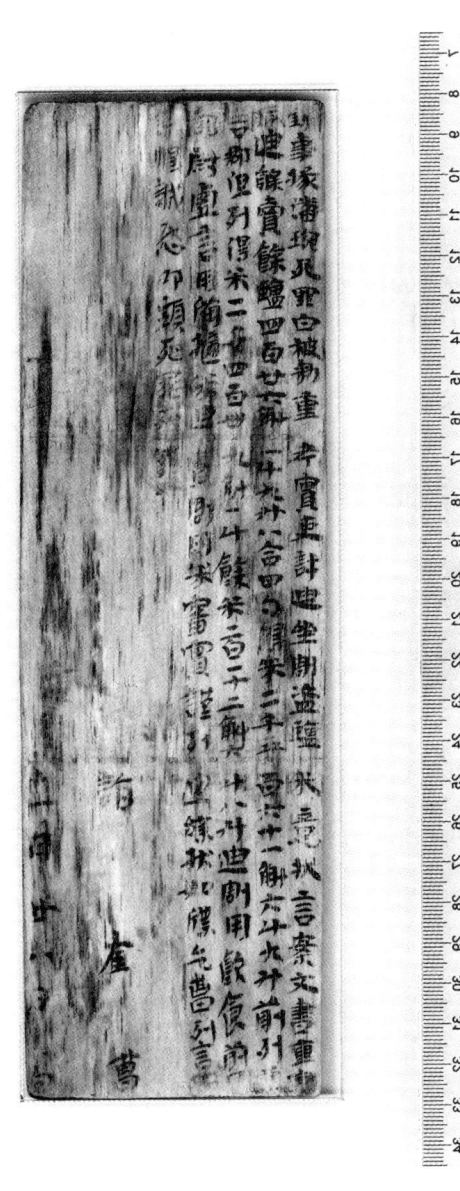

附图 2　牍·34 红外扫描图

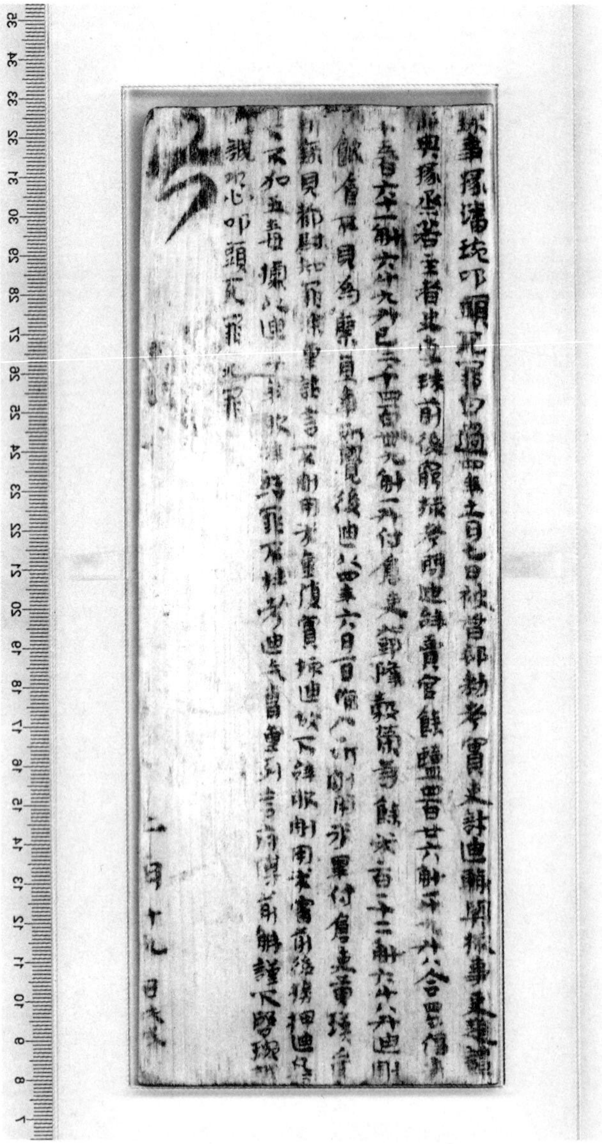

附图3　牍·50 红外扫描图

附图4　牍·353 红外扫描图

附图 5　竹简陆·502 红外扫描图

索 引

（按音序排列）

B

稗官 183，253
编联 35—37，41—43，46，50，73，96—100，149，151，153，154，173，195，203，228，231，250
簿书 4，5，10，13，17，20，23，24，26，30，33—36，40，43，44，46，54，73，87，97—100，103—106，117，124，140，145，146，168，230，231，236，240—242
步骘 109

C

草刺 20，37，38，43，44，74，78，87，91，92，96，100，106—110，112，115，116，118，124，126，129，131，137，139，141，145，148—154，156—159，161，162，164—167，182，188，189，191，193，194，200，201，203，218，225，231，237，242

长沙郡 2，4，7，14，18—21，25，31，41，102，103，105，108—110，115，118，123，135，136，141—143，147，168，171，172，177，179，190—193，195，197，199，200，204，205，208—210，212—214，216，219，227，228，238，250
长沙简牍博物馆 3，4，9，10，20，21，28，29，38，45—48，50，53，54，57，59—66，69—71，73—86，89—95，105，133，145，148—152，166，169，185，197，203，230—232，238，241
丞 10，25，31，73，74，78，79，83，84，87，109，116，119，145，152，166，180，181，186，194，197，231，235—237，242
从史位 84，124，170，209，210
敕 6，25，179，187—189

D

督军都尉 135，171，172，177，178，197，214—216，219

督邮 14，19，27，28，31，43，64，68，105，136，167，174，175，177，179，190，192—200，210，211，213，216—219，248，250

都市掾 60，105，121，133，134，183，253

G

官文书 1—9，12—16，18—21，23—25，27，31，32，36—46，49—52，67，101—103，106，107，116—118，132，138—141，144—146，148，151，168—170，178，182，184，185，188—190，192，194，195，200，201，203，232，242，244，245，248—252，254

關尾史郎 31，33，40，49，53，54，58，67，68，73，79，81，82，84，87，88，98，103，118，123，139，144，146，183，185，220，228，230，231，235，236，252

H

侯旭东 31，33—36，40，46，54，58，72，88，97，99，104，105，114，145，146，149，185，203，213，222，253

胡平生 10，17，21，27，31，32，36，38，46，49，54，58，102，168，245，251

画诺 32，47，134，136，168，186，190，191，193，200，249，251

活的制度史 8

J

嘉禾 5，25，30，34，43，45，56—58，63—83，85，88—95，98，101—111，113—132，137—143，146，151，152，154—159，162，166—172，174—177，179—182，185，189，193—195，197—199，201—204，206，207，209—219，221，223，225，228，229，233，236—242

嘉禾吏民田家莂 21，30，32，45，101，103，114，146

建安 5，30，45，204，205，223

揭剥图 34，35，37，38，43，46，57，60，62，66，71，73，74，76—78，80—84，89—95，97—99，104，114，149，152—154，169，198，203

解书 26，38，43，169，170，186，203，212

郡府 11，12，15，28，37，43，108，110，111，115，123，130，137，140，142，145，146，148，167，178，187，193，195，197，199—202，205，213，216，218，226，234，235，238，252

君教 4，19—21，39，40，42，44，48—52，59，73—89，100，110—112，115—120，124，138，139，145，152，166，179—182，219，227—232，234—238，241—243，252

K

叩头死罪白 4，20，32，38，39，42，

43，50，51，59—62，64—68，100，119，124，132—134，136，137，139，169，174—176，182，185—193，196，216—219，228，251，254

L

里耶秦简 13，14，25，26，106，182，186，242，245，253

李均明 6，7，12，13，22，27，36，37，43，107，108，145，148，189，208，209，224

临湘侯国 1，2，4，20，34，36—38，40—44，55，58，59，72，73，87，102，103，105，106，108—111，116，121，123—125，129，131，132，134—136，139—141，144—146，148，155，159，168，169，172，175，177，179—185，190—192，194，195，197，199—201，203，208，210，211，213，217，219，221，227，228，230，231，233，234，238，239，242，246，248，249，251—254

凌文超 16，33，35，40，45，46，54，55，57—61，65，66，69—71，73，81，86，87，90，96—99，101，104，105，111，118，123，125，126，132，134，139，140，145，176，195，197，228，230，232，250

罗新 5，27，30—32，34，42，101—103，109，213

M

门下 1，2，18，20，37，40，43，86，88，111，115，129，130，138，145，146，148，151，152，154，162，167，168，177，180，186—189，191—195，200—203，228，235，237，239，246，248，249，252

P

破莂保据 4，21，39，40，42，47，49—52，68—73，97，100，105，182

Q

期会掾 73—80，83—89，112，116，119，124，139，145，152，155，166，229，230，232，235—238，242

劝农掾 4，21，30，31，40，46，48，49，59—62，65—73，98，105，113，115，123，127，132—134，182，183，187，190，196，197，235，250，253，254

R

人名集成法 21，43，141

闰月 37，38，43，74，75，92，107，118，119，122，123，125，149—167，194，236，240

S

三州仓 33，36，75，77，92，93，105，116，117，142，143，191，192，229，236，238，240

沈刚 37，131，148，149，151，188，

191，231，245

私学 21，30，32，33，40，46—49，54—62，67，84，86，98，100，105，111，121，124，125，132—134，139，144，145，160，163，168，176，187，213，230，232，254

宋少华 4，5，10，16，21，28，30，32，39，46—48，50，52，53，55，58—60，62，64，66，85，102，103，110，113，118，133，149，168，169，197，204，213，217，228，231

孙权 5，11，41，45，222，223，225

书佐 37，107，108，115，129—131，145，148，151，152，154，162—167，177，186，191，193，194，200—203，237

T

太守 10—14，21，22，86，103，108，135，136，138，140，179，190，191，196—198，200，213，215—217，219，227，229，252

廷掾 18，27，31，113，123，125，139，235，236，253，254

吐鲁番文书 14，87，184，190，200，231，244，252

W

外部吏 184—187，189，190，197，203，246，248

王充 1，250

王素 4，5，20，27，28，31—33，38，45，47，55，58—60，62，64，66，67，73，85，97，102，103，109，133—135，140，142—144，168，169，185，204，208，213，222，228，231，232，238，240，242，251

文书行政 4，6—9，15，16，20，22，39，41—44，59，99，106，145，182，188，235，243—245，248，250，251，253

X

县廷 8，15，18，19，21—23，25，26，28，31，37，42，50，68，87，104，110，111，113，115，124，125，127，131，132，137，140，141，144—146，148，149，151，152，167，168，183—187，189—194，200—203，212，219，230，231，234，236，237，239，240，242，245，247，248，250，252，253

乡吏 25，26，31，104，111，117，127，160，188，196，197，203，235，250，253，254

辛丑科 212，220，221，223—226

行书刺 43，131，148，150，151，153，154，162，163，165—168，182，193，194，201，203，237

徐畅 21，28，29，36—39，48，52，56，62—65，73，87，113，121，123，133—135，137—139，142，145，148，149，169，175，182，183，186，188，193，195，205，227，230，234，235，250，253

Y

严耕望 129，186，202，205，234—

· 282 ·

236，252

伊藤敏雄 39，40，48—50，56—58，61，63，67，68，76，86，97—100，103，117，120，123，132—134，136—138，142，144，183，185，217，220，228，238，251

隐核 4，21，30，40，46，47，61，67，69—73，97，105，113，132，134，170，172，182，195，197，209，221

Z

贼捕掾 28，186，235，253

走马楼三国吴简 2—4，7，20，28，29，36，227，245，251

州中仓 33，36，61，77，78，96，105，118，119，133，142，143，236—240

竹简 4，5，10，15，22—24，26，28，32，34，36—43，45—51，58，60，62，66，68，71，73—86，88—101，103，104，106，107，110，113，114，118，120，122，124，127，130，133，135，139—142，144—146，148—154，168—170，181，197，201—205，208—213，215，217，218，225—230，232，237，240—242，253，254

竹木牍 4，5，20，28，29，39，42，43，45—52，59，118，139，146，227，228，231，232，236，238

诸曹掾史 37，43，106，107，110，111，124，127，144，148，183，184，188，191，194，203，234—236，242，254

主簿 20，40，47，73—89，109，111—113，115—117，119，120，124，125，127，129，138，139，141，145，146，152，166，177，180，186，188，198，199，203，228—232，235—239，241，242

后　记

清代学者章学诚曾自述青年时代的读书经历：

> 二十岁以前，性绝呆滞。读书日不过三二百言，犹不能久识。……廿一二岁，骎骎向长，纵览群书，于经训未见领会，而史部之书，乍接于目，便似夙所攻习然者，其中利病得失，随口能举，举而辄当，……乃知吾之廿岁后与廿岁前不类出于一人，自是吾所独异。非凡人生过廿岁，皆可一日而千里也①。

由"性绝呆滞"致"一日而千里"的转折状态，童蒙教育中称为"启迪"（enlightenment），而俗话叫"开窍"。诵读史部文献开启了实斋的学术萌发期，于我而言，求学阶段开窍的契机，是2009年加入北京吴简研讨班。

2008年开始，我在中国人民大学国学院跟从王子今师攻读秦汉史方向的硕士；此前四年的本科生阶段，我读过先秦诸子，写过格律诗词，参加过吐鲁番文书的研读，甚至翻过《清实录》、朱批奏折，对雍正朝的财政改革感兴趣，全无章法地左右开弓，广泛涉猎。研究生第一课，王老师就带读梁启超《清代学术概论》，让大家体会任公概括的清代考据学特色，而于"喜专治一业，为窄而深的研究"尤为推崇②；老师的用意，我有所领悟。于断代史领域深耕，需先熟悉本断代史料，我一面系统阅读《史》《汉》等传世文献，又特别关注20世纪以来出土的秦汉、三国简牍、文物等新资料。但秦汉简牍数量巨大，内容各异，整理工作旷日持久，获取资

---

① 《章学诚遗书》卷九《家书二》，文物出版社1985年据嘉业堂本影印，第90页。
② 梁启超：《清代学术概论》十三"朴学"论正统派之学风，朱维铮导读，上海古籍出版社1998年版，第47页。

后 记

料有一定的门槛，研究者多通过读书班的模式交换信息；其中坚持时间较长的，是2000年左右罗新、陈爽等先生在北大发起的吴简研讨班，除会读1996年出土的走马楼三国吴简外，兼及长沙市中心陆续发现的东汉简牍。

但2008年秋季研讨班未展开活动，蒙庄小霞学长操持，北大、人大等校秦汉史的一些研究生先集中学习居延汉简，我得以加入；或许由于西北汉简研究的学术积累丰厚，而内容稍局限烽燧屯戍，始终提不起兴趣。倒是从学友处获得《长沙走马楼三国吴简》前三卷的电子本，自己阅读琢磨。采集简的主要内容是户口簿籍，适逢新获吐鲁番文书整理团队刊布最早的纸本户籍前秦建元籍，勾连起简本、纸本户籍，讨论汉唐间的户口、赋役、丁中制度，成为一个热点。我在收集吴简中有关女性的年龄称谓时，发现孙吴时户人称"大女""小女"的标准非年龄，而在于婚嫁与否，这种现象同样存在于十六国及唐代的敦煌户籍，试撰小文①。

2009年吴简研讨班复开后，经王老师介绍，我得正式加入，向各位老师汇报了这篇吴简研究的"处女作"，韩树峰、张荣强、赵宠亮等先生都已在这一领域摸索多年，不仅容许我陈述粗浅的想法，还予以鼓励与肯定；侯旭东、孟彦弘、凌文超等师友也提供了帮助。检视邮箱，我与秦汉魏晋史、简牍学的很多前辈建立通信，都始于此时。于20岁上下的我而言，吴简班就是通往新奇史学世界之门。

吴简数量巨大，资料的发布具有阶段性，采集简主要是名籍与簿书；而我在深读三卷释文过程中，零星发现有两种与某曹相关的公文发送记录，由于数量稀少，所涉机构名、人名漫漶，仅李均明先生做过初步考释，称为"草刺"。我在接触吴简之前曾从孟宪实老师读过吐鲁番文书，感觉这样格式的竹简，一定是官文书，而极类纸文书中的事目历（往来公文目录），是日常政务的浓缩，意义非凡；如能复原出吴简中草刺的完整样貌并究明其性质，将从根本上推动对这批简牍性质、所属行政级别与埋藏原因的认识。但当时已发表的草刺简数量十分有限，我从李先生文章中得知，正在整理的发掘简中这类格式简多见；继续探寻，或能在簿书整理研究之外，开辟一个新领地。

---

① 徐畅：《走马楼简中的成年待嫁女和未成年已嫁女》，后经修改刊卜宪群、杨振红主编《简帛研究2007》，广西师范大学出版社2010年版。

· 285 ·

2010年硕士毕业后，我到北京大学历史学系跟从荣新江师攻读隋唐史（含敦煌学）方向的博士，但依然没有中断吴简研读；是年暑假，在荣师带领下参加纪念向达教授诞辰110周年研讨会时，恰巧走马楼吴简整理组成员、故宫博物院的王素先生在座，我抱着试一试的态度，向先生询及即将发表的《竹简》〔柒〕的情况，没想到次日就收到先生寄送的该卷释文发稿本，允许我加以引用。《竹简》〔柒〕中有关草刺的资料极其丰富，而判定其中某曹及府的性质与级别，是解读草刺文书的前提。2010—2011年间，在完成博士生中期考核，参与新获和田文书、大唐西市博物馆藏墓志研读外，我忙里偷闲，解决草刺简的遗留问题，以人名为线索，对简文中涉及的诸曹掾史资料进行了集成，得出诸曹属临湘侯国（县级）的判断，并讨论了侯国列曹的设置与职掌，缀合成三万字的长文，得凌文超兄帮助，发表在《吴简研究》第3辑上。

　　荣师虽然也担心我兴趣太多，事倍功半，但对我读吴简一事，始终予以支持。他曾担任人大复印报刊资料《魏晋南北朝隋唐史》的顾问，每个月会有很多期刊论文纸本，特别捡出吴简相关的文章给我，而我手头所用《吴简研究》第1、2辑，也都是他赠与的。但到博士后期阶段，我的学位论文进展不太顺利，不得不全副精力投入唐代京畿乡村社会研究的大计划中，读简只能暂时搁置。而这段时间，一大批中、日学者借助揭剥图及相关信息，对吴简中的簿书进行复原，开启了一个研究高潮。

　　人生际遇无法预知，2014年我博士毕业，没能入职高校继续隋唐史的研究，经王子今师介绍，到北京师范大学中国史博士后流动站过渡。合作导师王素、张荣强二位先生都是当年吴简班上的旧识，沟通起来很是顺畅。甫入站，我就主动与他们商量博士后阶段的研究方向，当时列出三个自己有兴趣的题目：1. 简牍与秦汉赋役制度——以江陵凤凰山汉简为中心，2. 三国孙吴县级行政与公文运作——以走马楼吴简为中心，3. 里耶秦简与秦代刑徒制度；两位先生帮忙敲定了第2个题目，鼓励我在關尾史郎先生之后尝试吴简文书行政领域，而我个人因讨论草刺文书，本就对官文书感兴趣，就很快决定重回吴简研究。

后　记

为了鼓励我重作"冯妇"①，王素先生为我设计了两件工作。一是到吴简的收藏机构长沙简牍博物馆见习，二是系统收集已经发表的牍文书资料；我曾不止一次回翻当时的通信：

　　杨芬、熊曲：
　　本月 27 日下午，将安排徐畅到简牍馆实习。徐畅是王子今的硕士，荣新江的博士，现在北师大做博士后，由我与张荣强主带。已与宋馆说好，在简牍馆内客房暂住②。你们到时叮嘱宋馆，提前将客房准备好。
　　徐畅这次到长沙，主要是向宋馆学习吴简揭剥图的阅读方法，向 28—30 日在简牍馆工作的日本学者学习他们的研究方法，向你们学习如何做吴简研究。
　　专此拜托。祝好！　王素 2014 - 8 - 24

　　王老师：
　　我今天下午到长沙简牍博物馆，熊曲与杨芬老师接待的我，大致熟悉了馆内情况，询问了二位老师正在进行的工作，晚上二位在附近请我吃湘菜，恰好碰到關尾先生一行，略打了个招呼，都还不够熟悉。
　　我住在四楼 401，晚上看《竹简七》那一千多枚名籍的揭剥图，寻找有"里魁"的里计简，各层分布都有，里名也出现了 11 个，分属于小五陵、南乡等各乡，不太得要领。等明天一起看简时候向宋馆长请教吧。
　　长沙仍较闷热，处其地，颇觉夏长而深。饭菜较可口，我能吃辣。汇报如上。
　　徐畅 2014 - 8 - 27

---

① 《孟子·尽心下》记："齐饥。陈臻曰：'国人皆以夫子将复为发棠，殆不可复。'孟子曰：'是为冯妇也。晋人有冯妇者，善搏虎，卒为善士。则之野，有众逐虎，虎负嵎，莫之敢撄，望见，冯妇趋而迎之。冯妇攘臂下车，众皆悦之，其为士者笑之。'"（清）焦循撰：《孟子正义》，沈文倬点校，中华书局 1987 年版，第 987—988 页。
② 因当时尚未申请到科研经费，为节省开支，特别叮嘱我住在简牍馆客房。

读着这些文字，就好像重新回到了那年 8 月火炉般的长沙，比热辣天气更让人铭记的，是亲手触摸三国吴简时的震撼，听吴简发掘者宋少华先生讲简牍整理、揭剥图绘制时的兴奋，围观日本吴简研究会成员用迷你红外设备记录简牍形制时的新鲜。

见习归来后，我便开始阅读 2010 年以后有关吴简的论著，跟上最新的研究动态，同时翻阅已刊各册《竹简》及简牍书法图录，梳理竹木牍的公开发表情况；并对已刊竹木牍进行释文厘定、分类、定性，编制竹木牍研究论著目录。等这项工作完工后，我才明了王素先生的用意，竹木牍中相当一部分为官文书，掌握已刊竹木牍的情况，就等于掌握了孙吴简牍官文书内容之大半。

经过这些训练，王素先生也认为我有资质承担起进一步的工作，2015 年，他向长沙简牍博物馆及吴简整理项目总负责人宋少华先生建议，正式邀请我加入《长沙走马楼三国吴简·竹木牍》卷整理工作小组；并于 2015 至 2018 年间多次带领整理小组（北京方面还有邬文玲女史和我）至长沙督导《竹简》〔玖〕、《别册》及《竹木牍》卷的释文、整理、出版过程。工作之余，王先生还带我们访问了湖湘简牍的各收藏单位：湖南省博物馆、湖南省考古所及其铜官窑基地、长沙市考古所、湖南大学岳麓书院，观摩里耶秦简、郴州简、兔子山简、东牌楼、尚德街、五一广场东汉简、岳麓书院藏秦简等的保存情况，交流整理经验；而我个人因学术会议、考察的契机，还曾在甘肃简牍博物馆调阅过悬泉汉简、金关汉简、居延新简，在台湾"中央研究院"史语所调阅过居延汉简，在山东参观过"书于竹帛：中国简帛文化展"，在长沙参观过"湘水流过：湖南地区简牍特展"；过眼了大量的出土简牍实物，掌握了全国范围内重要简牍、尤其是长沙市中心出土各批次简牍的整理出版进度，也练就了简牍整理、释文、分类、复原的一整套本领，开始向真正的简牍学迈进。

回到北京的时间，我主要依据长沙调查所得，开展官文书与文书行政的研究。既已全面掌握牍类官文书的情况，需要重点突围的是官文书竹简。由于吴简出土时受到扰乱，原本成卷简册的编联已不存，像王素先生的比喻：8 万枚走马楼吴简，就像 8 万页没有页码的书，要寻找规律，摸索各种线索，对散简进行排序，以还原册书的原始面貌。簿书的复原业已取得巨大成就，也在一定程度上推动了部分官文书简（簿书呈文）的复原。

后　记

　　不过从新刊布发掘简的内容看，官文书简主要有两类内容，一是以"草言府""某曹言"开头的草刺文书，二是考实临湘侯国属吏盗割官米的司法文书，其中许迪割米案文书最受关注。该案的审讯记录（称解书）写于竹简上，而将解书上呈的官文书写于木牍上；中、日学者利用陆续刊布的数枚木牍及散简，对该案的程序、性质、审结时间进行了热烈讨论，由于信息有限，案情细节众说纷纭。我接手竹木牍整理后，利用简牍馆提供的许迪案四枚木牍红外扫描图版，重新厘定释文，依时间先后排列其次序；随后将木牍与各册竹简（尤其《竹简》〔捌〕）中与此案相关的近500枚竹简合并观察，由于竹简散碎，成坨保存状况不佳，不得不放弃揭剥图复原法，以简文残留信息为主要线索，遵循汉魏间司法诉讼程序，先将散简缀合为若干竹简群。这一做法可类比为校勘学中的理校，存在一定的危险性，不过许迪案情始末终得借此水落石出。

　　吴简问世伊始，研究者即就其性质、行政级别展开热烈讨论，究竟属长沙郡，还是临湘县官府档案，当时难有定论；既要对其中官文书、文书制度、职官进行系统研究，必须先弄清楚这一背景。我发现吴简中的官文书大多与诸曹相关，而多保留有诸曹掾史的姓名，这些姓名又同时出现在嘉禾年间的吏民田家莂和吏民人名口食簿中，有某乡某里户人，州、郡、县吏等身份注记；尝试通过人名对比，先确定诸曹掾史属郡或属县乡，再判断其所属机构的性质，庶几可得出吴简为临湘侯国文书档案群的结论。

　　上述研究集中体现在我2016年提交的博士后出站报告《三国孙吴基层文书行政研究》，在报告评估环节，得到马怡、杨振红、侯旭东等先生的指教。在厘定吴简行政级别后，我还想以草刺、君教文书为中心，复原临湘侯国的公文运转流程，但时间仓促，思考并不成熟。在当年8月长沙吴简发现二十周年学术研讨会上，侯旭东先生提交《湖南长沙走马楼三国吴简性质新探》一文，对两种草刺文书、君教文书的性质及其代表的文书、行政程序，提出了不同的见解；在会上及会后，我们有多轮讨论，但未达成一致。

　　2016年秋季我开始在北京师范大学任教，参与教学、培训与社会服务，研究进度有所放缓，但始终萦心的是，没有能以临湘侯国为例，勾画出一幅三国县级公文流转图。问题的关键恐怕还是没有完全弄懂两类草刺文书的性质及其制作流程。草刺文书是按月编联、收卷的，理论上可进行某年某月草刺册的复原。

2017年《竹简》〔陆〕整理问世，例行阅读简文时，我发现本卷闰月某日上言的草刺成坨出现，且有结计简提示两种草刺文书在当时的名称（陆·502），然书中黑白简影漫漶，无法辨识，遂请简牍馆工作人员代为红外扫描，在红外影像下，可明晰释读出"草刺"（对应"草言（府）"类文书，为县廷诸曹草文记录），"行书刺"（对应"某曹言"类文书，为县廷门下发文登记）字样。在厘定两类草刺文书性质之后，我尝试以时间、揭剥图为线索，对闰月言府草刺册进行了集成；集成结果可见侯国诸曹向上言事、以及门下封发文书的情况，一个县级行政机构在嘉禾二年闰五月的每一天处理的各种事务跃然纸上。

在上述工作基础上，我终得将临湘侯国内部、外部上下行文书的类型条理清楚，并回答了各类文书由谁制作、审核、批示，又如何发送等问题；秉持贯通理念，将孙吴基层官文书运转机制置于汉唐间官文书制度发展之长线予以观察，为2014年至今的吴简官文书整理与研究，交上了一份答卷。

我的学术偶像，"充实而有光辉"的史学家严耕望先生曾谈及，对待自己的学术著作，要不怕麻烦，精心删改，然后放置下来，伺新资料、新意见出，进行多次补订后，再送出版；先生之名著《秦汉地方行政制度》自开始工作至刊行历时二十二年，凡三易其稿[1]，至今仍为不刊之论。于我而言，这份三国吴简官文书研究的答卷，草于新资料的激励之下，不仅写作心态未能从容，很多观点、论断更是阶段性的，在不远的将来就可能被推翻；之所以不揣浅陋将其推出，祸枣灾梨，乃基于如下考虑：

自1996年始，走马楼吴简的保护、整理与研究已走过25年历程，收集在文物库房的字迹清晰、保存完好的近14万枚简牍，已出版的10卷29册精美图文整理本背后，是几代科研工作者孜孜不倦地辛苦劳作。时至今日，吴简的发掘领队宋少华先生已年近古稀，而曾往复长沙、整理残简的出土文献专家，多半也年届退休；因资料刊布渐近尾声，北京的吴简研讨班业已停办，不少追随者的学术兴趣转移至其他新出资料；但孙吴简牍的整理工作尚未彻底完成[2]，研究工作更是任重而道远，都需要有学者持续

---

[1] 严耕望：《治史经验谈》之七"论文撰写与改订"，氏著《治史三书》，上海人民出版社2008年版，第83页。
[2] 尚余6000枚残简，88枚大木简及390余枚竹木牍。

后 记

致力，"站好吴简学术工作的的最后一班岗"（王素先生语）。我恰在这样的时刻重新加入吴简整理队伍，若小书的面世，于继续推进吴简及长沙出土简牍整理研究能有些微助力，则于愿足矣。

自2008年算起，吴简研读伴随我12年，在相当长的一段时间里，读吴简并非我的主业，更像是私下葆有的一项业余爱好，要感谢我自本科以来求教过的孟宪实、王子今、荣新江、王素、张荣强等各位老师，是他们的忍耐和包容，使我得以追寻自己的志趣；除前述师友外，在秦汉魏晋史学习中，还曾得到邢义田、彭卫、宋超、楼劲、罗新、陈爽、刘安志、汪桂海、沈刚、邹水杰、邬文玲、夏炎、范兆飞、戴卫红、张燕蕊等先生的点拨，安部聪一郎、王安泰、朱腾、孙正军、田天、李昭毅、游逸飞、徐冲、仇鹿鸣、曾磊、孙闻博、刘啸、马孟龙、程少轩、石洋、耿朔、吴然、张欣、符奎、苏俊林、周海锋、曲柄睿、汪华龙、马力、王彬、小林文治等学友的帮助；2014年至今的简牍调查，多亏李均明、刘绍刚、张德芳、宋少华、李鄂权、张春龙、陈松长、刘欣宁、李迎春、罗小华、杨小亮等先生提供便利；宋燕鹏编审以出色高效的工作确保小书按期面世，付马兄帮忙审核英文目录及摘要，学棣李希珺、郑蓉通读书稿并帮忙改订格式；在此一并致谢！

20多次的长沙往复，涉寒冬、历酷暑，在天心区白沙路92号，我与长沙简牍博物馆的杨亚峰、金平、雷长巍、杨芬、熊曲、蒋维、骆黄海等各位朋友并肩工作，互相切磋；而每每离家外出，我的父母和胞妹徐达，不仅承担起家务，还时刻挂心旅者的行程起居；正是这些温暖的情谊，激励着我不断前行。

徐 畅

2020年10月18日于北京师范大学主楼

第九批《中国社会科学博士后文库》专家推荐表 1

《中国社会科学博士后文库》由中国社会科学院与全国博士后管理委员会共同设立，旨在集中推出选题立意高、成果质量高、真正反映当前我国哲学社会科学领域博士后研究最高学术水准的创新成果，充分发挥哲学社会科学优秀博士后科研成果和优秀博士后人才的引领示范作用，让《文库》著作真正成为时代的符号、学术的示范。

推荐专家姓名	王素	电话	
专业技术职务	研究员	研究专长	出土文献整理研究
工作单位	故宫博物院古文献研究所	行政职务	所长
推荐成果名称	长沙走马楼三国孙吴简牍官文书整理与研究		
成果作者姓名	徐畅		

（对书稿的学术创新、理论价值、现实意义、政治理论倾向及是否具有出版价值等方面做出全面评价，并指出其不足之处）

徐畅近十年来参与过墓志、吐鲁番文书和简牍等各品类出土文献的整理工作，专业水平、科研能力得到提升；2016 年顺利完成围绕长沙走马楼吴简的博士后科研工作；在站期间发表多篇论文，均获得学术界好评。

1996 年长沙走马楼三国吴简的出土，在中国学术史上是一件大事，受到广泛关注。近 14 万枚简牍中，除了簿书外，还有数量可观的官文书简牍，为东汉三国交替期地方行政与公文形态的研究，提供了新材料。本书稿以吴简揭示的三国孙吴临湘侯国基层文书行政为研究对象，在利用古文书学理论对散碎的简牍官文书进行复原、分类基础上，探讨了县乡公文形态、公文运转流程及县级政务的办理过程；从材料、内容到使用的方法，都具有创新性。相关操作可推广至长沙市中心出土其他批次古井简牍，对于长沙简牍的保护整理，汉魏晋长沙区域社会史的研究，都具有示范意义。

书稿以保护珍贵出土材料和传承中华优秀传统文化为目标，政治立场端正。

此外，徐畅已被邀请参加长沙三国吴简《竹木牍》卷的整理；书稿掌握了第一手资料，内容详实，学术史清晰，具有较高的出版价值。

为此，我郑重推荐本书稿参评《中国社会科学博士后文库》。

签字：

2020 年 2 月 8 日

说明：该推荐表须由具有正高级专业技术职务的同行专家填写，并由推荐人亲自签字，一旦推荐，须承担个人信誉责任。如推荐书稿入选《文库》，推荐专家姓名及推荐意见将印入著作。

第九批《中国社会科学博士后文库》专家推荐表 2

《中国社会科学博士后文库》由中国社会科学院与全国博士后管理委员会共同设立，旨在集中推出选题立意高、成果质量高、真正反映当前我国哲学社会科学领域博士后研究最高学术水准的创新成果，充分发挥哲学社会科学优秀博士后科研成果和优秀博士后人才的引领示范作用，让《文库》著作真正成为时代的符号、学术的示范。

推荐专家姓名	张荣强	电　话	
专业技术职务	教授	研究专长	汉唐历史与出土文献
工作单位	北京师范大学历史学院	行政职务	
推荐成果名称	长沙走马楼三国孙吴简牍官文书整理与研究		
成果作者姓名	徐　畅		

（对书稿的学术创新、理论价值、现实意义、政治理论倾向及是否具有出版价值等方面做出全面评价，并指出其不足之处）

　　徐畅硕士师从王子今教授研习秦汉史，博士师从荣新江教授研习隋唐史，这就使得她对秦汉魏晋南北朝隋唐时期的历史发展趋势和走向有着较为全面而深入的了解。攻读博士后期间，她积极预流，利用新出的长沙走马楼吴简，重点探讨三国孙吴时期的基层社会与地方行政制度，由此发表的一系列高质量学术论文，引起了学界的关注。

　　本书是徐畅近几年从事吴简研究的一个阶段性成果。该书充分运用古文书学方法，在对吴简中的零散竹木牍分类集成、散乱文书简册复原整理的基础上，探讨了吴简的性质、行政级别等基础性问题；并通过深入分析官文书的性质、类型、格式及用语，揭示了孙吴县级官文书的运转机制和特点，进而复原了临湘县内部办理定期与不定期事务的流程和应对机制。

　　徐畅作为主要成员，参与了长沙三国吴简《竹木牍》卷的整理工作，书稿运用了大量的第一手材料，并充分吸收了国内外古文书学研究的新方法，论证严谨，结论可靠。

　　相信该书的出版，不仅可以极大深化长沙走马楼吴简的研究，也可以有力推动古文书学的发展。

　　为此，我郑重推荐本书稿参评《中国社会科学博士后文库》。

签字：张荣强

2020 年 2 月 8 日

说明：该推荐表须由具有正高级专业技术职务的同行专家填写，并由推荐人亲自签字，一旦推荐，须承担个人信誉责任。如推荐书稿入选《文库》，推荐专家姓名及推荐意见将印入著作。